目 次

I 課題研究　超高齢社会における犯罪対策の基軸
——高齢者による万引きを中心に

はじめに
——超高齢社会における犯罪対策の基軸——　　齊藤知範　4

社会経済状況の変化と高齢者万引き・万引き高齢者　　矢島正見　15

一般緊張理論の観点から見た高齢者犯罪
——東京都における高齢者の万引きの研究——　　齊藤知範　25

万引きの被疑者に対するセレクティブ・サンクション
——文化的側面と保安警備業務に着目した考察——　　田中智仁　42

高齢犯罪者対策と法的対応のあり方　　星周一郎　57

II 自由論文

物語装置としての更生保護施設
——困難を契機とした〈変容の物語〉の再構成——　　仲野由佳理　72

近隣の秩序違反、住民の凝集性および近隣防犯活動が住民の被害リスク認知および犯罪不安に与える影響
——マルチレベル分析による文脈効果の検討——　　島田貴仁・大山智也　87

出所後の成人の性的再犯に影響する要因の検討
——公的記録を用いた生存分析からの考察——　　齊藤知範・山根由子　104

III 研究ノート

QRコード対応「危険なできごとカルテ」による子ども対象犯罪の前兆的事案調査法の開発
原田豊・三宅康一・松下靖・大川裕章　122

犯罪研究動向

薬物政策の新動向
——規制を用いた統制から「その人らしく生きる」ことを支える政策へ——　　丸山泰弘　136

多民族国家における平和の構築
——過激化する若者を抱える西欧の苦悩と対策——　　小長井賀與　144

書評　朴元奎 著『比較犯罪学研究序説』　　河合幹雄　156
　　　竹原幸太 著『失敗してもいいんだよ——子ども文化と少年司法』　　中島宏　160
　　　太田達也 著『仮釈放の理論——矯正・保護の連携と再犯防止』　　久保貴　165

投稿規程　170
INFORMATION FOR AUTHORS　172
会務報告　174

I 課題研究
超高齢社会における犯罪対策の基軸
──高齢者による万引きを中心に

はじめに
──超高齢社会における犯罪対策の基軸──　　　　　　　　　　　齊藤知範

社会経済状況の変化と高齢者万引き・万引き高齢者　　　　　　　矢島正見

一般緊張理論の観点から見た高齢者犯罪
──東京都における高齢者の万引きの研究──　　　　　　　　　　　齊藤知範

万引きの被疑者に対するセレクティブ・サンクション
──文化的側面と保安警備業務に着目した考察──　　　　　　　　　田中智仁

高齢犯罪者対策と法的対応のあり方　　　　　　　　　　　　　　星周一郎

はじめに
──超高齢社会における犯罪対策の基軸──

齊藤知範
科学警察研究所

1 課題研究の趣旨

テレビでは，時折，万引きに関する話題が取り上げられることがある．たとえば，夕方頃のニュース番組の一部などでは，万引きGメンによる店舗内での活動の様子が報道される．また，『万引き家族』と題された映画が2018年5月の第71回カンヌ国際映画祭で最高賞を受賞したことも報じられた．とはいえ，犯罪の研究や実務に携わることのない，一般の人々が思い描く「犯罪問題」の中で，万引きが占める割合は，おそらく必ずしも大きくないのではないだろうか．

さて，仮に一般の人々が万引きに関して犯罪問題としての認識をあまり持つことがないとしても，以下のことはいえるだろう．すなわち，万引きは窃盗罪に該当する犯罪であり，刑法犯全体の中で多数を占める窃盗犯の中で，かなりの数を占めるのが万引きである．ことに犯罪認知時に初動時点で犯罪を取り扱う警察機関にとって，万引きは，自転車盗などと並んで，最も身近な犯罪類型のひとつと考えてよいだろう．

本課題研究の構想は，テーマセッションにさかのぼる．犯罪関連学会合同大会の一環として開催された第44回大会で，「行政・実務と連携した犯罪研究−施策の市民への還元のために」と題したテーマセッションを企画した．テーマセッションを企画した背景にあったのは，行政や実務と連携の上で研究を進めることにより，対象層や担い手に届きやすい対策を具体化させること，高齢化の進行を意識した防犯対策を検討することについての問題関心である．高齢化が進行し続ける中で，万引きなどの身近な犯罪において，高齢者が犯罪の行為者に占める割合は増加傾向にある．また，他方では，特殊詐欺の被害者の多くを高齢者が占めているという実態があるほか，防犯ボランティアでは高齢者層がその多くを担っている現状がある．そこで，テーマセッションでは，高齢化の進行を考慮した上で，それぞれの報告者による現在までの研究成果を持ち寄り，話題提供をお願いした．行政・実務と連携の上で研究を推進するための手がかりを探るとともに，高齢者に対するさまざまな形での支援のあり方についても検討することとした．

さて，今回の課題研究においては，テーマセッションにおける話題提供者のうち，万引きに関して直接的に取り上げた田中智仁氏に寄稿を依頼した．また，コーディネーターである筆者が執筆者に加わった．テーマセッションでは，高齢犯罪者をクラスター分析によって類型化した分析結果について，辰野文理氏から大変興味深い内容の話題提供を頂くことができた（辰野 2017）．本来であれば，辰野氏は，今回の課題研究の執筆者として最も適任であったが，研究成果をさらに発展させる形で別な媒体に展開するための準備・調整が続いているという，タイミングの問題があった．

この事情により，今回は執筆陣には加わって頂かないことになった．一方で，テーマセッションでは法学的な検討は行わなかったものの，機会さえあれば法学的な議論を活字に残すことが重要であると考え，課題研究企画を構想していた．その矢先，防犯に関する法学分野においてその高名を知らない人はまずいない，気鋭の論者である星周一郎氏に，執筆をお願いすることができた．さらに，矢島正見氏に執筆頂き，戦後の社会経済変動と高齢者の万引きが現在問題化されていることがどういう事態であるのかも含めて，論じて頂くことが可能となった．なお，個別論文の第一番目となる矢島論文は，我が国における高齢者の万引きの問題を俯瞰するための解題としての役割を実質的に併せ持つことを付言しておきたい．この緒言ではカバーしていない，戦後の比較的早い時代からの考察を補うためにも，矢島論文を一読頂きたい．

高齢者による犯罪については，これまでにもさまざまな学術誌等で論稿が発表されてきた．東京大学出版会の『日本の犯罪学』シリーズにも，高齢者犯罪に関する複数のリーディングスが所収されているほどであるから，高齢者犯罪の研究についての歴史は長い．しかしながら，少年非行や少年問題に比べると，研究の総量は圧倒的に少ないと思われる上，少年非行の第三の波，さらに第四の波が取り沙汰され，少年法制の改正の動きが幾度かあった時期にあっては，高齢者犯罪の研究はあまり目立つほどのムーブメントとはならない状況が続いていた．万引きに関しても，少年や成人を対象とした諸研究は蓄積されたものの（降籏 1983；内山・伊藤 1984；田村・麦島 1991），高齢者に特化する形で万引き問題を取り上げた実証論文となると，ほとんど見当たらない．2000年代に入ると，高齢者犯罪について，一定の蓄積が見られるようになる．精神医学の分野では，山上（2003），福島（2007）などが高齢者犯罪について論じており，2007年の法務総合研究所報告では高齢犯罪者の実態と意識について特集が組まれ，2008年の『平成20年版犯罪白書』では高齢者犯罪の実態と処遇が特集されるに至っている．この頃に，太田（2008），浜井（2009）など，高齢者犯罪について，犯罪社会学，法学分野からもまとまった形での議論が提起されている．それ以外にも，熊谷・細江（2009），堀田・湯原（2010）など，高齢犯罪者の実相に迫ろうとする研究が行われている．

2010年代には，研究者が警察とも連携する形で，万引きに関する調査研究に進展が見られた．主要なものとして，二つの動向を挙げておきたい．

第一に，万引きに関する心理学分野からの実証研究の蓄積である．大久保らは，香川県での調査研究をはじめとして（大久保ほか 2013），その後も複数の県警察と連携して調査研究を実施しており，店舗における対策の検討などもおこなっている．大久保・時岡・岡田編（2013）が出版されるなど，論文，図書も含めて，貴重な研究成果が蓄積されている．

第二に，坂井（2012），少年非行問題に関する研究会（2017）をはじめとして，倫理学研究者が，北海道，東京都，京都府などにおいて，警察との連携のもとに万引きに関する研究を蓄積している．調査における回答の特徴などを解釈した上で，倫理学的な観点から，規範意識に働きかけるための考察も行われている．研究と実践との架橋という観点からも，貴重な成果であろう．

2012年以降には，『警察学論集』での特集（太田 2014；古川 2014；若松 2014；佐々木 2014；鈴木 2014）で高齢者犯罪について多くの論稿が発表されたほか，『警察政策研究』における太田（2014），中尾（2014），NNNドキュメント取材班（2014），江﨑（2012），安田（2017）などが公刊されており，前述した大久保・時岡・岡田編（2013）

とも相まって，研究成果の発信が広がった．

また，この頃までに，全国各地で，万引き防止対策のための合同会議が開催されるなど，実務面での動向も活発になり，店舗等における対策の実務に役立てるために分析も行われている．東京都万引き防止官民合同会議（2015）をはじめとして，警視庁，東京都における分析は，継続的に実施されている．また，全国万引犯罪防止機構による調査の分析も行われており（全国万引犯罪防止機構, 2015a, 2015b），万引き対策に関与する社会各層の取り組み事例も紹介されている（全国万引犯罪防止機構, 2015c）．

一方で，高齢者犯罪に限られる内容ではないが，犯罪者の社会的包摂，コミュニティへの再統合に関する議論が次々と公刊されてきた（石塚 2009; 小長井 2012; 小長井 2013）．社会学全体の動向として，2000年前後を境として，イギリスを中心に社会的排除に関しての議論が展開されている（Giddens 1998 = 1999; Young 1999 = 2007）．国内でも社会的包摂のための議論の潮流の広がりが見られた時期であり（宮本 2007; 岩田 2008），それらの社会学的潮流による影響も，一定程度あると考えられる．いずれにしても，犯罪社会学研究の中での包摂モデルを構築するための基礎付けが進展し，さらに河野（2009）をはじめとして離脱モデルも広がりを見せたことは重要である．これらの立ち直りや離脱に関するモデルは，高齢犯罪者に対しても適用可能な部分が少なくないと考えられる．

もっとも，我が国では，刑事司法の各プロセスにおいて，高齢者が多く取り扱われていることは，ありのままの事実として，古くから知られてきた．『刑政』に掲載された田中（1999）をはじめとして，実務の専門誌を閲覧すれば，高齢受刑者，高齢の保護観察対象者などに関する議論が連綿と続いてきた状況が見受けられる．犯罪社会学会にお

いては，法務省における矯正や保護の実務，法曹等の法律実務の会員も多くいることも相まって，高齢者犯罪の問題が存在し続けていることは，共有されてきたように思われる．

それでは，なぜ今の時期に高齢者犯罪を課題研究で取り上げようとするのか．少し補足しておかなければならないだろう．そもそも，次節における各論文の紹介を一読して頂ければ一目瞭然であるように，今回の課題研究が対象とする主要な高齢者犯罪は，万引きであり，あるいは前歴を持たない人が唐突に高齢期におこなった犯罪についてである．つまり，刑務所を出所後に再入所を繰り返すといった常習的な犯罪者に関しては，この課題研究ではあえて対象としない．法務総合研究所による実態調査や分析をはじめとして，常習的な高齢犯罪者については，初犯の高齢犯罪者よりも比較的多く研究されており，知見の蓄積がある．（再犯率ではなく）再犯者率の高さに示されるように，犯罪をし続ける高齢者が足を洗えないことにより，刑務所人口における高齢化が進んでいるという側面は，矯正や保護の実務の世界では，半ば常識化していると考えられる．常習的な犯罪者，あるいはプロの犯罪者としての経歴を重ねた者が，高齢になってもなお足を洗えない，という問題については，本課題研究とは別に，検討が必要である．

翻って，この課題研究が念頭に置くのは，青少年期限定型犯罪学（Cullen 2011）と指摘されることもある，犯罪原因論や犯罪予防論における，青少年への傾斜についてである．発達的犯罪予防の観点からも，総量が多いことに加えて，リスク因子に介入しやすい少年非行について，研究が多くなされることには首肯できる（齊藤 2010, 2014）．また，万引きの問題が少年から高齢者へと移行したという単純な見解が散見されるなど，ともすれば誤解もされがちであるが，万引きはいまだに少年にとっての重要な問題である．ダイ

バージョンを含む保護的な対応という点でも，犯罪学的研究としても，青少年問題としての万引きの取り扱いを継承し続けるべきであろう．少年非行問題に関する研究会（2017），坂井（2012）など，倫理学研究者らの研究も，そのことを明瞭に示している．また，心理学分野では，金子（2018）をはじめとして，生徒指導のための教員や学校のあり方についての研究も継続している．

一方で，高齢犯罪者の中でも，刑務所服役を経た常習的な犯罪者と，前科・前歴もなく万引きで初めて検挙されたという高齢者とでは，再犯防止という観点から見ても，対応策は全く異なる．こうした点は，坂井（2012）もすでに指摘している．課題研究の中で星論文が詳しく論じているように，前科・前歴もなく万引きで初めて検挙されたという高齢者の場合は，刑務所や保護観察所などで予定されているはずの処遇・実践的支援を受けることができないのである．刑事司法の中で，立ち直り支援の機会が乏しいのが，残念ながら万引き高齢者を取り巻く実状と言うべきであろう．

青年期・壮年期までには犯罪に縁のなかった人々が，何らかの要因により，高齢期になってから犯罪の世界に足を踏み入れてしまうという実態から，我々は目を背けるわけにはいかない．そのような高齢者が一定数とはいえ，たしかに存在しており，その典型例が万引き事犯であると考えられる．高齢初犯となった人々は，Cullen（2011）が言うところの青少年期限定型犯罪学の理論や実証研究では，あまり対象とされてこなかった人々である．さらには，高齢受刑者，高齢の保護観察対象者に関して我が国において蓄積されてきたノウハウも，潜在的には役立つものであるとしても，直接にはいまだ活かされていない場合が大半であろう．なぜなら，万引き事犯の場合には，初回は通常は微罪処分となり，2回目以降の検挙時においても起訴されることはまれだからである．起訴

されたとしても罰金刑までで終局してしまい，万引き高齢者が保護観察や刑務所などでの処遇やケアといった，制度的な対応のネットワークに入ってくることはきわめてまれである．

各論文の紹介に移る前に，一点，述べておきたい．本課題研究の特集では，万引きの事犯で取り扱われる高齢者に焦点が当てられている．しかし，尾田（2014），佐藤（1993）も指摘するように，犯罪被害脆弱層としての高齢者に関する研究の重要性については，論を俟たない．振り込め詐欺や還付金詐欺をはじめとして，高齢者を対象とする特殊詐欺の被害は，全国的にいまだ高止まりしている状況にある．今後，高齢者が社会の多くを占め続けていく中で，高齢者が防犯面で暮らしやすい社会づくりが進んでいくことが祈念される．ただし，高齢者が防犯面で暮らしやすい社会づくりの実現はいまだ道半ばであり，その実現に至るまでには，あらゆる課題が山積していると言わねばならない．

2　各論文の紹介

なるべく先入観を持たない状態で，読者自身が各論文に目を通して頂きたいため，筆者は，各論文の魅力的な側面をことさらに強調することもなく淡々と紹介するにとどめたい．紙幅の都合上も，各論文の中身のすべてを要約することには限界がある．このため，筆者がある程度のウェイトを加えながら再構成し，部分的に紹介した内容を以下には示している．各論文ではより詳細で精緻な議論が展開されている．読者の専門領域や関心に照らし合わせて，各論文のすべてをぜひ一読して頂きたい．

⑴　戦後における社会経済変動

矢島論文は，本課題研究の全体を横断する論点を含んでおり，万引きを高齢者の問題としてとら

えるに際しての俯瞰的な視点を提起している．このため，細部にも少し踏み込んで紹介する．

本論文は，万引きは暗数が多い犯罪の代表格であることを述べた上で，しかし，万引きには，ほかの暗数の多い犯罪にはない特徴があることを指摘する．すなわち，万引き行為を通報する人が小売店の従業員や警備員にほとんど限定されていることである．このため，万引きでは，認知件数になるか暗数になるかの決定因子は，ひとえに店舗の万引きに対する対処の仕方にかかっていると指摘している．『犯罪白書』なども手がかりに，以下の解釈の可能性もあり得ることが指摘されている．1993年頃から小売店の万引き監視体制が徐々に整い，万引き者の発見数が増加し，さらに警察への通報体制が整った．監視と通報という認知件数の二因子は，2008年頃から体制の恒常的安定化がなされ，それ以降，認知件数は一定数を維持することとなった，という解釈が成り立つというのである．一方，高齢者の万引きのみ増加したということの説明は，こうした解釈だけではつきづらいことが指摘されている．小売店の監視体制と通報体制は，高齢者に対してのみ機能するわけではなく，警察から各小売店に対して高齢者の犯罪を特に徹底して取り締まることを求める通達等が出されたわけでもないからである．この点について，今までは高齢者の万引きに対して温情的であったが，平成に入ってからその温情性が希薄していったという仮説は立てられるかもしれないことが指摘されている．

本論文では，高齢者による万引きを世代論的に考察することには無理があることが指摘されている．というのも，万引き高齢者には戦前生まれの人と戦後生まれの人の両方が含まれており，生まれてから壮年期に至るまでの時代背景が極めて異なるからである．とはいうものの，バブル経済崩壊以降の社会経済状況や，それが人々の生活に与えた影響をみることで，社会経済状況の変化による高齢者万引きへの影響はある程度推定し得るであろう，とも本論文は指摘している．矢島は本論文の中で，こうした推定に関する仮説をくわしく提示し，論点を整理している．以下のような要素や論点が，仮説の中には含まれている．大型店舗販売方式や大量販売積み上げ陳列方式への時代的な変化により，役に立つ監視者の不在化が導かれたのではないかとする論点である．大型店舗販売方式では，店長や従業員と消費者との日常生活での親密な関係性が欠如することにより，万引きをしやすい環境が生まれたとする論点も示されている．さらに，家族・親類関係から孤立し，地域における社会関係資本からも閉ざされ，経済的にも苦しい生活者であることが，万引き高齢者の特徴として示されている．万引き高齢者における社会関係資本についての不安は深刻である可能性があり，生活の中で大事にする人がいない状態では，万引きが発覚しても失うものは少ないこと（万引きへの歯止め・抑止力の喪失の可能性）が指摘されている．高齢化が進行する社会における中長期的な視点を持ち，万引き高齢者への社会的・福祉的対応を考えることが必要であることが指摘されている．

(2) 高齢者の万引きに関する実証分析

齊藤論文では，Agnewの一般緊張理論（general strain theory: 以下GSTと表記する）にもとづき，高齢者の万引きの背景要因について，分析がなされている．

Agnewは，Mertonの古典的な緊張理論を改訂し，GSTとして再生した．それ以来，人々がなぜ犯罪へと追い込まれるのかを説明する有力な枠組みとして，GSTは海外を中心に，幅広い支持を集めてきた．GSTでは，あるグループのほとんどの構成員から嫌われている出来事や状況，またはそれを

経験した人が嫌っている出来事や状況を緊張と定義している．GSTは，緊張の源泉を以下の三つに分類している．緊張の第一の源泉は，個人が定める価値ある目標を達成できないことであり，Mertonが想定していた長期的目標だけでなく，短期的目標も対象とされている．緊張の第二の源泉は，価値ある物や人との交流に由来する快刺激が失われたり，除去されたりしていることである．緊張の第三の源泉は，人との不和や人からの不当な扱いなどの不快刺激に直面・曝露することである．

齊藤論文では，東京都に在住する一般高齢者と初回の万引きにより検挙された高齢被疑者をマッチドペアにしたデータセットを用いて，GSTにおける目標不達成による緊張，快刺激剥奪による緊張の概念に主な焦点を当てた上で，それらの二つの種類の緊張と高齢者の万引きとの関連について，分析をおこなった．また，対処スキル，社会経済的地位，セルフコントロール，ソーシャルサポートの供与が高齢者の万引きのリスクを低減させるかについても，分析した．

主要な分析結果を，三つにまとめると，次の通りであった．第一に，目標不達成による緊張は，高齢者による万引きのリスクの高さに影響していることが示された．第二に，快刺激剥奪による緊張は，高齢者による万引きのリスクの高さに影響していることが示された．第三に，社会経済的地位，セルフコントロール，ソーシャルサポートの供与は，高齢者による万引きのリスクを低減させる可能性が示された．

一方で，高齢者が有する対処スキルと万引きのリスクとの間には，有意な関連は見出されなかった．

以上から，万引きをおこなった高齢者は，緊張に悩まされ，それに合法的に対処するための乏しい資源しか有しないという点で，非常に恵まれない人々であるという特徴が示唆された．国内の先行研究においては，大学生の学業不正行為や非行

経験に関して，GSTの緊張仮説が支持されていた．本論文での結果から，人生後期の高齢者層の万引きに関してGSTの緊張仮説が一定の妥当性を持つという知見が新たに追加されたといえる．

(3) 文化史的側面と保安警備業務

田中論文では，国内外での万引きに対する対応の歴史を含めた議論が展開されている．万引き対策の歴史的変遷を概観した上で，文化的側面（万引きの要因と被疑者像）を見出すことが，本論文の着眼点である．

田中論文では，海外の先行研究と我が国の比較的古くからの研究を手がかりに，万引きへの社会的対応について，古今東西の動向を整理している．イギリスでは，17世紀末に万引きが極端な形で厳罰化されたが，19世紀前半に，万引きの厳罰化は廃止された．万引きは非厳罰化されると同時に，取締りを警察官に行わせることで万引きの防止を図ることになったことが概観されている．また，同じ頃，フランスなど，ヨーロッパでは，「窃盗症」（クレプトマニア）の概念に示されるように，精神医学に依拠した万引き対策が推進された．

消費文化と服飾文化，ジェンダーとの関わりを見せながら，万引き対策が変容していったことも本論文では示されている．19世紀のフランスにおいて，パリなどでは，百貨店の消費文化と中流階級以上の女性の服飾文化が普及し，そのことによって，窃盗症が誘発されるという見解が，海外では示されている．アメリカでは，百貨店が物欲を喚起して窃盗症を誘発するために，貧困や犯罪とは無縁であるはずの中流階級以上の女性客が万引きするようになったという見解も示された．そのことを指して，本論文では，百貨店が「万引きを生み出す文化装置」になったことも指摘されている．被疑者の捕捉を専門とする警備員が動員されるようになり，万引きを現認した場合に被疑者

の身柄を捕捉するなどの運用が広がったとされており，現在の日本で行われている保安警備業務にも通底していることを本論文は指摘している．中流階級以上の女性客が万引きの被疑者になった場合，店舗側と警備員は主に「説諭」や「返品」によって穏便に対処するようになったことが先行研究から示されており，階級とジェンダーを考慮したセレクティブ・サンクションといえることを本論文は指摘している．また，本論文の中では，保安警備業務の中で，電子式商品監視システムの実用化が1960年代には行われ，システムと警備員を併用した万引き対策が現在に至るまで続いていることが指摘されている．

　田中論文では，我が国で保安警備業務が成立した1962年よりも前とそれよりも後の時期に分けて，我が国における万引きに関する論じられ方や対応策について，考察されている．例えば，1910年代頃の日本でも万引きが頻発したのは百貨店等の大型の小売店舗であった点は海外とも似ていた．社会学者の米田は，万引きを誘発する要因として，物欲を喚起する商業道徳の問題を指摘していた．当時の日本では被疑者の身柄を警察へ引き渡すのが主な万引き対策であり，説諭や私刑による被疑者の処遇は常態化していなかったと解釈できることが本論文では指摘されている．これに対して，米田は，職業的万引や相当の処分に応じない場合を除いて，万引きは説諭と私刑によって処理すべきだという主張を展開していたという．1930年代頃の研究においても，店舗における女性の万引きが，主に念頭に置かれていたが，戦後になると少年問題としての万引きという視点が浮上してきた．ラベリング論等の諸研究においても，少年問題としての万引きについては多くの研究が存在するため，ここでは紹介はせずにおくが，くわしくは田中論文をご覧頂きたい．

　田中論文では，保安警備業務に着目し，被疑者

と警備員の駆け引きが詳細に示されている先行研究を手がかりにしつつ，議論が展開されているが，考察の対象は現代の日本にも及んでいる．高齢者は捕捉が容易であるために認知件数が増えている可能性を指摘する先行研究があることを田中は指摘する．全件通報の基本方針があるにもかかわらず，被疑者の属性を考慮したセレクティブ・サンクションが行われている可能性があることもふまえて田中がインタビューをしたところ，「高齢者」が捕捉されやすい属性である可能性も示されたという．

　本課題研究の第一番目の論文の著者である矢島による議論のうち，小売店の監視体制と通報体制は高齢者に対してのみ機能するわけではないという指摘，警察から各小売店に対して高齢者の犯罪を特に徹底して取り締まることを求める通達等が出されたわけでもないという指摘があった．これに対して，田中論文の場合は，警備員による捕捉という分析軸を組み込み，高齢者に対してセレクティブ・サンクションが働いている可能性を探りながら議論を展開している点に，独自の視点が見られる．

⑷　法的対応のあり方

　星論文では，高齢者万引き事犯について，検挙された後に起訴され，正式公判審理を受け，刑事施設に収容されるという，刑事司法の「本流」で必ずしも処理されるわけではないという側面をふまえた上で，万引きの背景や対応策について，考察されている．

　便宜的に設けられた三つの類型として，認知症型，生活困窮型，万引き自己目的型が挙げられ，それぞれについて検討している．認知機能の低下に伴い，是非・善悪の弁識能力，あるいは行動制御能力が低下し，それが原因で万引き行為を行うなど，認知症型の場合は，責任能力についての制

約が考えられる．このため，認知症型の場合は，「責任非難」という観点からの対応ではなく，むしろ，治療など，「医療」の枠組みでの対応が必要となる類型だと考えられる．一方で，医療観察法が適用される犯罪類型には，万引きをはじめとする窃盗は対象外である．このため，認知症型の場合は，一般の医療，さらには介護による対応に依存せざるをえないものの，家族に対する負担の加重という課題が生じることなどが指摘されている．

生活困窮型による万引きの場合には，責任能力の問題は生じないため，行為責任として刑事処分的な要素を考慮する必要があることを指摘した上で，行為者を処罰しさえすればそれで問題が解決するわけではなく，生活支援的な観点を併せて考慮する必要があることを指摘している．少年の場合は，少年法にもとづく保護的な対応がなされてきたことに加え，発達的犯罪予防論に基づく対応がこれまでもなされてきている．高齢犯罪者に対しては，更生を図るための働きかけの余地が，少年に比較して相対的に少ないという事情も存在することが指摘されている．高齢者万引きの場合には，刑事司法手続において，大半は，警察段階での微罪処分，あるいは，検察段階での起訴猶予処分になる．また，起訴された場合でも罰金刑よりも厳しい刑罰となることはほとんどないため，改善のための処遇を受けるための制度的な保障がないという限界が存在している．

万引き自己目的型については，万引き行為に，「スリルの探求」や万引き行為自体を目的とする形での憂さ晴らしや孤独感の解消を求めるものとして位置づけられている．成功体験を繰り返すことで，常習化しやすい面がある．従来からも，対応が考えられてきたものではないため，解決策は容易ではないものの，経済的な側面と精神的な側面から，いかに福祉的な支援を行うことができるか，ということが課題として挙げられる．

そこで，星論文では，犯罪機会の減少などを通じて，万引きの初犯や再犯を未然に防止することの重要性が指摘されている．陳列の工夫のほか，店員やいわゆる保安員などが，切れ目のない巡回や対応をすることで，犯行の機会を摘み取ることが，直接的な方法である．星論文の議論における重点のひとつとも言える点であるが，人による防犯の補助ツールとして，生体認証機能付きの防犯カメラシステムを，来店者全員ではなく，再犯者等に対して稼働させることの可能性が示唆されている．さらに，別の次元での対応として，問題を抱えた高齢被疑者が医療的対応や福祉的対応受ける必要性の判断のために，専門知識を有する警察官が被疑者と店舗側との間に入るなどの形式が提案されている．以上で見たような，店頭等での犯罪防止のための生体認証システムの備わった防犯カメラの利用や，犯罪被害防止のための関係者・対象者の情報の取り扱いに関連して，どういった形での運用が現実的には許容されうるのかといった論点について，個人情報保護法の解釈をまじえて，詳細に議論されている．また，児童虐待防止の文脈の場合も参照する形で，関係機関での情報共有や介入のあり方について，議論が展開されている．

星論文では，介護疲れ殺人を犯した高齢者に対する量刑判断等についても，議論が展開されている．介護疲れ殺人を犯した高齢者は，それまでには犯罪傾向がほとんどないにもかかわらず重大な罪を犯してしまった者である．高齢犯罪者に対する執行猶予の位置づけや執行猶予中の処遇のあり方について，少なくとも刑事司法の枠内において，十分な対応をなしえていない現状についての考察もなされている．星論文では，従来の更生保護における社会復帰は，職業訓練などに象徴されるように，対象者のほとんどが生産年齢人口にあたる者であることが無意識の前提であったことを，指

摘している．しかし，星論文が指摘する通り，場合によっては自らも要介護認定を受けているような介護疲れ殺人の加害者には，そのような更生保護は必ずしも意味をなさないという可能性もあり得よう．執行猶予者に対する心理的ケアなどは，まさに医療や福祉の領域で対処すべき事項であるが，それを制度的に保障する仕組みが存在していない，とする星論文の指摘は，慧眼というべきであろう．星論文が提起した論点に対して，犯罪社会学分野からの議論の接続や応答が，期待されるところである．また，犯罪研究以外の分野では，高齢者に関する研究知見は膨大に蓄積されている．高齢者に適した福祉・医療制度の充実方策，高齢者の身体的機能や認知的機能に関する医学的知見については，鈴木（2012）をはじめとする成書が存在している．したがって，医学，疫学，福祉研究，家族社会学などの専門分野との交流を深めることが有意義であろう．

3　むすびに代えて

　今回の課題研究の各論文をふまえ，今後発展的に展開されうるテーマもいくつか浮かび上がるであろう．筆者からは，例えば以下の論点を挙げることができる．

　第一に，支援のあり方を組み直す必要性についてである．矢島論文，齊藤論文が示しているように，万引き高齢者には，孤立や社会関係から閉ざされているなど，人間関係のリソースが少ない者が比較的多いという特徴が挙げられる．さらに，経済的にも苦しい生活の中で，万引きを行っている．経済事情や人間関係面での厳しさに直面する中で，万引き高齢者は多くの悩みを抱えていると推測される．万引きという事件を起こすことによって，近隣の店舗からの信頼も失われてしまうなどの事態が生じてしまいがちであるとも考えられる．生活再建のために，現状，どういった手段

が，行政や福祉によって提供されているだろうか．その点に関しては，星論文が論じているように，微罪処分に処された人が活用可能な公的なリソースや仕組みは，必ずしも十分には整っていないのが現状であろう．折しも，2016年に公布・施行された再犯防止推進法にもとづき，2017年には国の再犯防止推進計画が決定された．広域自治体等における再犯防止推進計画のための検討も行われるなどの動きが現在進行中であり，今後も新たな動きが展開していく見込みである．再犯防止推進計画の中では，再犯防止の観点に加えて，以下が求められるであろう．すなわち，微罪処分や起訴猶予になるなど，従来の刑事司法の処遇・実践が届きづらい者に対する立ち直り支援・生活再建支援といった観点からの制度的な検討が重要ではないかと考えられる．

　第二に，主に星論文が提起した福祉・医療などの専門家の関与や多機関連携についてである．その必要性に関しては賛同する意見が少なくないと思われるが，制度的な垣根をこえつつ実効性を持たせるための方策の検討が必要である．星論文は，問題を抱えた高齢者への対応のあり方として，多機関連携の可能性を示唆する．立ち直り支援・生活再建支援の場合と再犯防止の場合とでは，多機関連携における情報共有に関して，合目的性の判断基準のあり方も異なりうるであろう．星論文を契機として，さらなる議論の活性化が期待されるところである．

　第三に，店舗での万引きによる被害を抑えるための社会づくり，環境犯罪学的対策についてである．万引きにより店舗では被害が発生してしまうため，被害の未然予防という観点を持ち続けることが，実務的にも不可欠である．この点に関連して，田中論文の中では，保安警備業務の中で，電子式商品監視システムの実用化が1960年代には行われ，システムと警備員を併用した万引き対策

が現在に至るまで続いていることが指摘されている．田中論文で扱われる現代日本における店舗での万引き対策に関しては，最新の技術による情報共有やモニタリングを法学的な観点から検討した星論文との間にさらに接点を持ちつつ，田中（2018）もふまえて今後研究を発展させることが可能であろう．

　他方で，高齢者に対する支援を行う刑事司法の各機関の実務家，高齢者に対する法律支援を行う法曹等の専門家，高齢者が置かれた環境に関心を抱き研究テーマとして取り組む大学生・大学院生など，犯罪社会学分野と関わりの深い諸氏が，高齢者を対象とする研究や実務に触れる機会は，今後さらに増えていくであろう．高齢者を対象とする犯罪関連分野に関心を持つ方々にとって，本課題研究の特集が，犯罪社会学・法学ルートからの入り口のひとつになるようであれば幸いである．それぞれの関心・専門性にもとづき，最先端で犯罪問題を研究している各位に，本課題研究への論文寄稿をお願いしたのは，そのような期待も込めてのことである．末筆ながら，貴重な論文を寄稿頂いた執筆者各位に，謝意を表したい．

［文献］

Cullen, Francis T., 2011. "Beyond Adolescence - Limited Criminology: Choosing Our Future-The American Society of Criminology 2010 Sutherland Address". *Criminology,* 49(2) :287-330.

江﨑徹治，2012，「東京都内の高齢万引き被疑者の現状」『早稲田大学社会安全政策研究所紀要』4: 167-199.

福島章，2007，「窃盗累犯の研究——意志欠如者の犯罪精神医学及び性格学への寄与——」『精神神経学雑誌』109(5): 415-419.

降簱志郎，1983，「長野県下における万引き非行の実態」『科学警察研究所報告 防犯少年編』24(1): 106-116.

古川隆司，2014，「社会福祉・老年学からみた高齢者犯罪」『警察学論集』67(6): 18-32.

Giddens, A., 1998, *The Third Way: The Renewal of Social Democracy,* Polity Press. (＝佐和隆光訳，1999，『第三の道——効率と公正の新たな同盟』日本経済新聞社).

浜井浩一，2009，「高齢者犯罪の増加」『老年社会科学』31(3): 397-412.

堀田利恵・湯原悦子，2010，「高齢になって初めて犯罪に手を染めた女性犯罪者に関する研究（総説）」『日本福祉大学社会福祉論集』123: 69-83.

法務省，2008，『平成20年版　犯罪白書』．

法務総合研究所，2007，『研究部報告37　高齢犯罪者の実態と意識に関する研究』．

石塚伸一，2009，「刑事政策における社会的包摂の意義と課題」日本犯罪社会学会編『犯罪からの社会復帰とソーシャル・インクルージョン』，現代人文社，115-134.

岩田正美，2008，『社会的排除——参加の欠如・不確かな帰属』，有斐閣．

金子泰之，2018，『中学生の学校適応と生徒指導に関する研究』ナカニシヤ出版．

小長井賀與，2012，「地域に根差した犯罪者処遇——犯罪者を地域社会に繋ぐ——」『犯罪と非行』171: 30-44.

————，2013，『犯罪者の再統合とコミュニティ——司法福祉の視点から犯罪を考える——』成文堂．

河野荘子，2009，「Resilience Process としての非行からの離脱(課題研究 犯罪者の立ち直りと犯罪者処遇のパラダイムシフト)」『犯罪社会学研究』34, 32-46.

熊谷渉・細江達郎，2009，「犯罪の加害者となった高齢者に関する研究」『岩手フィールドワークモノグラフ』11: 26-39.

宮本孝二，2007，「『第三の道』の社会理論: ギデンズの社会構想」『桃山学院大学社会学論集』41(1), 1-26.

中尾暢見，2014，「激増する高齢者犯罪」『専修人間科学論集 社会学編』，4(2): 101-117.

NNNドキュメント取材班，2014，『高齢初犯－あなたが突然，犯罪者になる日』，ポプラ新書．

尾田清貴，2014，「高齢者による万引きの防止に向けた一考察」『日本法学』80，2: 397-435.

大久保智生・堀江良英・松浦隆夫・松永祐二・江村早紀，2013，「万引きに関する心理的要因の検討：万引き被疑者を対象とした意識調査から」『科学警察研究所報告』第62巻第1・2号: 41-51.

大久保智生・時岡晴美・岡田涼編，2013,『万引き防止対策に関する調査と社会的実践——社会で取り組む万引き防止——』ナカニシヤ出版．

太田達也，2008,「高齢者犯罪の実態と対策——処遇と予防の観点から——」『ジュリスト』，1359: 116-127.

————，2014,「基調講演　高齢者犯罪の対策と予防——高齢者犯罪の特性と警察での対応を中心として」『警察政策研究』18: 171-182.

————，2014,「高齢者犯罪の対策と予防——高齢者犯罪の特性と警察での対応を中心として」『警察学論集』67(6): 3-17.

齊藤知範，2010,「逸脱・少年非行に関する社会学理論の説明図式」岩井八郎・近藤博之編『現代教育社会学』有斐閣，190-196.

————，2014,「犯罪行動が学習される？——学習理論」岡邊健編『犯罪・非行の社会学——常識をとらえなおす視座』有斐閣，131-147.

————，2017a,「万引きで検挙された高齢者と一般高齢者に関する分析」万引きに関する有識者研究会(東京都)，『高齢者による万引きに関する報告書——高齢者の万引きの実態と要因を探る——』，38-54.

————，2017b,「万引きに関する調査の分析結果(2)——被疑者の脆弱性から見た社会的包摂への方策——」『日本犯罪社会学会第44回大会報告要旨集,』42-43.

————，2017c,「テーマセッションF　行政・実務と連携した犯罪研究−施策の市民への還元のために」『日本犯罪社会学会第44回大会報告要旨集,』39.

坂井昭宏，2012,「排除か共生か: 高齢万引き再犯者への対応」『桜美林論考 人文研究』3: 1-17.

佐々木真郎，2014,「高齢者犯罪の実態」『警察学論集』67(6): 33-41.

佐藤典子，1993,「高齢犯罪者をめぐる諸問題 (課題研究 高齢化社会における犯罪と刑事政策)」『犯罪社会学研究』18: 4-23.

少年非行問題に関する研究会 (2017)『一般少年と非行少年の満足度・規範意識・セルフコントロールに関する意識調査——非行防止・再犯防止対策の新たな視点を求めて——』(研究会代表者：児玉聡，事務局：京都府警察本部生活安全部少年課).

鈴木定光，2014,「高齢者犯罪の特徴と傾向について」『警察学論集』67(6): 86-109.

鈴木隆雄，2012,『超高齢社会の基礎知識』講談社.

田村雅幸・麦島文夫，1991,「店舗調査による万引の暗数推定」『科学警察研究所報告 防犯少年編』32(1): 1-13.

田中孝典，1999,「〈実践レポート　福井刑務所〉高齢受刑者の抱える問題及び高齢受刑者指導の実状について」『刑政』120(10): 110-116.

田中智仁，2018,『警備ビジネスで読み解く日本』光文社新書.

辰野文理，2017,「万引きに関する調査の分析結果(1)——被疑者の類型化から見た常習化予防方策——」『日本犯罪社会学会第44回大会報告要旨集,』40-41.

東京都万引き防止官民合同会議，2015,『万引きに関する調査研究報告書——高齢者の万引きに着目して』.

内山絢子・伊藤冨士江，1984,「成人の万引行動の男女別差異」『科学警察研究所報告 防犯少年編』25(2): 183-191.

若松修，2014,「万引き対策：少年から高齢者へのシフト」『警察学論集』67(6): 71-79.

山上皓，2003,「高齢者の犯罪の特徴と問題点」『老年精神医学雑誌』14(4): 407-412.

山口寛峰，2014,「高齢者犯罪の現状」『警察学論集』，67(6): 42-51.

安田恵美，2017,『高齢犯罪者の権利保障と社会復帰』法律文化社.

Young, J. 1999, *The Exclusive Society: Social Exclusion, Crime and Difference in Late Modernity,* Sage（＝青木秀男ほか訳，2007,『排除型社会——後期近代における犯罪・雇用・差異』洛北出版）.

全国万引犯罪防止機構，2015a,『万引対策最前線　闘うリーダーたちのメッセージ集』.

————，2015b,『第10回　万引に関する全国青少年意識調査　分析報告書』.

————，2015c,『第10回　全国小売業万引被害実態調査分析報告書』.

［付記］

　本稿における記述には，万引きに関する有識者研究会（東京都）報告書において執筆を担当した第Ⅱ部第3章（齊藤 2017a），日本犯罪社会学会第44回大会報告要旨集（齊藤 2017b，2017c）をもとに改稿した部分が含まれている.

E-mail：saitoht@nrips.go.jp

I 課題研究 超高齢社会における犯罪対策の基軸——高齢者による万引きを中心に

社会経済状況の変化と高齢者万引き・万引き高齢者

矢島正見
一般財団法人青少年問題研究会

〈要旨〉

　本稿では，高齢者万引きと万引き高齢者の特性を列記し，そこから社会経済的要因と生活特性を推定した．そこから見えてきたのは，貯蓄と年金だけに頼らざるを得ない経済生活事情，一人暮らし，話し相手・相談相手の不在，地域関係の希薄さ，福祉とのつながりの欠如といった生活特性だった．万引き高齢者に関するこれらの社会経済状況や生活特性は，現在の日本社会では高齢者一般の状況である．しかし，万引き高齢者には，これらがより強く作用している．ところで，高齢者万引きが問題化されたのはなぜだろうか．理由として，犯罪の厳罰化傾向，小売店の販売形態の変容，少子高齢化といった社会経済状況の変化が考えられる．

キーワード：万引き，万引き高齢者，社会経済状況の変化

1　はじめに

　本稿は，『高齢者による万引きに関する報告書』（万引きに関する有識者研究会 平成29年3月）に基づいての論考である．特に，筆者の担当した「第Ⅲ部　第2　研究に向けての基本的視座」(82-86)，「第Ⅲ部　第3　社会経済状況の変化と高齢者万引き・万引き高齢者」(87-95)，「第Ⅳ部　総括・提言」(153-159) の論述に基づいている．

　当報告書は大きく，既存の文献資料ならびに調査データを用いての考察と当研究会独自に行った調査分析，そして総括・提言とに分かれる．故に，本稿では，既存の文献資料ならびに調査データと当研究会独自に行った調査結果を参考にしつつ論じていく．文献一覧は報告書の末尾に掲載されているので，参照いただきたい．また，詳細なデータからの考察や調査概要ならびに調査結果の分析については，他の課題研究論文をご一読いただきたい．まずは，論述の展開に当たって，以上のこ

とを申し述べておく．

2　研究に向けての基本的認識
⑴　万引き暗数の特殊性

　いかなる行為にあっても，発覚される行為と発覚されない行為がある．犯罪行為にあっては，発覚されたとしても警察（公権力機関）に通報されるとは限らない．路上に唾を吐くことは軽犯罪法違反であるが，これを見たとしても，わざわざ警察に通報する人がどれほどいるだろうか．犯罪に暗数はつきものである．暗数が多い社会は問題のある社会などと考えるのは短絡的思考である．暗数には暗数の意味と機能がある[1]．

　万引きは暗数の多い犯罪の代表格である．しかも，万引きの暗数は他の犯罪とは異なる一つの特徴を有している．それは，万引き行為を通報する人が限定されていることである．警察への通報は，スーパーやコンビニ等，小売店からに限られてい

る．他の犯罪のように，一般の人からの通報の比率はごく希である．万引を発見する人には，そこで買い物をしている一般の人もいるであろうが，それでも従業員・警備員が多い．また，購買者が発見したとしても，直接警察には通報することなく店の人に知らせる．となると，万引では，認知件数になるか暗数になるかの決定因子は，ひとえに店舗の万引きに対する対処の仕方（具体的には，万引き対策として警備員を置く，従業員の監視体制を徹底させる，監視ミラーや監視カメラを配置する，そして警察に通報する）いかんにかかっているのである．

つまり，

万引き⇒認知されない…暗数／万引き⇒購買者が認知⇒店に通報しない…暗数／万引き⇒購買者が認知⇒店に通報する⇒店からは警察に通報しない…暗数／万引き⇒購買者が認知⇒店に通報する⇒店から警察に通報する…認知件数／万引き⇒従業員・警備員が認知⇒店に通報する⇒店からは警察に通報しない…暗数／万引き⇒従業員・警備員が認知⇒店に通報する⇒店から警察に通報する…認知件数

という，多様な在り方のどれになるかは，万引き犯罪の数値の増減に関係するだけでなく，さらに時代の万引きに対しての「観・視」という大きな問題を抱えているのである．

したがって，こうしたことを配慮して調査データを読み取る必要があるし，さらに万引きの暗数についての考察も，そうした配慮が必要となる．

(2)　高齢者万引きの数量的推移

各年度の『犯罪白書』で高齢者の犯罪データを見ると，平成5（1993）年頃から高齢者（60歳以上）の犯罪（刑法犯検挙人員）は上昇し始める．罪種別に見ても，特定の犯罪に限定しての上昇ではなく，主だった罪種全般に上昇の傾向が見て取

れる．『犯罪白書　平成20年版』では，特別に「第7編」として高齢者犯罪を取り上げている．高齢者犯罪が，そこまで刑事政策として問題化したわけである．

しかし，平成18（2006）年頃から，高齢者犯罪は高い水準を維持しつつも，高止まりの状態となって平成28（2016）年に至っている．ただし，刑法犯検挙人員の人口比の推移でみると，「高止まり」とは言えるものの，緩やかなカーブを描きつつ，やや減少傾向に向かっていると言える．つまり，高齢化による高齢者の人口増加という変数を排除すれば，微減傾向を示しているのである．また，高齢者による犯罪（検挙人員の人口比）は，依然，他の年齢に比べ低く，特に20歳代の者に比べると人口比で半分以下である．

これを窃盗犯に限定して見ると，高齢者（65歳以上）の検挙人員は平成20年から増加傾向に歯止めがかかり，平成28年に至っている．

高齢者（65歳以上）の犯罪の半数以上は窃盗犯である．その中でも万引きが大半を占めている．「刑法犯　高齢者の検挙人員の罪名別構成比（男女別）」の年次推移から，窃盗犯に歯止めのかかった平成20（2008）年からの万引きの推移を性別に見てみると，男性高齢者では，14,283（H20）⇒14,267⇒14,157⇒14,776⇒15,191⇒14,574⇒14,774⇒14,229⇒14,269（H28）であり，女性高齢者では，12,732（H20）⇒12,752⇒13,205⇒13,290⇒13,482⇒13,379⇒13,310⇒13,240⇒12,667（H28）である．この間，男性高齢者も女性高齢者も，ほとんど変化していないことがわかる．しかも，面白いことに，ここ十年間の犯罪（刑法犯検挙人員）に占める万引きの率は男性高齢者では45％前後であり，女性高齢者では80％前後と安定した数値となっている[2]．

こうしたことを暗数から考えてみると，平成5（1993）年頃から小売店の万引き監視体制が徐々

に整い，万引き者の発見数が増加し，さらに警察への通報体制が整った，という解釈が可能となる．そして，この監視と通報という認知件数の二因子は，平成20（2008）年頃から体制の恒常的安定化がなされ，それ以降，認知件数は一定数を維持することとなった，という解釈が成り立つ．

　しかし，小売店の万引き監視体制と通報体制は，なにも高齢者に対してのみ機能するわけではない．したがって，それでは高齢者の万引きのみ増加したということの説明がつかない．また，警察から各小売店に対して，高齢者の犯罪を他の年齢層よりも特に徹底して取締れ，という通達等が出されたということは，私の知る限り，ない．となると，こうしたデータのウラ読み的な解釈には無理が生じる．ただし，ひと頃，少年（特に少女）の万引きに対しては温情的であり，警察への通報率は低いということが言われていた．これと同様に，今までは高齢者の万引きに対して温情的であったのが，平成に入ってからは，その温情性が希薄化していったからである，という仮説は立てられるかもしれない．これに関しては，時代変容という大きな要因と関連することなので，再度取り上げることにする．

3　社会経済状況の時代的変化からの推論

⑴　1928年～1948年生れの世代としての考察

　「社会経済状況の変化と高齢者万引き・万引き高齢者」というタイトルからは，アプローチとして世代論的考察ということがすぐに思い浮かぶことと思う．「世代」とは「出生時期を同じくし，同一の時代背景のもとで歴史的・社会的経験を共有することによって共通した意識形態や行動様式をもつようになった人々の集合体」（柴野，1993）である．「親世代・子世代」という用語があるように，30年ほどの周期で考察することが

あるが，現代社会では，とりわけ変動の激しい時代では，世代の間隔は目まぐるしく変化する．

　高齢者万引き世代を狭く見積もって，高齢者の万引きが頂点に達し，高めに推移した時期の平成20（2008）年に限定し，その年に60歳以上で80歳以下の高齢者とすると，その人たちが生まれたのは1928年～1948年である．そうなると，その世代の早期の人は，国民学校を経験し，少国民として戦争の中で少年期を迎え，本土空襲を経験し，青年期を終戦直後に過ごした人たちであり，その世代の晩期の人は，まさに「戦争を知らない子どもたち」であり，少年期に貧困の時代を脱却し，高度経済成長の中で青少年期を過ごした人たちである．わずか20年間の差ではあるが，生まれてから壮年期に至るまでの時代背景は極めて異なる．「同一の時代背景のもとで歴史的・社会的経験を共有する」ということはないのである．残念ながら同一世代として論じることはできない．おそらく，コーホート分析をしたとしても，そこから万引き高齢者世代の特性というものが析出しえることはないであろう．1928年～1948年生れの間で，3つのほどのコーホートの設定が必要となるのではないか．

　それでは，社会経済状況の変化からの高齢者万引きの考察は無理であり，無意味であるかというと，必ずしもそうとは言えない．実証性は低いが，仮説程度であれば設定し得る．

⑵　高齢者万引き・万引き高齢者の犯行特性からみる時代性

　そこで一つの試みとして，高齢者万引きと万引き高齢者の特性を列記し，そこから社会経済的背景を推定してみたい．まずは，高齢者万引きと万引き高齢者の態様特性からみていく．

① 態様特性

　高齢者万引きと万引き高齢者の態様特性としては，次のことが指摘されている．

　再犯者が多い．／犯行場所はスーパーが多い．／昼間の時間帯が多い．／手口が簡単である．／金額が僅少である．／食品が多い．／犯行時，所持金ある．／盗品は自己消費する．／単独犯である／計画性はない．その場で思い立っての犯行が多い[3]．

② 推察

　ここからの推察として，いくつかのことが読み取れるが，注目すべきことは，犯罪は日常生活の中で行われた非日常の行為ということである．犯行場所はスーパーが多い．昼間の時間帯が多い．手口が簡単である．金額が僅少である．食品が多い．盗品は自己消費する（つまり食べる）．単独犯である．以上の行為は全て日常生活の消費行動である．「万引きは犯罪である」ということに視点を集中すると，特異な行為という認識が強まるが，昼下がり，夕食の買い物にスーパーに出かけ，「食べたい」という欲望のままに，食品に手を出す，という日常生活での一連の行為の中で逸脱という歯車が始動したという解釈であるならば，「つまらないことをやったものだ」という認識に至る．

　次に，ここでは，環境犯罪学的知見での「動機を持った犯罪者」「ちょうどいい標的」「役に立つ監視者の不在」の三条件が，見事に成立している．

　大型小売店は，実に「ちょうどいい標的」である．魅力ある商品という宝の山．手にもって選べるということは万引きとしては好状況である．《買いやすさ＝盗りやすさ》であり，《購買させる魅力＝万引きしたくなる魅力》である．環境犯罪学的知見からは，小売業の販売システムが機能的になったが故の万引きという逆機能の出現がみてとれる（矢島正見，2011）．《買いやすさ》《購買

させる魅力》という経営の論理からの順機能を経営側が求めれば求めるほど，その逆機能としての《盗りやすさ》《万引きしたくなる魅力》は高まるのである．これは販売形態の変容という時代性を物語っている．

　大型小売店では，「役に立つ監視者の不在」も見事にあてはまる．三坪か四坪ほどの個人商店では死角がない．しかし，商品を人の背の高さよりも高く積み上げて，碁盤の目のような通路形態の商品陳列は，死角を多出させる．《大量販売積み上げ陳列方式＝万引き監視者不在方式》である．これも経営の論理にとっての機能の逆機能である．

　しかも，スーパーやコンビニは消費者としては個人的には何ら関係のない店舗であり，知らない店長・店員では，私的関係（個人的親密性）からの内的統制力は成立しない．これは「役に立つ監視者の不在」と言えないことはないが，やや異なる．第四の条件として《犯罪のしにくい関係性の欠如》（逆に言えば《犯罪しやすい関係性》）という条件を追加する必要があろう．店主が監視していようがいまいが，信頼関係が成立している場合，客の万引きは抑制されるのである．テレビの『さざえさん』では，万引きは「お魚くわえたどら猫」である．それ故に，客との親密な関係性のないスーパーやコンビニでは，監視ミラーや監視カメラという「役に立つ監視器具」による統制を行わなければならないのである．

　「動機を持った犯罪者」は，他の犯罪に比べ，万引きという犯罪ではさほど強い条件ではない．高齢者のスーパーやコンビニでの万引きでは職業犯罪者は希であるし，計画的犯行もごく少数である．いるのは商品（食べ物）は欲しいが金は払いたくないという動機を持った消費者である．「ちょうどいい標的」に魅せられて，自制力が働かなくなり，万引きに至る，という帰結である．したがって，「動機を持った犯罪者」というよりは《自

制力（自己統制力）を失った犯罪者》と言った方が妥当であろう．

以上のように万引き高齢者の特性からでも，小売商店そのものの時代状況の変化が，万引きという行為の変化を規定していることが十分に推察されるのである．そしてまた，環境犯罪学と言えども，現実には論理の多様性を帯びていることが伺える．環境犯罪学の大きな枠組みに基づいて，さらに現代日本の高齢者万引きに関してのよりきめ細やかな環境犯罪学の構想が必要である．

さて，これらを仮説的に言えば，

〈仮説１：時代変動としての役に立つ監視者の不在化１：大型店舗販売方式は役に立つ監視者の不在化を導きやすい．よって，小売店舗販売方式よりも万引きしやすい状況が形成される．〉

〈仮説２：時代変動としての役に立つ監視者の不在化２：大量販売積み上げ陳列方式は役に立つ監視者の不在化を導きやすい．よって，少量販売平面陳列方式よりも万引きしやすい状況が形成される．〉

〈仮説３：時代変動としての犯罪のしにくい関係性の欠如：大型店舗販売方式は，店長や従業員と消費者との日常生活での親密な関係性が欠如している．よって，地域に密着し，地域住民との日常的関係性が成立している小売店舗販売方式よりも万引きしやすい状況となる．〉

〈仮説４：時代変動による「仮説３」の成立に対処しての万引き防止対策として，監視ミラー・監視カメラの導入等を導入せざるを得ない小売店業界となっている．〉

以上である．

(3)　万引き高齢者の意識特性からみる状況性

次に，万引き高齢者の意識特性から万引きの状況性を推察してみたい．

①　意識特性

万引き高齢者の意識特性としては，次のことが指摘されている．

規範意識は高い／日常的には，迷惑行為も逸脱行為もみられない．／万引に対しては，「たかが万引き」「この程度の額なら」「弁済すれば許される」という犯罪意識の希薄がみられる／「捕まるとは思わなかった」「防犯カメラの位置や向きを確認しなかった」等の特徴がみられる[4]．

②　推察

日常的生活に関しては適応しており，万引き以外には逸脱的な行動もない．ごく普通の高齢者像が浮かび上がる．しかし，犯罪意識の希薄が伺える．これは，上記の「犯行場所はスーパーが多い．／昼間の時間帯が多い．／手口が簡単である．／金額が僅少である．／食品が多い．／犯行時，所持金ある．／盗品は自己消費する．／単独犯である／計画性はない．」という万引き時の態様特性と大きく関わっていると推察し得る．

財布をもってスーパーに夕食のおかずを買いに行く，本日の買い物はほぼすべて買う．そのあとで，食べたいものが目に付く．「食べたい」と思う．しかし，既に買い物は完了している，買うのはもったいない，節約しなくては……．こんな情景が描ける．そこで，「たかが万引き」「この程度の額なら」「弁済すれば許される」という意識が現れる．犯罪社会学で言うところの「中和の技術」である．中和の技術により万引という罪悪感を中和化させることによって，「食べたい」という欲望が実行されるのである．

しかも，万引き高齢者はリスクに対しての認識が甘い．他の年齢層の万引き犯に比べると，防犯カメラの位置や向きを確認すらしていない．捕まるとも思っていない．「その場で思い立っての犯行」という犯行行為とが重なる．《欲しいという

《欲望⇒規範の中和化⇒リスク認識の不在⇒万引き犯行》という一連の意識・行動が，瞬時と言ってもよいほどの短時間で行われている，と理解し得るのである．

これらを仮説的に言えば，

〈仮説5：中和の技術の無自覚的使用：《万引きしたいという欲望》を押さえつけている《してはいけないという規範意識》を犯行時瞬時に中和化させ，欲望のおもむくままに，万引きは実行される．〉

となる．

なお，今回の私たちの調査対象者が微罪処分の万引き高齢者であるために，こうした仮説が成り立つのか，それとも，高齢化による自己規制の低下・状況認識の低下ということが，こうした仮説を成り立たせているのか，それは定かではない．

また，「その場で思い立っての犯行」が成功を繰り返し，常習化した際には，別の仮説が成立することと思う．

(4) 万引き高齢者の社会・生活特性からみる時代性

万引き高齢者の社会・生活特性から，彼ら／彼女らの社会経済的背景を推定してみたい．

① 社会特性

万引き高齢者は次のような社会・生活特性を持っていることが既存の調査研究から析出されているし，今回の私たちの調査でも同様な結果が析出されている．

無職者が多い．／無収入者が多い．／独居生活者（独身者）が多い．／経済的には，さほど困窮していない．／しかし，将来の生活不安を抱えている．経済的不安（貯蓄・収入不安）と同時に，経済的支援者不在の不安がある．／親子関係・孫関係・兄弟姉妹関係・親類（おじ・おば・いと

こ・おい・めい）関係が希薄である．／友人関係・地域の人間関係が希薄である[5]．

② 推察

万引き高齢者の経済状態では，無職・無収入ではあるが，困窮という状況にはない．私たちの調査では，世帯月収が10〜15万円未満が最も多く，3人に1人いる．持ち家で一人暮らしであるならば，生活は苦しいが，万引きをするほどの因子であるとは言えない．しかし，将来自分の生活は苦しくなるのではないかと不安を感じている，という回答が65％を占めている．主観的な次元において経済的な生活不安を抱えていることがわかる．

人間関係状況を見てみると，ほぼ半数がひとりで暮らしている状況にある．家族との会話・連絡も途絶えがちであり，家族そのものがいない人や家族と断絶している人が3人に1人いる．家族以外の人間関係にあっても，近隣関係は希薄であり，メールやインターネット・SNSという手段での外部とのつながりも極めて低い．一日中誰とも話さないことがあるという状態の人が半数近くに及んでいる．

これより，大都会の孤島で，将来の生活の不安を抱えながら，ぎりぎりの生活状況で暮らしているという状況に陥っていることが伺える．個人で自活している自律的な高齢者像というより，個人で自活せざるを得ない孤独な高齢者像が析出されているのである[6]．

以上のことを仮説的に言えば，

〈仮説6：将来に対して経済的生活不安を抱く高齢者は日常生活品を万引きする傾向を有する．〉

〈仮説7：家族・親類関係から孤立し，地域の社会関係資本も乏しい一人暮らしの高齢者ほど万引きする傾向を持つ．〉

と言えよう．

4 高齢者万引き・万引き高齢者を問題視する問題

(1) 問題化の視点を問う①──刑事政策次元

何故，高齢者の犯罪が，本稿に限定すれば，高齢者の万引きが問題化した（問題視された）のであろうか．そしてそれは本当に問題なのだろうか．

答えとしては，第一に，ごく単純に，高齢者による万引きが増加したからだ，と言える．しかし，問題とするほどの増加だろうか．データでみる限り，マスコミや人々が騒ぐほどのことではない．未だに万引き高齢者の人口比率は20歳代に比べれば，半分以下である．しかも，高止まりの状態が10年ほど前から続き，いくらか下降線を描いてすらいるのである．上昇傾向にある時期では，警察としては問題視するのは当然であろうが，マスコミが騒ぐほどのことではないし，いくらか下降線を描いている現時点では，問題化するほどのことではないだろう．

第二に，単に増加しただけではなく，高齢者というのは，本来犯罪の加害者としては縁遠い存在であったのに，その高齢者の犯罪が増加し始めたということの問題視である．司法諸機関にも人々にも共有されていたこうした高齢者観の崩壊化ということである．それ故の問題化（問題視）である．

確かに，犯罪が年齢とともに低下するというのは，それは多分に精神と肉体との老化からきている．精神的・肉体的活動性が低下すれば，また経済的・社会的活動性が低下すれば，犯罪も低下する．しかし，今の高齢者は，今までの高齢者に比べれば心身共に健康であり，活動的である．ならば，高齢者になっても犯罪は減らないということになる．75歳まで現役というのであれば，犯罪も現役であって不思議ではない．これは喜ばしいことではあっても，嘆かわしいことではない．第一に指摘した増加程度のことであれば，問題視す

るほどのことではない．今までの高齢者犯罪観を変えればよいことである．

第三に，万引きそれ自体が問題化（問題視）され出したことからの流れである．2003（平成15）年12月，「万引き防止横浜モデル協議会」と横浜市の共催で，パシフィコ横浜会議センターにて，私は「万引きしやすい社会とは」と題して基調講演を行った．この時すでに，書店では万引きが大きな問題と化していた．万引き被害で倒産する書店まで出てきたのである．利幅の少ない書店では万引きは死活問題と化していたのである．そしてその後，書店のみならず，スーパー，コンビニ等の小売業も連携し，平成17（2005）年6月には「特定非営利活動法人 全国万引犯罪防止機構」が設立されている．こうした小売業界の危機意識が万引き全般の問題化を構築していった，と言える．

これは被害者サイドに立っての問題化である．そして，まったくその通りであり，書店の万引きは既に見逃す限界を超えていた．しかし，高齢者の万引きの多くは書店ではなく，スーパーでありコンビニである．そして万引きするものは書籍ではなく食品である．しかも，金額は千円程度である．スーパーやコンビニの経営にとってどれほどの問題であるかは，勉強不足で定かではないが，経営を揺るがすほどの問題とは思えない．社会問題化するほどに，小売業界の経営者にとって高齢者万引きは脅威なのか，疑問の残るところである．

第四は，近年の厳罰化傾向である．万引きはたとえ少年であっても許されることではない，という観念の延長は，万引きはたとえ高齢者であっても許されることではない，という観念を導く．ここでは，人びとの「犯罪観」や「万引き観」の変容が根底に潜んでいる．「万引きは犯罪です」というキャッチ・コピーも，こうした観念形成の一つの手段である．「たかが万引き」という観念は

否定される．警察と小売業者連携の刑事政策次元での社会問題化であり，政策・対策である．

この第四の問題化の視点は，十分に納得し得る．取り締まりの強化は必ずしも犯罪の増加や犯罪の悪質化と連動するものではない．マスコミやネットで犯罪を問題として取り上げれば，そして人々の犯罪に対しての不安感が増大すれば，司法諸機関としては犯罪の統制・秩序の維持という方向性は是認される．厳罰化傾向の時代（厳罰化を推進する時代）では，上記の第一・第二・第三の条件を要素として，司法諸機関もマスコミも人々も社会問題化（問題視）することであろう．

(2) 問題化の視点を問う②──社会政策次元

第五は，販売形態の変容である．地域住民に密着した，売り手と買い手がface-to-faceの関係性にある，いわゆる「おなじみさん」ではなくなってしまったがゆえに，万引きを制御する力が小売店になくなってしまったという社会経済変動を根底とする問題化である．これは，万引きを犯罪の一つとして認識して問題視するのではなく，地域商店街の人間関係の崩壊化という視点からの問題視であり，社会構造次元での大きな社会問題である．地域の人口減少問題，地域経済活動の衰退，シャッター街問題と連動しての社会問題であり，こうした次元の問題化は，犯罪統制や万引き取り締まり強化という刑事政策次元での問題化ではなく，また政策・対策でもない．まさに，地域社会再生・地域関係再生という社会・経済・福祉次元での問題化であり，またそうした次元からの政策・対策が求められる．

ただし，地域の人口減少に歯止めをかけることや商店街を活性化させることは容易なことではないし，実現性は極めて低い．よって，より現実的な方法としては，スーパー・コンビニの地域密着化をはかることであり，お客様へのサービスとし

ての声かけ活動である．それが結果として高齢者万引きの防止となるのである．

第六は，少子高齢化問題の一つとしての万引き高齢者問題である．万引き高齢者を含めての高齢者全体を視野に入れての問題化である．かつて「青少年問題は社会を映す鏡」という言葉があったが（いや，今でもあるが），現在では，それと共に「高齢者問題は社会を映す鏡」となっている．

少子高齢化は単に子どもの数が少なくなり，高齢者の全人口に占める割合が高くなる，というだけのことではない．また，そこから導かれる人口減少問題や生産労働人口率の減少，高齢者の福祉を支える人口の減少という直接的に連動する問題だけではない．上記「3．(4)万引き高齢者の社会・生活特性からみる時代性」にて描いた万引き高齢者の社会経済状況は，往々にして高齢者一般の状況である．ただ，万引き高齢者のほうが一般よりもより深刻な状況にあるに過ぎない．

万引き高齢者の多くは生活を維持していくだけの経済状態にあるとはいえ，今現在仮に70歳の高齢者であればあと20年間生きていく可能性は高い．子どもや孫からの経済援助が期待できない状況では，今ある貯蓄が20年間維持し続けられるかと，不安になるのは当然である．

さらに，経済的な不安だけでなく，社会関係資本での不安がそれに重なる．いや，そちらの不安のほうがおそらく大きいであろう．高齢者にとっては子ども・孫との関係性維持が第一である．老後の最大の楽しみは孫の成長と言っても過言ではない．そうした関係性が喪失している場合，他の関係性維持で補完せざるを得ない．万引き高齢者はこういう状況にある．子どもや孫からの断絶・親類縁者からの断絶と，それに加えて，小学・中学・高校等の仲間たちとの断絶となる．年賀状のやり取りも途絶えがちとなる．そして，近隣関係からの孤立であり，社会福祉関連制度・施設との

無縁である.

地域趣味サークルに入っている，町内会のイベントに参加している，街の居酒屋やスナックの常連になっている等，何らかの関わりのない限り，話し相手も相談相手もいない．生活の中で大事にする人がいない状態では，万引きして発覚しても失うものは少ない．万引きへの歯止め・抑止力の喪失である．

5　まとめ

高齢者万引きは，高齢者が生きた幼少期・青少年期の時代背景に影響されている，という仮説には無理がある．しかし，1991年以降のバブル経済崩壊以降の万引き高齢者の生きた時代性からみると，影響性はある程度推定し得る．中年期以降の家族関係の解体化や，さほど多くはない老後の貯蓄とやはりさほど多くはない年金だけに頼らざるを得ない経済生活事情．一人暮らしであり，話し相手・相談相手の不在，昔の仲間との交流の喪失，地域関係の希薄性，福祉とのつながりの欠如．こうした老後の生活特性が既存の調査結果からも今回の私たちの調査結果からも描かれる．

こうした傾向は万引き高齢者に限らない，現在の日本社会では大半の高齢者に少なからず当てはまることである．違いは，万引き高齢者の場合は，こうした上記の経済社会状況が一般の高齢者よりも，より強く作用しているということである．

今回の私たちの調査対象者は微罪処分の万引き高齢者である．しかし，彼ら／彼女らのこうした生活状況が改善されなければ，累犯化していき，万引き常習者と化す事態になる危険性は高い．

しかも，これからさらに高齢者が増加していく時代である．したがって，高齢者万引きに対しての短期的な刑事政策次元も必要であるが，さらなる高齢化社会に向けての中長期的な万引き高齢者への社会的・福祉的対応も必要である．

[注]
1) 矢島正見「〈不定期連載〉青少年問題アラカルト（その4）暗数の社会的機能を考える」一般財団法人青少年問題研究会『青少年問題』第670号（第65巻春季号）2018年4月，54-57.
2) ちなみに，平成20年では，男性高齢者で43.1%，女性高齢者で81.3%であり，平成28年では，男性高齢者で45.7%，女性高齢者で80.3%となっている．
3) これらの特性はいくつかの調査報告書から導き出したものである．調査年も抽出法も調査対象も異なるが，類似の結果が析出されている．また，私たちの調査においても同様な結果が析出されている．詳しくは『高齢者による万引きに関する報告書』を参照されたい．
4) 注3と同じである．
5) 注3と同じである．
6) 「誰もいない」という回答比率を提示すると，「お金を一時的に貸してくれる人」66%，「生活費を出してくれる人」61%，「病気や介護などの身の回りの世話を頼める人」39%，「必要な情報を教えてくれる人」34%，「気持ちの支えになってくれる人」30%，「話を聞いてくれる人」29%，「相談にのってくれる人」25%である．

[文献]
万引きに関する有識者研究会（座長：矢島正見）『高齢者による万引きに関する報告書—高齢者の万引きの実態と要因を探る—』平成29年3月　東京都青少年・治安対策本部総合対策部安全・安心まちづくり課.
柴野昌山，1993，森岡清美・塩原勉・本間康平編集代表『新社会学辞典』有斐閣，877.
矢島正見，2011『社会病理学的想像力—「社会問題の社会学」論考』学文社，主に「第2章　順機能，機能不全，逆機能」28-44.

E-mail: yajiyaji@mtg.biglobe.ne.jp

Shoplifting Committed by Elderly Shoplifters:
The Impact of Changing Socioeconomic Circumstances in Japan

Masami Yajima
(General Incorporated Foundation of Juvenile Probrems)

This paper describes shoplifting committed by elderly shoplifters and assesses the potential socioeconomic factors and life circumstances involved in shoplifting by the elderly. The research revealed the potential socioeconomic factors and life circumstances influencing this behavior, which are as follows. The financial circumstances of elderly shoplifters were so severe that they relied on their savings and pension exclusively. In addition, a sizable number of elderly shoplifters had no one to talk to and no mentor. Also, elderly shoplifters had few community ties and little dependence on welfare. Although their socioeconomic status and life circumstances were common to most aging citizens, this study proposes that these factors have a greater impact on the criminal elderly than elderly law-abiding citizens. An additional interesting question arose. Why are the rising numbers of elderly shoplifters considered a social problem? Some of the reasons include the severe punishment of offenders, changes in the sales systems of retail outlets, and changes in socioeconomic circumstances such as recent demographic shifts, including the declining birthrate and an increasingly aging population.

Key words: shoplifting, elderly shoplifter, changes in socioeconomic circumstances

I 課題研究 超高齢社会における犯罪対策の基軸──高齢者による万引きを中心に

一般緊張理論の観点から見た高齢者犯罪
──東京都における高齢者の万引きの研究──

齊藤知範
科学警察研究所

〈要旨〉

アグニューは，マートンの古典的な緊張理論を改訂し，一般緊張理論（GST）として再生した．それ以来，人々がなぜ犯罪へと追い込まれるのかを説明する有力な枠組みとして，一般緊張理論は幅広い支持を集めてきた．一般高齢者と初回の万引きにより検挙された高齢被疑者をマッチドペアにしたデータセットを用いて，一般緊張理論における2つの種類の緊張が高齢者の万引きリスクに影響するかを分析した．ひとつの緊張は目標を達成することができないことであり，もうひとつの緊張は価値あるものを失っていることである．また，対処スキル，社会経済的地位，セルフコントロール，ソーシャルサポートの供与が高齢者の万引きのリスクを低減させるかについても，分析した．

主要な結果は，以下に示すとおりである．

1) 目標を達成することができないことは，高齢者による万引きのリスクの高さに影響する．
2) 価値あるものを失っていることは，高齢者による万引きのリスクの高さに影響する．
3) 社会経済的地位，セルフコントロール，ソーシャルサポートの供与は，高齢者による万引きのリスクを低減させる．

結果にもとづき，理論的含意，実践的含意についても議論する．

キーワード：**一般緊張理論，万引き，高齢者**

1 序論

(1) 緊張と犯罪

Agnewは，Merton（1938）の緊張理論を改訂した上で，1992年に一般緊張理論（general strain theory: 以下GSTと表記する）を提唱した（Agnew 1992）．GSTでは，あるグループのほとんどの構成員から嫌われている出来事や状況，またはそれを経験した人が嫌っている出来事や状況を緊張と定義している（遊間 2008: 225; Agnew 1992）．その上で，緊張の源泉は，以下の3つに分類されている（小林・福島 2010; Agnew 1992; Agnew 2006）．緊張の第一の源泉は，個人が定める価値ある目標を達成できないことであり，Merton（1938）が想定していた長期的目標だけでなく，短期的目標も対象とされる．緊張の第二の源泉は，価値ある物や人との交流に由来する快刺激が失われたり，除去されたりしていることである．緊張の第三の源泉は，人との不和や人からの不当な扱いなどの不快刺激に直面・曝露することである．

(2) 国内外におけるGST研究と従来のパースペクティブ

GSTを適用した2000年以降の実証分析として，

社会経済的緊張の犯罪に対する影響を分析した研究（Baron 2007），いじめ被害などの不快刺激への直面の非行に対する影響を分析した研究（Cullen et al. 2008），客観的緊張と主観的緊張の逸脱への影響を検討した研究（Moon and Morash 2017），緊張の逸脱に対する影響を負の感情が媒介することを示した研究（Sung and Johnson 2003）などが挙げられる．概して，緊張が犯罪・非行に影響するという結果を，多くの研究が見出している．

国内におけるGSTの先行研究を概観しておきたい．管見する限りで，遊間（2008）は国内では最も初期にGSTを適用した実証研究であり，縦断的データを用いている．従属変数は，学業不正行為という逸脱であるが，緊張以外の概念を含めた分析に特色が見られる．具体的には，コントロール理論から導かれた概念であるビリーフ及び愛着，分化的接触理論から導かれた概念である不良交友及びディフィニションを測定し，分析に用いている．緊張に関しては，第一の源泉である目標不達成のみが分析されている．2回目測定時点での逸脱に対して，緊張，不良交友，1回目の逸脱の主効果が得られている．

その後の研究として，小林・福島（2010）が同様に，学業不正行為について，GSTを適用する形で分析している．この研究は，緊張の第二の源泉である快刺激の除去，緊張の第三の源泉である不快刺激の直面も含めて，より幅広い種類の緊張を検討しているという特徴がある．第二の源泉，第三の源泉は，分析の中では一体的に扱われており，学業不正行為に対する有意な影響が確認されている．また，第一の源泉を操作的に定義したいくつかの変数のうち，学業や金銭に関する4つの目標についての見込みと実際の結果との乖離を合成した変数が学業不正行為に対して有意に関連していた．

遊間（2008），小林・福島（2010）は，学業不正行為に焦点を当てており，非行尺度を用いた分析は行っていない．このため，犯罪・非行に焦点を当てる形で行われたGST研究は，管見の及ぶ限り，国内では中川（2016）に限られる．中川（2016）は，岡邊（2010）の非行尺度を用いて検証しており，従属変数に関する妥当性・信頼性が担保されている．中川（2016）は，GSTによる三類型の緊張とは別に，新しく設けた不快環境曝露というカテゴリーも分析に含めている．四種類の緊張を客観的次元，主観的次元にそれぞれ分けて測定した上で，非行，不良行為という二種類の従属変数を設定して分析し，以下の結果が得られている．すなわち，緊張の第一の源泉である目標不達成（客観的緊張）は，10％水準で非行と関連していた．緊張の第二の源泉である快刺激の除去（主観的緊張）は，5％水準で不良行為と関連していた．緊張の第三の源泉である不快刺激の直面（客観的緊張）は，10％水準で不良行為と関連していたほか，5％水準で非行と関連していた．

以上の通り，国内で発表された論文は数本に限られるものの，非行，不良行為，学業不正行為の説明のためにGSTを適用した優れた諸研究が，この10年ほどの間に蓄積されてきたことは，特筆に値する．諸研究は，学校という制度に囲い込まれている青少年を研究対象とし，緊張が何らかの形で，非行・不良行為（中川 2016），学業不正行為（遊間 2008; 小林・福島 2010）に対して影響するという結果を示してきた．さらに，生徒文化研究，学校文化論等，GSTが提唱される前までの緊張理論の系譜に連なる先行研究においても，学校制度の中における逸脱行動や下位文化（耳塚 1980; 武内 1981; 樋田 1982; 渡部 1982; 秦 1984; 西村ほか 1984），学校の外の若者文化における逸脱行動（大多和 2001），アノミー論や緊

張理論の学説研究及び再構成（大村・宝月 1979; 大村 1989; 矢島 1996）など，多様なパースペクティブが展開されてきた．青少年を対象とする限りにおいて，多くの先行研究が緊張や地位欲求不満の影響力を明らかにしてきた．

ここで，人生後半期の段階にある高齢者の犯罪を研究する意義を手短に述べる．高齢者の犯罪に焦点を当てた上で，GSTの視点を反映した近年の研究としては，Wolfe et al.（2016）が存在する．しかしながら，高齢者を含めて青年期を過ぎた人々の犯罪に関する実証研究は海外の場合も少数にとどまっており（Cullen 2011），その中でGSTを適用した研究となると，非常に限られている（Sugie 2017; Wolfe et al. 2016）．他方で，GSTの発祥国であるアメリカとは社会集団のあり方や制度が異なるアジア諸国において，犯罪・非行に対する緊張の影響をGSTにもとづき研究する必要性が指摘されている（Sugie 2017; Agnew 2015）．生活全般における緊張が高齢者の犯罪にもたらす影響を，逸脱行動の一類型である万引きに関する日本のデータを用いて解明することに，本稿の意義がある．

(3) GSTにおける理論仮説の要点の整理

前述したように，GSTでは緊張とその源泉として，三つが理論的に仮定されている．GSTの理論仮説を整理しておきたい．第一に，個人が定める価値ある長期的・短期的目標を達成できず，緊張や逸脱行動への動機づけが生じるという説明を，(a)目標不達成仮説と呼ぶことにする．第二に，価値ある物や人との交流に由来する快刺激が失われたり，除去されたりしているために，緊張や逸脱行動への動機づけが生じるという説明を，(b)快刺激剥奪仮説と呼ぶことにする．第三に，人との不和や人からの不当な扱いなどの不快刺激に直面・曝露することで緊張や逸脱行動への動機づけが生

じるという説明を，(c)不快刺激への曝露仮説と呼ぶことにする．

三つの源泉から生じる緊張に対して，負の感情が存在すること，ストレスを緩和する対処資源が不足することにより，犯罪をはじめとする逸脱行動へと個人を追い込む圧力がかかることが，GSTでは想定されている．緊張から生じる，怒り，失望，不快感，悔しさなどが，個人を犯罪による対処に追い込む場合があるとする説明を，(d)負の感情媒介仮説と呼ぶことにする．

緊張や負の感情にさらされた場合でも，社会経済的地位，負の感情への対処スキル，合法的ストレス解消のための資源，人間関係の資源が十分に備わっていれば，犯罪による対処を行う必要はないことが，GSTでは想定されている．緊張にさらされた状態において対処資源が不足することが，個人を犯罪による対処に追い込む場合があるという説明を，(e)対処資源不足仮説と呼ぶことにする．

緊張や負の感情にさらされた場合に，個人が犯罪による対処に追い込まれる可能性は，個人特性によって異なりうることがGSTでは想定されている．個人特性の中でも重要視されている要因は，セルフコントロールである（Agnew 2006; Agnew 2013）．Vazsonyi et al.（2017）のメタ分析では，セルフコントロールの低さが犯罪に影響するという，Gottfredson and Hirschi（1990＝1996）のセルフコントロール理論におけるコア仮説が支持されている．60歳以上を対象に分析したWolfe（2015）では，コア仮説が支持された．さらに，同じ年齢層を分析したWolfe et al.（2016）では，セルフコントロールに加えて，紐帯やGSTから導かれた負の感情などの変数を考慮した上でも，セルフコントロールが犯罪に影響することが示された．GST研究の中ではセルフコントロール概念を用いた研究は比較的多く見られ，緊張とセルフコントロールの両方が逸脱に影響す

ることが見出されている（Cheung et al. 2014; Turanovic and Pratt 2013）．Cheung et al.（2014）では，緊張が妻に対する夫の身体的暴力に影響するとともに，セルフコントロールの高さが身体的暴力を抑制するという結果が示された．犯罪による対処に追い込まれる可能性は個人のセルフコントロールに左右される，とする説明を，本稿では(f)個人特性仮説と呼ぶことにする．

　緊張や負の感情にさらされた場合に，犯罪による対処を行う可能性は，個人特性ばかりでなく，法遵守に関する価値観や，社会に対する不公正感によって異なりうることが，GSTでは想定されている．この説明を，本稿では(g)法遵守に関する価値観・不公正感仮説と呼ぶことにする．犯罪を好ましいとする集団に対する接触が多いと犯罪による対処が選択されやすいこともまた，GSTでは想定されている．この説明を，(h)集団接触仮説と呼ぶことにする．

(4)　本稿における分析枠組みの提示

　GSTは，犯罪をはじめとする逸脱行動へと個人を追い込む圧力の生成のメカニズムを主眼とする一方で，犯罪による対処を選択する可能性を左右しうるメカニズムとして，対処資源，個人特性，法遵守に関する価値観・不公正感などの多様な要因を考慮に入れており，犯罪学理論の中でも独自の観点を有する．本稿では分析の焦点を絞りたいため，対象とする仮説と主要な変数を以下に述べる．

　まず，緊張は，逸脱への動機づけを発生させ，逸脱行動へと個人を追い込む圧力を生成すると考えられる．緊張に関しては，前述した中から，(a)目標不達成仮説，(b)快刺激剥奪仮説を分析の対象とし，経済的緊張（主観的苦境），経済的緊張（収入面・主観的苦境），快刺激剥奪による緊張を用いる．一方，(a)と(b)の二つの仮説を総合的に検

討するために，経済的緊張（収入面・主観的苦境），快刺激剥奪による緊張を合成した変数も用いる．

　次に，緊張や負の感情にさらされた場合に，犯罪による対処を行う可能性を左右しうる要因として，以下の三つを検討の対象とする．第一に，前述した中から，(e)対処資源不足仮説を分析の対象とする．教育年数，手段的サポート（ケア），手段的サポート（金銭），対処スキルの四つを用いる．第二に，(f)個人特性仮説を分析対象とし，セルフコントロールに関する合成変数を用いる．第三に，(g)法遵守に関する価値観・不公正感仮説を分析対象とし，規範意識（合法的手段），公正世界信念（学歴）の二つを用いる．

　本稿は，AgnewのGSTにおけるこれらの仮説を検討対象とし，高齢者による万引きの背景要因に関する実証分析を行う．

2　研究方法

(1)　調査データと分析の方法

　本稿の分析に使用したデータについて述べる．万引きに関する有識者研究会（東京都）による調査研究の一環として実施された調査を用いた[1]．調査対象は，警視庁が万引きにより検挙した微罪処分者（20歳以上）と東京都内の65歳以上の一般高齢者（住民基本台帳からの無作為抽出）である．大久保ほか（2013），江﨑（2012）など，近年の諸研究は警察が検挙した万引きの被疑者を，再犯者も含めて対象としており，犯罪に親和的な生活を長年続けてきた人々も含まれていた．本稿は，前歴を有しない微罪処分者に対象を限定しており，再犯者を含まない点に特徴がある．

　調査期間は，2016年9月から2017年3月であり，回収結果は，調査への回答に同意した微罪処分者が195名（うち65歳以上は83），一般高齢者（65歳以上）が1336名（回収率66.8%）であった．微罪処分者のうち，65歳以上の高齢者で性別に

欠損値がない有効数は81名であった[2]．この万引き群高齢者81名について，1名ずつの対象者に対して，性別，年齢の2つの変数の値が完全に一致する一般群の対象者1名をランダムに抽出した上で，一対一のマッチドペアのケースコントロールのデータセット（万引き群高齢者81名，一般高齢者81名）を作成した[3]．以降の分析では，マッチドペアのケースコントロール分析を行うことにより，性別，年齢による交絡バイアスを除去することができる[4]．マッチングに用いた変数が性別及び年齢であるため，万引き群高齢者，一般高齢者の両群とも，以下の基本属性は同じ分布であった．すなわち，性別は男性44.4％，女性55.6％であり，年齢の平均値は75.52歳（SD＝6.03），中央値は76歳，最小値は65歳，最大値は89歳であった．

分析に使用したソフトウェアはStata15であり，ロジスティック回帰分析を用いた．説明変数が統計的に有意である場合において，オッズ比の値が1よりも小さい場合には万引きリスクが低いこと，オッズ比の値が1よりも大きい場合には万引きリスクが高いことを意味する．

(2) 分析に用いる変数

以下では，本稿で分析に用いる従属変数，統制変数，独立変数の順に説明する．

従属変数は，万引き群高齢者が1，一般高齢者が0とコードされた2値の変数である．方法において先述した通り，一対一のマッチドペアデータセットにもとづき分析する．

統制変数について，以下に説明する．同居者に関する回答（あり＝1，なし＝0）にもとづき，同居者の有無を統制変数として用いた．

分析に用いる独立変数を四つに大別して，説明する．

第一に，(a)目標不達成仮説，(b)快刺激剥奪仮説

の分析に用いる，緊張に関する変数は，以下の三つである．一つ目は目標不達成であり，二つ目は快刺激の剥奪である．三つ目は目標不達成と快刺激の剥奪の二つの側面を合成した総合的緊張である．

一つ目の目標不達成は，経済的な目標不達成にしぼった．Merton（1938）の古典的な緊張理論の提唱後に，経済的成功，金銭的な獲得，職業的地位達成が，文化的目標の中でも主要な観測変数とされてきた系譜を踏襲するためである．GSTでは，客観的な目標不達成が緊張をもたらすばかりでなく，予期される目標不達成や，目標不達成への不安も含め，目標不達成に関する主観的な意識も緊張をもたらすことが想定されている．このため，経済的な目標不達成に関して，主観面の合成変数及び収入面を加味した合成変数をそれぞれ作成する．主観面の変数の合成に用いた変数は以下の三つである．第一は，暮らし向きの苦しさの意識である．阿部（2004）など，多くの調査研究で使用されてきた，厚生労働省の国民生活基礎調査における暮らし向きの質問項目を使用して尋ねた．「あなたは，自分自身の現在の暮らしをどう感じていますか」に対して，5段階の回答（「大変苦しい＝1」，「やや苦しい＝2」，「普通＝3」，「ややゆとりがある＝4」，「大変ゆとりがある＝5」）のコードを反転させて用いた（「大変ゆとりがある＝1」〜「大変苦しい＝5」）．第二は，毎月の支払いの資力についての意識である．「電気代，ガス代，水道代の支払いをやりくりするのが大変である」に対する5段階の回答（「まったくそう思わない＝1」〜「とてもそう思う＝5」）を用いた．第三は，将来への経済的不安である．「将来，生活が苦しくなるのではないかと不安だ」に対する4段階の回答（「まったくない＝1」〜「よくある＝5」）を用いた．以上の三つの変数をそれぞれ標準化した上で加算し，使用した

（α＝0.77）．この変数を，以降，経済的緊張（主観的苦境）と呼ぶ．

　これとは別に，実際の収入水準も加味した合成変数を作成した．税込みの世帯月収に関する7段階の回答（「5万円未満＝1」，「5万〜10万円未満＝2」，「10万〜15万円未満＝3」，「15万〜20万円未満＝4」，「20万〜30万円未満＝5」，「30万〜40万円未満＝6」，「40万円以上＝7」）を標準化した上で，経済的緊張（主観的苦境）と加算して使用した（α＝0.72）．この変数を，以降，経済的緊張（収入面・主観的苦境）と呼ぶ．

　二つ目の快刺激の剥奪に関する変数を合成した手順を述べる．まず，「話を聴いてくれる」，「相談にのってくれる」，「気持ちの支えになってくれる」という三つの種類の情緒的な快刺激に関する回答を用いた．具体的には，三つのそれぞれについて，「妻・夫・パートナー」，「その他の家族」，「友人・知人」，「医者・ケアマネージャーなどの専門家」という四者において当てはまる人の有無を，複数回答で求めた．三つの快刺激についての四者における有無の回答（1,0）を全て加算した上で数値を反転させ，数値が大きいほど快刺激が少ない形にした上で標準化した．次に，これまでの人生で楽しかったときについて，複数回答で尋ねた質問に対する回答を用いた．具体的には，「幼少のころ」，「学生時代」，「結婚したとき」，「働いていたとき」，「子供が生まれたとき」，「家を買ったとき」，「孫が生まれたとき」，「今」，「その他」という9つの幸福体験の有無に関する回答（1,0）を全て加算した上で数値を反転させ，数値が大きいほど快刺激が少ない形にした上で標準化した．その上で，両者の標準化得点の相関は0.50であり，αの値は0.67であることを確認した上で両者の標準化得点を加算し，快刺激剥奪による緊張の変数として用いた．

　三つ目は，総合的緊張の変数である．複数の種類の緊張を合成して分析に使用したMoon et al.（2009）もふまえ，緊張に関する一つ目の変数のうちより網羅性の高い変数である経済的緊張（収入面・主観的苦境），緊張に関する二つ目の変数である快刺激剥奪による緊張を加算して合成することとした．両者の相関は0.43であり，αの値は0.56であることを確認した上で両者を加算し，総合的緊張の変数として使用した．

　第二に，(e)対処資源不足仮説の検討に用いる変数は，教育年数，手段的サポート（ケア），手段的サポート（金銭），対処スキルの四つである．GSTにおいては，獲得された学歴は，経済力などとともに，社会経済的な対処資源に位置づけられている（Agnew 2006: 95-96; Agnew 2013: 657）．緊張や負の感情が生じている状況において，社会経済的な対処資源が存在することにより，遵法的な対処の選択が促進されることが想定されている．卒業・修了した最終学歴を教育年数に換算し，標準化した上で用いた[5]．

　手段的サポート（ケア）に関しては，病気の際の看病，在宅でのヘルパーや家族による介護も含めて考慮した（笹谷 2005; 角 2012; 鈴木 2012; 角 2013）．手段的サポート（ケア）の変数を合成した手順を述べる．「病気や介護など身のまわりの世話を頼める」という相手の存在について，「妻・夫・パートナー」，「その他の家族」，「友人・知人」，「医者・ケアマネージャーなどの専門家」という四者において当てはまる人の有無を，複数回答で求めた．回答（1,0）を全て加算して数値が大きいほどケアを頼ることのできる相手が多い形にし，標準化して用いた．手段的サポート（金銭）の変数を合成した手順を述べる．「生活費を出してくれる」，「お金を一時的に貸してくれる」という二つの場面での金銭的援助を供与してくれる相手の存在について，前述と同じ四者において当てはまる人の有無を，複数回答で求めた．加算

等の処理は，前述の手段的サポート（ケア）と同様である．

　対処スキルの変数を合成した手順を述べる．成田ほか（1995）による特性的自己効力感尺度をもとに尋ねた項目への回答を用いて合成した．すなわち，「しなければならないことがあっても，なかなか取りかからない」，「非常にややこしく見えることは，手を出そうとしない」，「思いがけない問題が起こった時，それをうまく処理できない」，「人の集まりの中では，うまく振舞えない」に対する５段階の回答（「まったくあてはまらない＝１」〜「あてはまる＝５」）のコードを反転させるとともに，「初めはうまくいかない仕事でも，できるまでやり続ける」，「失敗すると，一生懸命やろうと思う」に対する５段階の回答のコードをそのままの形とし，これら六つの項目を加算した（α＝0.67）．その上で，標準化して分析に用いた．

　第三に，(f)個人特性仮説の検討に用いる，セルフコントロールの変数を述べる．Gottfredson and Hirschi（1990＝1996）のセルフコントロール理論のコア仮説に関する記述をもとに，Grasmick et al.（1993）は衝動性，単純作業，危険探求，身体的活動，自己中心性，かんしゃくという６つの下位概念を提起しており国内での検証も行われている（上田・尾山・津富 2009）．Grasmick et al.（1993）も参考にした上で実施された研究プロジェクトの調査データでは，セルフコントロールに関して，衝動性，危険探求，自己中心性，かんしゃくの下位概念に関して，８つの質問項目を設けていた（加門・齊藤 2004）．本稿で用いた調査の場合も，同じ８項目を一般高齢者，高齢被疑者に尋ねた．変数間の相関関係も考慮し，慎重に検討した結果，衝動性，かんしゃくに関しては変数合成から除外し，危険探求，自己中心性にしぼって変数を合成することとした．すなわち，危険探求及び自己中心性に関する項目として，「と

きどき，おもしろ半分で危険をおかすことがある」，「安全で確実なことより，刺激のあることや冒険が好きだ」，「人を怒らせたくて，その人が言うのとはわざと反対のことをすることがある」，「つかまらずに悪いことがどれくらいできるか，試してみたい」という４項目を用いた．５段階の回答（「まったくあてはまらない＝１」〜「あてはまる＝５」）のコードを反転させた上で加算し（α＝0.73），標準化して用いた．

　第四に，(g)法遵守に関する価値観・不公正感仮説の検討に用いる変数は，規範意識（合法的手段），公正世界信念（学歴）の二つである．法遵守に関する価値観とは，規範意識のことであり，社会的コントロール理論を提唱したHirschiの項目（Hirschi 1969＝2005）を用いて尋ねた．Matsueda（1982）による再分析も参照した上で，以下の通り変数を合成した．具体的には，「罰を逃れきれるならば，規則をやぶってもかまわない」，「お金のためなら，他人をだましてもかまわない」，「だまされやすい者は，利用されて当然である」，「私はどんなに努力しても，悪い状態から抜け出すことができない」，「出世している人間のほとんどは，悪いことを行っている」という５項目に関して，５段階の回答（「まったくそう思わない＝１」〜「とてもそう思う＝５」）のコードを反転させた上で加算し（α＝0.61），標準化して用いた．

　公正世界信念（学歴）の変数を合成した手順を述べる．1995年版の社会階層と社会移動全国調査（SSM調査），林（2007）の議論を参考にした上で，質問項目を作成して用いた．具体的には，「今の日本は，家柄や学歴によって人生が決まってしまう」，「今の日本は，お金や資産の格差が大きすぎる」に関して，５段階の回答（「まったくそう思わない＝１」〜「とてもそう思う＝５」）を加算し（α＝0.65），標準化して用いた．

JAPANESE JOURNAL OF SOCIOLOGICAL CRIMINOLOGY No.43 2018

表1　経済的目標不達成（主観的苦境）による緊張に関する分析結果

説明モデル	Model1				Model2			
説明変数	オッズ比	z	95% 信頼区間		オッズ比	z	95% 信頼区間	
経済的緊張（主観的苦境）	1.211**	2.640 (	1.051 ,	1.395)	1.036	0.370 (	0.861 ,	1.246)
経済的緊張（収入面・主観的苦境）	− a	− a (	− a ,	− a)	− a	− a (	− a ,	− a)
同居者の有無（あり =1、なし =0）	0.295**	-3.200 (	0.140 ,	0.623)	0.316*	-2.380 (	0.122 ,	0.816)
対処資源								
教育年数	− a	− a (	− a ,	− a)	0.384***	-3.860 (	0.236 ,	0.624)
手段的サポート（ケア）	− a	− a (	− a ,	− a)	0.394***	-3.500 (	0.234 ,	0.664)
手段的サポート（金銭）	− a	− a (	− a ,	− a)	− b	− b (	− b ,	− b)
対処スキル	− a	− a (	− a ,	− a)	− b	− b (	− b ,	− b)
個人特性								
セルフコントロール	− a	− a (	− a ,	− a)	0.430**	-3.180 (	0.256 ,	0.723)
法遵守に関する価値観・不公正感								
規範意識（合法的手段）	− a	− a (	− a ,	− a)	− b	− b (	− b ,	− b)
公正世界信念（学歴）	− a	− a (	− a ,	− a)	− b	− b (	− b ,	− b)
定数	2.515**	2.860 (	1.338 ,	4.729)	2.313*	1.990 (	1.015 ,	5.275)
Pseudo R²	0.09				0.30			
N	154				144			
モデルのカイ2乗検定	p <0.001				p <0.001			

+ p< 0.10, * p< 0.05, ** p< 0.01, *** p< 0.001
注1）モデルに投入していない変数についてはアルファベット記号(a)を付した。
注2）ステップワイズによる除去の判断をふまえ、モデルで投入しなかった変数についてはアルファベット記号(b)を付した。

3　分析結果

　序論において，GSTにおける理論仮説の要点を整理した上で，本稿の分析枠組みを示していた．表1と表2では，(a)目標不達成仮説の分析を主軸としながら，(e)対処資源不足仮説，(f)個人特性仮説，(g)法遵守に関する価値観・不公正感仮説の分析を行う．

　表1は，経済的目標不達成（主観的苦境）による緊張と万引きリスクとの関係を分析するための2つのモデルを示している．表1では，モデル1で説明変数として経済的緊張（主観的苦境），統制変数として同居者の有無（あり＝1，なし＝0）を投入した．

　表1のモデル2に最終的に投入する変数のうち，モデル1で用いた経済的緊張（主観的苦境），同居者の有無以外の変数の選定は，以下の手順により確定した．統制変数である同居者の有無及び表1では用いない経済的緊張（収入面・主観的苦境）を除いて，表1の説明変数の欄に載せてある全ての説明変数を使用し，10％水準を基準とし

てステップワイズによるロジスティック回帰分析を事前に行った結果にもとづき，変数を選定した[6]．

　以上の手続きを経て，対処資源としての教育年数及び手段的サポート（ケア），個人特性としてのセルフコントロールを選定した．その上で，この三つの変数，モデル1で用いた経済的緊張（主観的苦境），同居者の有無を含めたモデル2で分析をおこなった．モデル2では経済的緊張（主観的苦境）に加えて，犯罪以外による対処を左右すると考えられる諸要因が同時に考慮されている．

　表1のモデル1とモデル2を比較しながら，モデル2における主要な結果について見ておきたい．

　第一に，モデル1では擬似決定係数が0.09であるのに対して，モデル2では0.30であり，モデル全体の説明力はモデル2のほうがかなり高い．モデル2において，犯罪以外による対処を左右する対処資源と個人特性に関する三つの変数を投入したことにより，説明力が大きく上昇していることがわかる．

　第二に，モデル1では経済的緊張（主観的苦

表2　経済的目標不達成（収入面・主観的苦境）による緊張に関する分析結果

説明モデル	Model3				Model4			
説明変数	オッズ比	z	95% 信頼区間		オッズ比	z	95% 信頼区間	
経済的緊張（主観的苦境）	− a	− a（	− a,	− a)	− a	− a（	− a,	− a)
経済的緊張（収入面・主観的苦境）	1.354***	4.000	1.167,	1.571)	1.227*	2.150	1.018,	1.478)
同居者の有無（あり =1、なし =0）	0.308**	-2.770	0.134,	0.708)	0.270*	-2.470	0.095,	0.762)
対処資源								
教育年数	− a	− a（	− a,	− a)	0.352***	-3.510	0.196,	0.630)
手段的サポート（ケア）	− a	− a（	− a,	− a)	0.457*	-2.450	0.244,	0.855)
手段的サポート（金銭）	− a	− a（	− a,	− a)	− b	− b（	− b,	− b)
対処スキル	− a	− a（	− a,	− a)	− b	− b（	− b,	− b)
個人特性								
セルフコントロール	− a	− a（	− a,	− a)	0.405**	-3.120	0.229,	0.715)
法遵守に関する価値観・不公正感								
規範意識（合法的手段）	− a	− a（	− a,	− a)	− b	− b（	− b,	− b)
公正世界信念（学歴）	− a	− a（	− a,	− a)	− b	− b（	− b,	− b)
定数	1.917+	1.860	0.966,	3.802)	2.058	1.610	0.854,	4.960)
Pseudo R²	0.19				0.38			
N	134				128			
モデルのカイ2乗検定	p <0.001				p <0.001			

+ p< 0.10, * p< 0.05, ** p< 0.01, *** p< 0.001

注1） モデルに投入していない変数についてはアルファベット記号(a)を付した.

注2） ステップワイズによる除去の判断をふまえ、モデルで投入しなかった変数についてはアルファベット記号(b)を付した.

境）は，万引きリスクに対して正の影響があることが示されていたものの，対処資源，個人特性に関する三つの変数を考慮したモデル2では有意ではなくなっている．経済的緊張（主観的苦境）を分析指標に用いた上で，対処資源，個人特性に関する三つの変数を考慮したモデル2においては，(a)目標不達成仮説は支持されないといえる.

第三に，対処資源の変数に関しては，教育年数，手段的サポート（ケア）が，予想された方向性で有意であり，これらの対処資源に恵まれているほど万引きリスクが低いことが示されている．すなわち，(e)対処資源不足仮説を支持する結果だといえる.

第四に，セルフコントロールが高いほど万引きリスクが低いことが示されており，(f)個人特性仮説が支持されている.

第五に，該当する変数がモデルに含まれる基準に達しなかったため，(g)法遵守に関する価値観・不公正感仮説は，支持されない．すなわち，この仮説の検討に用いた規範意識（合法的手段），公

正世界信念（学歴）の二つは，ステップワイズによる変数選択の時点で基準を満たさないと判定された．なお，強制投入法でこの二つをモデルに含めて分析した場合にも有意でなかったことを補足しておく.

表2は，経済的目標不達成（収入面・主観的苦境）による緊張と万引きリスクとの関係を分析するための2つのモデルを示している．表2では，モデル3で説明変数として経済的緊張（収入面・主観的苦境），統制変数として同居者の有無を投入した．表2のモデル4に最終的に投入する変数の選定を，表1のモデル2の場合と同様の手順で実施した．結果として，モデル2と同じ変数群がモデル4に関しても選定された．すなわち，対処資源としての教育年数及び手段的サポート（ケア），個人特性としてのセルフコントロールである．モデル4において投入した変数は，この三つの変数に加え，経済的緊張（収入面・主観的苦境），同居者の有無である.

表2のモデル3とモデル4を比較した上で，モ

JAPANESE JOURNAL OF SOCIOLOGICAL CRIMINOLOGY No.43 2018

表3　快刺激剥奪による緊張に関する分析結果

説明モデル	Model5			Model6		
説明変数	オッズ比	z	95% 信頼区間	オッズ比	z	95% 信頼区間
快刺激剥奪による緊張	1.925***	4.680 (	1.463 , 2.533)	1.475*	2.300 (	1.060 , 2.053)
同居者の有無（あり =1、なし =0）	0.382*	-2.370 (	0.172 , 0.847)	0.325*	-2.220 (	0.120 , 0.877)
対処資源						
教育年数	－ a	－ a (	－ a , － a)	0.457**	-3.220 (	0.284 , 0.736)
手段的サポート（ケア）	－ a	－ a (	－ a , － a)	0.553*	-2.070 (	0.317 , 0.968)
手段的サポート（金銭）	－ a	－ a (	－ a , － a)	1.063	0.240 (	0.652 , 1.731)
対処スキル	－ a	－ a (	－ a , － a)	－ b	－ b (	－ b , － b)
個人特性						
セルフコントロール	－ a	－ a (	－ a , － a)	0.448**	-3.170 (	0.273 , 0.736)
法遵守に関する価値観・不公正感						
規範意識（合法的手段）	－ a	－ a (	－ a , － a)	－ b	－ b (	－ b , － b)
公正世界信念（学歴）	－ a	－ a (	－ a , － a)	－ b	－ b (	－ b , － b)
定数	1.793+	1.680 (	0.907 , 3.543)	1.883	1.470 (	0.811 , 4.369)
Pseudo R²	0.20			0.31		
N	160			149		
モデルのカイ2乗検定	p <0.001			p <0.001		

+ p< 0.10, * p< 0.05, ** p< 0.01, *** p< 0.001
注1）モデルに投入していない変数についてはアルファベット記号(a)を付した。
注2）ステップワイズによる除去の判断をふまえ、モデルで投入しなかった変数についてはアルファベット記号(b)を付した。

デル1とモデル2も参照しながら，モデル4を中心に結果を見ておきたい．

第一に，モデル3では擬似決定係数が0.19であり，モデル1の際の0.09に比べてかなり高い．経済的緊張（主観的苦境）よりも，経済的緊張（収入面・主観的苦境）を用いるほうが説明力は上回るといえる．一方，モデル3における擬似決定係数は0.19であるのに対して，モデル4では0.38である．犯罪以外による対処を左右する対処資源と個人特性に関する変数の投入により，説明力が大きく上昇したことがわかる．

第二に，モデル3において経済的緊張（収入面・主観的苦境）は，万引きリスクに対して正の影響があることが示されている．さらに，対処資源，個人特性に関する三つの変数を考慮したモデル4においても経済的緊張（収入面・主観的苦境）は，万引きリスクに対して正の影響がある．経済的緊張（主観的苦境）を分析指標に用いたモデル2の場合とは異なり，対処資源，個人特性に関する三つの変数を考慮した場合においても，モ

デル4では(a)目標不達成仮説が支持されているといえる．

そのほかの結果は，表1に関して前述した，第三から第五までの結果と同様であった．すなわち，(e)対処資源不足仮説及び(f)個人特性仮説が支持された一方で，(g)法遵守に関する価値観・不公正感仮説は支持されなかった．

表1，表2では，(a)目標不達成仮説の分析を主軸としていた．これに対して，表3では，(b)快刺激剥奪仮説の分析を主軸としながら，(e)対処資源不足仮説，(f)個人特性仮説，(g)法遵守に関する価値観・不公正感仮説の分析を行う．

表3では，モデル5で説明変数として快刺激剥奪，統制変数として同居者の有無を投入した．表3のモデル6に最終的に投入する変数の選択は，表1のモデル2及び表2のモデル4の場合と同様の手順で行うこととした．その結果，事前の分析において，モデル2とモデル4で用いた変数のほかに，手段的サポート（金銭）が有意傾向（10％水準）であることが示された．このため，

34　I　課題研究　超高齢社会における犯罪対策の基軸——高齢者による万引きを中心に

犯罪社会学研究　第 43 号　2018 年

表 4　総合的緊張に関する分析結果

説明モデル	Model7				Model8			
説明変数	オッズ比	z	95% 信頼区間		オッズ比	z	95% 信頼区間	
総合的緊張	1.386***	4.780(	1.212 ,	1.585)	1.270**	2.620(	1.062 ,	1.519)
同居者の有無（あり =1、なし =0）	0.395*	-2.060(	0.163 ,	0.955)	0.333+	-1.950(	0.111 ,	1.003)
対処資源								
教育年数	− a	− a(	− a ,	− a)	0.361**	-3.280(	0.196 ,	0.663)
手段的サポート（ケア）	− a	− a(	− a ,	− a)	0.612	-1.370(	0.304 ,	1.235)
手段的サポート（金銭）	− a	− a(	− a ,	− a)	0.887	-0.400(	0.495 ,	1.590)
対処スキル	− a	− a(	− a ,	− a)	− b	− b(	− b ,	− b)
個人特性								
セルフコントロール	− a	− a(	− a ,	− a)	0.418**	-2.990(	0.236 ,	0.740)
法遵守に関する価値観・不公正感								
規範意識（合法的手段）	− a	− a(	− a ,	− a)	− b	− b(	− b ,	− b)
公正世界信念（学歴）	− a	− a(	− a ,	− a)	− b	− b(	− b ,	− b)
定数	1.627	1.310(	0.787 ,	3.363)	1.749	1.210(	0.707 ,	4.323)
Pseudo R²	0.26				0.41			
N	133				127			
モデルのカイ2乗検定	p <0.001				p <0.001			

+ p< 0.10, * p< 0.05, ** p< 0.01, *** p< 0.001
注1）モデルに投入していない変数についてはアルファベット記号(a)を付した。
注2）ステップワイズによる除去の判断をふまえ、モデルで投入しなかった変数についてはアルファベット記号(b)を付した。

モデル6の分析では手段的サポート（金銭）を含めている．

　表3のモデル5とモデル6を比較し、これまでの結果も参照しながら、モデル6における主要な結果を見ておきたい．

　第一に、モデル5では擬似決定係数が0.20であり、モデル3の際の0.19と同じ程度の説明力が示されている．対処資源と個人特性の変数を加えたモデル6の擬似決定係数は0.31であり、モデル5よりも上昇している．一方で、経済的緊張（収入面・主観的苦境）を用いた上で対処資源と個人特性の変数を加えたモデル4の擬似決定係数は0.38であり、モデル6よりも説明力が上回っていた．

　第二に、モデル5において快刺激剥奪は、万引きリスクに対して正の影響があることが示されている．さらに、対処資源、個人特性に関する四つの変数を考慮したモデル6においても、快刺激剥奪は万引きリスクに対して正の影響がある．したがって、モデル5とモデル6を通じて、(b)快刺激剥奪仮説が支持されているといえる．

　第三に、モデル6において万引きリスクに対して正の影響が示された快刺激剥奪を考慮に入れた上でも、対処資源の変数に関しては、教育年数、手段的サポート（ケア）が万引きリスクに対して負の影響がある．一方で、統制変数である同居者の有無も含めて分析したモデル6においては、手段的サポート（金銭）の効果は有意ではなかった．以上から、教育年数、手段的サポート（ケア）の対処資源に恵まれているほど万引きリスクが低いことが示されており、(e)対処資源不足仮説を支持する結果だといえる．

　第四に、快刺激剥奪を考慮に入れた上でも、セルフコントロールが高いほど万引きリスクが低いことが示されており、(f)個人特性仮説が支持されている．

　第五に、該当する変数がモデルに含まれる基準に達しなかったため、(g)法遵守に関する価値観・不公正感仮説は、支持されていない．なお、モデル2とモデル4に関して補足した結果と同様に、強制投入法で分析した場合にも(g)法遵守に関する

一般緊張理論の観点から見た高齢者犯罪——東京都における高齢者の万引きの研究　**35**

価値観・不公正感仮説は支持されなかった.

最後に，表4では，(a)目標不達成仮説と(b)快刺激剥奪仮説を総合的に見た場合の分析を行う．これまでの分析と同様に，(e)対処資源不足仮説，(f)個人特性仮説，(g)法遵守に関する価値観・不公正感仮説も検討する.

表4では，モデル7で説明変数として総合的緊張，統制変数として同居者の有無を投入した．表4のモデル8に投入する変数は，表3のモデル6と同様の手順で検討した．緊張概念に関する変数以外では，モデル6と同じ変数群が選定された.

表4のモデル7とモデル8を比較し，これまでの結果も参照しながら，モデル8における主要な結果を見たい.

第一に，モデル7では擬似決定係数が0.26であり，緊張概念に関する変数と統制変数のみを同様に投入したモデル3やモデル5に比べて，説明力がやや高い．対処資源と個人特性の変数を加えたモデル8の擬似決定係数は0.41であり，これまでの分析で最も高い値を示したモデル4を少し上回っている.

第二に，モデル7では総合的緊張は，万引きリスクに対して正の影響があることが示されている．さらに，対処資源，個人特性に関する四つの変数を考慮したモデル8においても，総合的緊張は万引きリスクに対して正の影響がある．したがって，モデル4で(a)目標不達成仮説が支持され，モデル6で(b)快刺激剥奪仮説が支持されたことを，さらに補強する結果がモデル8から得られている.

第三に，モデル8において万引きリスクに対して正の影響が示された総合的緊張を考慮に入れた上でも，対処資源である教育年数が長いほど万引きリスクが低いことが示されている．この点に関して，(e)対処資源不足仮説が支持される結果だといえる．一方で，これまでのモデル2，モデル4，モデル6を通じて有意であった，手段的サポート

（ケア）は，モデル8では有意ではなくなっている．モデル7で見た擬似決定係数の値から判断しても，万引きリスクに対する総合的緊張の説明力はかなり高いことが示されており，手段的サポート（ケア）は総合的緊張と拮抗しうる要因ではないと考えられる.

第四に，総合的緊張を考慮に入れた上でも，セルフコントロールが高いほど万引きリスクが低いことが示されており，(f)個人特性仮説が支持されている.

第五に，該当する変数がモデルに含まれる基準に達しなかったため，(g)法遵守に関する価値観・不公正感仮説は，支持されていない．なお，強制投入法で分析した場合にも(g)法遵守に関する価値観・不公正感仮説に関する変数は有意ではなく，ここまでと同様の結果であった.

4 考察

本稿では，GSTの複数の仮説を検証し，高齢者の万引きの背景要因を分析した．人生後半期の段階にある高齢者の万引きの説明に関して，GSTが一定の妥当性を持つ可能性が本稿から示されたと考えられる．下位文化の形成や進路の分化が生じる中学生から高校生ぐらいまでの青少年を対象とする限りにおいて，緊張や地位欲求不満は，非行行動や下位文化，学校外の若者文化への接近に影響することが，社会学における先行研究により明らかにされてきたが（耳塚 1980; 武内 1981; 樋田 1982; 渡部 1982; 秦 1984; 西村ほか 1984; 大多和 2001），青年期を過ぎた人々が抱える緊張についての研究は不足していた.

本稿で得られた知見を整理する.

第一に，Cheung et al.（2014）などの海外の諸研究や中川（2016）と同様に，犯罪に対する緊張の影響が見出された．すなわち，本稿の場合には，高齢者の万引きについて，(a)目標不達成仮

説と(b)快刺激剥奪仮説が支持された.

第二に，(e)対処資源不足仮説に関する結果は，部分的に支持された．すなわち，教育年数の長さと万引きリスクの低さとの関係は一貫していた．また，大半のモデルにおいて，手段的サポート（ケア）は万引きリスクの低さとの関係が示された．

第三に，(f)個人特性仮説に関する結果は一貫しており，セルフコントロールの高さと万引きリスクの低さとの関係が示された．GST研究の中で，セルフコントロール概念を用いて，本稿と同様の結論に達した研究は，高齢者以外の分析対象ではCheung et al.（2014）やTuranovic and Pratt（2013），高齢者を含む分析対象ではWolfe et al.（2016）がこれまでに存在していた．

第四に，(g)法遵守に関する価値観・不公正感仮説は，支持されなかった．

以上を総合し，結論を述べたい．万引きを行う高齢者は緊張にさらされており，緊張に対処するための資源や個人特性に恵まれていないということが，強く示唆される．GSTにもとづく本稿の結果は，自身の気持ちの持ち方や努力だけでは容易に改善しがたい，構造的問題の存在を示唆している．対処資源を有しない場合など，周囲の環境しだいでは，逸脱行動に追い込まれてしまう側面があろう．経済的・社会的に恵まれない，弱い個人をいかにして支援するかが重要である．

今後，自治体の再犯防止計画等を通じて，高齢犯罪者の立ち直りや再犯防止の施策が実証的知見にもとづく形で充実し，継続すれば，意義が大きい．本稿の結果にもとづき，以下の三つを挙げたい．

第一に，万引きを行う高齢者に対して，行政や地域による福祉制度の枠組みがあることを丹念に説明し，経済的な支援への接続を強化することが求められる．

第二に，万引きを行う高齢者に対して，病気や介護などの生活の悩みを相談できる機会を設けた上で，充実した医療・福祉支援の継続が求められる．高齢者は，配偶者や老親の介護，身体的な機能の低下に伴う生活の不便さなど，経済的な側面以外にも生活の困難や悩みを抱えがちである（角2012; 角2013）．本稿では，目標不達成及び快刺激剥奪の緊張とは独立する形で，ケアに関する手段的サポート資源が万引きリスクを低減する効果が見出されている．

第三に，万引きを行う高齢者に対して，個人特性をふまえた専門的な指導や助言を受けるなどの機会の充実が求められる．個人特性としてのセルフコントロールの低さが目立つことが万引きを行う高齢者の特徴であるため，生活面での自己管理や欲望の制御に資する支援が必要な場合も考えられる．

支援や指導・助言を実現する上で，現状では制度的な壁も存在する．万引きの初犯者の場合は，保護観察官や保護司などの実務家との接点が薄い．専門的な指導や助言を受けたり，福祉や医療へのコーディネートを受けたりするなどの機会は乏しいため，支援の不足が強く懸念される．万引きを行う高齢者の立ち直り支援という目的を，自治体や地域社会が明確に共有し，そのための仕組みづくりが重要であろう．

〔付記〕

本稿では，万引きに関する有識者研究会（東京都）の一環として実施された調査データを用いた．調査に同意の上でご協力頂いた方々，調査に際して尽力頂いた東京都青少年・治安対策本部（事務局：安全安心まちづくり課），警視庁生活安全部の関係各位，調査の企画・分析に際して助言を頂いた研究会委員各位に謝意を表する．

本稿は，研究会報告書において執筆を担当した

第Ⅱ部第3章（齊藤 2017a）及び日本犯罪社会学会第44回大会におけるテーマセッションでの発表（齊藤 2017b）に対して大幅に追加分析を加えた上で，全面的に加筆修正した．草稿段階で，学会・研究セミナー等を通じて貴重なコメントを頂いた皆様に謝意を表する．

［注］
1) 研究会においては，委員のうち辰野文理氏と筆者の2名が万引きに関する実態調査分科会に所属し，一般高齢者，微罪処分を受けた成人被疑者を対象とする調査項目の作成に関与した．分科会には，座長の矢島正見氏，副座長の鈴木隆雄氏も専門的観点からオブザーバー参加し，議論に加わった．
2) 2017年3月に刊行された研究会報告書の時点では，2016年11月末までに調査を終えた者のうち，65歳以上の高齢者で性別に欠損値がない有効数であった54名を分析対象としていた．一方，本稿の分析では，2017年3月末までの回収分（高齢者の万引き群の有効数は27名）を対象に加え，81名が有効数となった．
3) 例えば，万引き群の1名が68歳の男性の場合，一般群の中から68歳の男性が1名ランダムに抽出される．なお，一般群の中から同じ者を2回以上抽出することは許容していない．一般群のサンプル数が非常に多いため，年齢が完全に一致する形で抽出することが可能であった．
4) Schlesselman（1982＝1985），Agresti（1996＝2003），Hulley et al.（2007＝2009），Katz（2006＝2008），松島・浦島（2003）をはじめとする，疫学分野における文献を参照．
5) 今回のデータセットにおける高齢者の年齢の範囲をふまえ，該当する期間における戦前から戦後にかけての学校教育制度の変遷の概略をふまえて，以下の通り，年数に換算してコード化した．なお，退学については1つ下の段階の学校までを修了したものとして処理した．第一に，65歳から81歳までの高齢者については，「中学校卒業（相当を含む）」を9，「高校卒業」を12，「短期大学・高専卒業」を14，「専門学校卒業」を14，「大学卒業」を16，「その他」を欠損値とした．第二に，82歳から84歳までの高齢者については，「中学校卒業（相当を含む）」を10，「高校卒業」を12，「短期大学・高

専卒業」を14，「専門学校卒業」を13，「大学卒業」を16，「その他」を欠損値とした．なお，今回のマッチドペアのデータでは，学歴についての有効回答が得られたサンプル（「その他」以外の選択肢への回答がなされているサンプル）においては，89歳が上限であった．そこで，第三に，85歳から89歳までの高齢者については，「中学校卒業（相当を含む）」を10，「高校卒業」を12，「短期大学・高専卒業」を14，「専門学校卒業」を13，「大学卒業」を15，「その他」を欠損値とした．もちろん，こうした処理には幾分かの誤差が含まれうることを留意しておく必要があるが，年齢を考慮せずに一律に換算処理する場合よりも正確さが向上する．なお，今回実施した分析のうち，教育年数を含むモデルの結果については，6・3・3制以降の現在に至る教育年数（上記の第一に挙げたもの）をベースに年数に換算してコード化した場合でも，結果の有意傾向や関連の方向性について，変化は見られなかったことを補足しておく．
6) 以降，事前のステップワイズによるロジスティック回帰分析の時点においては，万引きの有無との関連を検出するための条件を緩和した上で変数選択を行うという方針にもとづき，10%水準を基準とした上で，統制変数である同居者の有無を投入しない形をとっている．

［文献］
阿部彩 2004「補論『最低限の生活水準』に関する社会的評価」『季刊・社会保障研究』39(4): 403-414.
Agnew, R. 1992 "Foundation for a General Strain Theory of Crime and Delinquency." *Criminology* 30: 47–87.
――――― 2006 *Pressured into Crime: An Overview of General Strain Theory.* Roxbury Pub., Los Angeles.
――――― 2013 "When Criminal Coping is Likely: An Extension of General Strain Theory." *Deviant Behavior* 34(8): 653-670.
――――― 2015 "Using General Strain Theory to Explain Crime in Asian Societies." *Asian Journal of Criminology* 10(2): 131-147.
Agresti, A. 1996 *An Introduction to Categorical Data Analysis,2nd Edition.* Hoboken: John Wiley&Sons Inc.（＝渡邉 裕之・菅波 秀規・吉田 光宏・角野 修司・寒水 孝司・松永 信人訳，2003，『カテゴリカルデータ解析入門』サイエンティスト社）.
Baron, S. W. 2007 "Street Youth, Gender, Financial

Strain, and Crime: Exploring Broidy and Agnew's Extension to General Strain Theory." *Deviant Behavior* 28 (3): 273-302.

Cheung, Y. W., Choi, S. Y., and Cheung, A. K. 2014 "Strain, Self-Control, and Spousal Violence: A Study of Husband-to-Wife Violence in Hong Kong." *Violence and Victims* 29(2): 280.

Cullen, F. T. et al. 2008 "Gender, Bullying Victimization, and Juvenile Delinquency: A Test of General Strain Theory." *Victims and Offenders* 3 (4): 331-349.

Cullen, F. T. 2011 "Beyond Adolescence - Limited Criminology: Choosing Our Future—The American Society of Criminology 2010 Sutherland Address." *Criminology* 49(2): 287-330.

江﨑徹治 2012「東京都内の高齢万引き被疑者の現状」『早稲田大学社会安全政策研究所紀要』4: 167-199.

Gottfredson, M.R. and Hirschi, T. 1990 *A General Theory of Crime*. Stanford University Press.（＝1996 松本忠久訳『犯罪の基礎理論』文憲堂）.

Grasmick, H. G., Tittle, C. R., Bursik Jr, R. J., and Arneklev, B. J. 1993 "Testing the Core Empirical Implications of Gottfredson and Hirschi's General Theory of Crime." *Journal of Research in Crime and Delinquency* 30(1): 5-29.

秦政春 1984「現代の非行・問題行動と学校教育病理」『教育社会学研究』39: 59-76.

林雄亮 2007「現代日本社会における格差意識」『社会学年報』36: 189-209.

樋田大二郎 1982「中・高校生の問題行動に関する研究-生徒文化研究適用による検討」『教育社会学研究』37: 139-150.

Hirschi, T. 1969 *Causes of Delinquency*. University of California Press.（＝森田洋司・清水新二2005 監訳『非行の原因－家庭・学校・社会のつながりを求めて』文化書房博文社）.

Hulley, S. B. et al. 2007 *Designing Clinical Research, Third Edition*. Philadelphia: Lippincott Williams&Wilkins Inc.（＝木原雅子・木原正博訳, 2009,『医学的研究のデザイン 第3版: 研究の質を高める疫学的アプローチ』メディカル・サイエンス・インターナショナル）.

角能 2012「介護保険制度における行政と介護現場の専門家の役割分担に関する実証的考察: 訪問介護における保険者とケアマネージャーの「交渉のコ

スト」に注目して」『ソシオロゴス』36: 1-19.

角能 2013「訪問介護現場における役割分担の考察:「交渉のコスト」と「役割の限定化」に注目して」『年報社会学論集』26: 63-74.

加門博子・齊藤知範 2004「個人の要因」『少年のライフコースと非行経歴との関連に関する縦断的調査研究』（科学研究費補助金基盤研究（C）研究成果報告書: 2000年度〜2003年度, 研究代表者: 星野周弘, 課題番号: 12837006）: 130-145.

Katz, M. H. 2006 *Multivariable Analysis: A Practical Guide for Clinicians, Second Edition*. Cambridge: Cambridge University Press.（＝木原雅子・木原正博訳, 2008,『医学的研究のための多変量解析: 一般回帰モデルからマルチレベル解析まで』メディカル・サイエンス・インターナショナル）.

小林恵美子・福島深雪 2010「ストレスが学業不正行為に及ぼす影響: 総合的緊張理論の有効性」『言語文化論叢』14, 165-188.

Matsueda, R. L. 1982 "Testing Control Theory and Differential Association: A Causal Modeling Approach." *American Sociological Review* 47(4): 489-504.

松島雅人・浦島充佳 2003「ケースコントロール研究」『東京慈恵会医科大学雑誌』118(4): 289-295.

Merton, R. K. 1938 "Social Structure and Anomie." *American Sociological Review* 3(5): 672-682.

耳塚寛明 1980「生徒文化の分化に関する研究」『教育社会学研究』35: 111-122.

Moon, B., Morash, M., McCluskey, C. P., and Hwang, H. W. 2009 "A Comprehensive Test of General Strain Theory: Key Strains, Situational-and Trait-Based Negative Emotions, Conditioning Factors, and Delinquency." *Journal of Research in Crime and Delinquency,* 46(2), 182-212.

Moon, B. and Morash, M. 2017 "A Test of General Strain Theory in South Korea: A Focus on Objective/Subjective Strains, Negative Emotions, and Composite Conditioning Factors." *Crime and Delinquency* 63 (6): 731-756.

中川知宏 2016「一般的緊張理論における客観的緊張と主観的緊張の相互作用的役割」『近畿大学総合社会学部紀要』5(1): 13-25.

成田健一・下仲順子・中里克治・河合千恵子・佐藤眞一・長田由紀子 1995「特性的自己効力感尺度の検討」『教育心理学研究』43(3): 306-314.

西村春夫・鈴木真悟・高橋良彰 1984「非行を制御する力と動機づける力の比較分析－制御理論の検討」『科学警察研究所報告』(防犯少年編) 25(2): 1-12.

岡邊健 2010「項目反応理論を用いた自己申告非行尺度の作成」『犯罪社会学研究』35: 149-162.

大久保智生・堀江良英・松浦隆夫・松永祐二・江村早紀 2013「万引きに関する心理的要因の検討：万引き被疑者を対象とした意識調査から」『科学警察研究所報告』62(1)(2): 41-51.

大村英昭 1989『新版非行の社会学』世界思想社.

大村英昭・宝月誠 1979『逸脱の社会学－烙印の構図とアノミー』新曜社.

大多和直樹 2001「「地位欲求不満説」再考」『犯罪社会学研究』26: 116-140.

齊藤知範 2017a「万引きで検挙された高齢者と一般高齢者に関する分析」万引きに関する有識者研究会 (東京都),『高齢者による万引きに関する報告書―高齢者の万引きの実態と要因を探る―』38-54.

―――― 2017b「万引きに関する調査の分析結果(2)―被疑者の脆弱性から見た社会的包摂への方策―」『日本犯罪社会学会第44回大会報告要旨集』42-43.

笹谷春美 2005「高齢者介護をめぐる家族の位置―家族介護者視点からの介護の「社会化」分析」『家族社会学研究』16(2): 36-46.

Schlesselman, J. J. 1982 *Case-Control Studies: Design, Conduct, Analysis.* Oxford: Oxford University Press. (＝重松逸造監訳・柴田義貞・玉城英彦訳, 1985,『疫学・臨床医学のための患者対照研究：研究計画の立案・実施・解析』ソフトサイエンス社).

Sugie, N. F. 2017 "When the Elderly Turn to Petty Crime: Increasing Elderly Arrest Rates in an Aging Population." *International Criminal Justice Review* 27(1): 19-39.

Sung, J. J. and Johnson, B. R. 2003 "Strain, Negative Emotions, and Deviant Coping among African Americans: A Test of General Strain Theory." *Journal of Quantitative Criminology* 19(1): 79-105.

鈴木隆雄 2012『超高齢社会の基礎知識』講談社.

武内清 1981「高校における学校格差文化」『教育社会学研究』36: 137-144.

Turanovic, J. and Pratt, T. 2013 "The Consequences of Maladaptive Coping: Integrating General Strain and Self-Control Theories to Specify a Causal Pathway Between Victimization and Offending." *Journal of Quantitative Criminology* 29(3): 321-345.

上田光明・尾山滋・津富宏 2009「General Theory of Crimeにおけるセルフコントロールの尺度化」『犯罪社会学研究』34: 116-133.

Vazsonyi, A. T., Mikuška, J., and Kelley, E. L. 2017 "It's Time: A Meta-Analysis on the Self-Control-Deviance Link." *Journal of Criminal Justice* 48: 48-63.

渡部真 1982「高校間格差と生徒の非行的文化」『犯罪社会学研究』7: 170-185.

Wolfe, S. E. 2015 "Low Self-Control, Gender, Race, and Offending in Late Life." *Psychology, Crime and Law* 21(5): 426-451.

Wolfe, S. E., Reisig, M. D. and Holtfreter, K. 2016 "Low Self-Control and Crime in Late Adulthood." *Research on Aging* 38(7): 767-790.

矢島正見 1996『少年非行文化論』学文社.

遊間義一 2008「大学生の教室内逸脱行動に対するストレインと不良交友の交互作用」『心理学研究』79(3): 224-231.

E-mail: saitoht@nrips.go.jp

General Strain Theory and Elderly Offending:
A Study of Elderly Shoplifting in Tokyo

Tomonori Saito
(National Research Institute of Police Science)

Since Agnew revised Merton's classic strain/anomie theory and revived it as general strain theory (GST), it has been broadly supported as a dominant framework for explaining why some people are pressured into crime. I examined whether the two types of strains described by GST affect the risk of elderly shoplifting, by using a matched pair data set of law-abiding elderly people and elderly people arrested for their first shoplifting offense. One of the strains involves a failure in achieving one's goals and the other entails losing something valued. In addition, my analysis examined whether factors such as coping skills, socioeconomic status, self control, and the provision of social support reduced the risk of elderly shoplifting.

The main results are as follows:

1) Failure in achieving one's goals increased the risk of elderly shoplifting.

2) Losing something valued increased the risk of elderly shoplifting.

3) Higher socioeconomic status, self control, and the provision of social support reduced the risk of elderly shoplifting.

The theoretical and practical implications of these findings are discussed.

Key words: GST (general strain theory), shoplifting, elderly

万引きの被疑者に対するセレクティブ・サンクション
──文化的側面と保安警備業務に着目した考察──

田中智仁

仙台大学

〈要旨〉

　2010年から全ての万引きが警察へ通報されることになったが，万引き対策には多様な価値観が反映されており，店舗内処理も残存している．本稿の目的は，万引き対策の歴史的変遷を概観し，文化的側面と保安警備業務に着目した上で，万引きに関する有識者研究会（東京都）の報告書の意義と課題を明らかにすることである．16-19世紀の欧米では主に百貨店で中流階級以上の女性による万引きが多発し，被疑者を捕捉するために警備員が配置されるようになったが，階級とジェンダーの意識が根強く，穏便な対応をせざるを得なかった．日本でも20世紀前半に万引きが女性犯罪と見做され，その要因は店舗にあると指摘された．戦後は万引きが少年犯罪と見做されるようになり，保安警備業務成立後も就業や就学に支障がないように店舗内処遇が一般化した．しかし，万引きが高齢者犯罪となったことで，従来の対策を転換する必要に迫られた．報告書は高齢者の万引きに特化した稀少な研究成果であり，認知症の影響や店舗要因説をエビデンスに基づいて検証したこと等に大きな意義がある．一方で，警備員が高齢者を選んで捕捉する可能性を検証すること，被疑者像を高齢者に固定化しかねないことが課題である．

キーワード：**セレクティブ・サンクション**，**警備業**，**私刑**

1　はじめに

　2010年に警察庁は万引きの全件通報を徹底するよう各都道府県警察本部へ通達した．それ以前は，店舗関係者による説諭で更生を図る取り組みや，警察を介さずに被疑者を叱責する等の私刑による制裁が行われてきたが，現在では万引きの被疑者を捕捉した場合には警察に通報して身柄を引き渡すことになっている．

　一方で，万引き対策には多様な価値観が反映されており，説諭や私刑による処理が残存しているのも事実である．例えば，私刑の事例として，2014年に古書等販売店がブリキ製人形を万引き

した被疑者の画像を自社ウェブサイトで公開すると予告して，賛否両論が巻き起こった．また，2017年にも眼鏡販売店が「万引き被害の大きさを知ってもらいたい」との意向で，先行事例に倣い，眼鏡7点を万引きした被疑者の画像公開を予告して話題となった．

　すなわち，万引きに対する社会的対応には，「全件通報すべき」「説諭が望ましい」「私刑もやむを得ない」といった複数の考えがあるのだ．このような実情を鑑みれば，万引きは「窃盗」という法的側面に注目するだけではなく，「文化」として多面的に考察すべき現象であるといえよう．

万引きの社会的対応を左右するのは，現場の最前線で万引きの被疑者と対峙する「警備員」の存在である．警備員の配置は被疑者を捕捉するための古典的方法であり，現在も多くの大型店舗で「保安警備業務」として行われている．そのため，保安警備業務は万引き対策の歴史のみならず，万引きへの社会的対応の実相を反映しやすいと考えられる．

そこで本稿では，万引き対策の歴史的変遷を概観し，そこに表れる文化的側面（万引きの要因と被疑者像）を保安警備業務に着目して確認する．その上で，2017年3月に公表された「万引きに関する有識者研究会（東京都）」の報告書『高齢者による万引きに関する報告書—高齢者の万引きの実態と要因を探る』（以下，「報告書」）の意義と課題を明らかにすることを目的とする．

なお，本稿の筆者は「万引きに関する有識者研究会（東京都）」の構成員ではない．そのため，本稿は第三者的視点による考察であり，同研究会の見解とは異なる内容が含まれることを申し添える．

2 欧米の万引き研究

万引きに関する先行研究は豊富な蓄積があるが，本稿では万引き対策の歴史的変遷を確認すると同時に，保安警備業務に着目することから，被疑者と警備員の駆け引きが詳細に記述されている先行研究に絞り込む．

まず，欧米の先行研究として本稿で依拠するのは，シュタイア（Shteir 2011＝2012）とエイベルソン（Abelson 1990＝1992）である．シュタイアは16世紀から21世紀にかけてのイギリス，フランス，アメリカの万引きを文化史として研究しており，万引きの歴史的変遷を広範に概観する上で最適な文献である．また，エイベルソンは19世紀アメリカの百貨店で頻発した中流階級以上の女性客による万引きを研究しており，階級と

ジェンダーを背景とした万引き対策の困難性を明らかにしている点が特筆に値する．

(1) 厳罰化の失敗と精神医学の台頭

1699年にイギリス議会は窃盗を厳罰化する法律を可決した．同法は通称「万引き法」といわれ，5シリング以上の物品を万引きした者を絞首刑に処すというものである．当時のイギリスは，ロンドンを中心に高級アパレル店舗が軒を連ねており，店員一人あたり60人の客が来店することもあったようだ．そのため，混雑に紛れて商品を万引きするケースが続発したのである（Shteir 2011＝2012: 30）．

しかし，万引きは減少せず，むしろ増加したことから，同法が万引きの抑止力になり得ていないことは明白であった．そのため，1832年に万引きを死刑対象から除外するとともに，同法は廃止された（Shteir 2011＝2012: 51）．つまり，厳罰化による万引き対策は失敗したのである．

同法の廃止によって万引きは軽窃盗となったが，内務大臣は警察官に軽窃盗犯を逮捕する任務を命じている．こうして，万引きは非厳罰化されると同時に，取締りを強化することで防止を図ることになった（Shteir 2011＝2012: 52）．

イギリスで「万引き法」が廃止された一方，フランスで顕著となったのは万引きの医療化の動きであった．ガル（Gall）が創始した骨相学で，万引きを含む窃盗が研究対象となった．そして，1838年には精神医学者のエスキロール（Esquirol）とマルク（Marc）が，万引きは「窃盗症」（クレプトマニア）であり，理性があっても不合理な行動をしてしまう場合があると論じたことから，精神医学に依拠した万引き対策が推進された（Shteir 2011＝2012: 56）．すなわち，万引きを含む窃盗は，犯罪学よりも精神医学の対象として研究すべきであるとの見解が示されたのである[1]．

(2) 消費文化と服飾文化

そこで注目されたのが，百貨店の登場である．実際に，19世紀にパリで続々と百貨店が開業し，それに伴って中流階級以上の女性による万引きが多発するようになった．具体的な手口としては，スカートやドレスに盗品を隠匿するというものであった．

そのため，シュタイアは万引きが多発する社会的背景について，「魅惑的な百貨店の登場のほか，当時の服装の影響もあるだろう」(Shteir 2011＝2012: 57) と述べている．すなわち，百貨店の消費文化と中流階級以上の女性の服飾文化が普及することによって，窃盗症が誘発されるという見解である．

19世紀のアメリカも同様であった．エイベルソンによれば，それ以前から万引きは存在したが，百貨店の登場により変質したという．百貨店が物欲を喚起して窃盗症を誘発するために，貧困や犯罪とは無縁であるはずの中流階級以上の女性客が万引きするようになったという見解である．すなわち，百貨店が「万引きを生み出す文化装置」になったことが示唆されているのだ．

イギリスで警察官が軽窃盗犯を逮捕する任務を命じられたのと同じく，アメリカでも百貨店に警察官が配置された．しかし，万引きの手口が巧妙化し，警察官は被疑者をほとんど逮捕できなかったことから，被疑者の捕捉を専門とする警備員[2]が動員されるようになった (Abelson 1990＝1992: 68-69)．

警備員は客の行動を隠れて監視し，万引きを現認[3]した場合は窃盗の現行犯として被疑者の身柄を捕捉する．この方法についてエイベルソンは，「警備の本質は過去百年来，ほとんど変わっていない」(Abelson 1990＝1992: 33) と述べており，2018年現在の日本で行われている保安警備業務にも通底している．

(3) 階級とジェンダー

一方で，警備員の配置による万引き対策は，19世紀のアメリカにおける階級意識とジェンダー意識を顕在化させた．

エイベルソンによれば，当時は「上流階級の御婦人が万引きをするわけがない」という固定観念が共有されていた．一方で，警備員は労働者階級に位置づけられていたことから，警備員が百貨店の客を万引きの被疑者として捕捉することは，階級間の格差を越えた身分不相応な対応と見做されることもあった (Abelson 1990＝1992)．

そのため，1870年に上流階級の女性客4名が万引きの被疑者として警備員に捕捉されたことで，大きな騒動に発展した．マスコミや大衆は，労働者階級の警備員が上流階級の御婦人を貶めたとして，一斉に警備員を非難したのだ．その結果，警備員の対応は消極的になり，「捕まっても許してもらえる」と考える客が増加し，万引きが多発するようになったのである．

しかし，警備員は雇用を継続するために，被疑者の捕捉実績を増やす必要がある．そのため，万引きの認知件数の増加と同時に，捕捉件数も増加した．一方で，店舗側は「御婦人を貶める店舗」という悪いイメージが流布しないよう配慮する必要もあった．すなわち，万引き被害の低減とイメージの維持・向上が相克したのである．

上記の実情を鑑み，中流階級以上の女性客が万引きの被疑者になった場合，店舗側と警備員は主に「説諭」や「返品」によって穏便に対処するようになる (Abelson 1990＝1992: 189-198)．これは，階級とジェンダーを考慮したセレクティブ・サンクションといえる．

なお，徳岡秀雄もキャメロン (Cameron 1970) の「店側が警察に通報する姿勢もデパートによって大きく異なる」という指摘を引用しながら，「警察に認知される以前の段階で，世間の準

拠枠組みによる恣意的選択が作用するのである」（徳岡 1987: 81）と述べている．このように，百貨店においてセレクティブ・サンクションが行われていたことは，複数の先行研究で確認できる．

とはいえ，万引き被害は甚大であり，被疑者を効率的に捕捉して被害を低減させる必要に迫られていたことも事実である．しかし，「窃盗症」を万引きの要因と見做す精神医学的観点だけでは，有効な対策を発案することは困難であった．

⑷　環境犯罪学的観点の導入

そこで1930年代以降に，警備員とEAS（Electronic Article Surveillance）を併用した万引き対策が考案される．EASとは，商品に特殊な管理タグを装着したまま，出入口に設置されたアンテナを通過すると，光やアラーム音で周囲に知らせる電子式商品監視システムのことである（稲本 2011: 2）．

EASの管理タグはレジでの精算時に店員によって取り外されるが，未清算の商品を持って出入口を通過すれば，光やアラーム音によって不正な持ち出しが周知される．そのため，店員および警備員はEASが作動した場合に，万引きが発生した可能性が高いと見做して被疑者を捕捉する．

警備員とEASの併用は，店舗の領域性と監視性を高めて，万引きを容易に実行できない店舗づくりを企図している．すなわち，環境犯罪学的観点[4]に依拠した万引き対策の導入を目指したのである．

1935年にはアメリカでEASの試作機が開発されたが，誤作動が多く実用化には至らなかった．しかし，1965年にFBIが万引きの急増を発表したことで対策が急務となり，1966年にEASの特許が申請されて実用化に至った（Shteir 2011＝2012: 68-70）[5]．

これ以降，欧米のみならず日本においても，警備員とEASを併用した万引き対策が普及していく[6]．

なお，現在の日本ではコンビニエンスストアでセルフレジを導入する計画が進行しており，大手コンビニ5社と経済産業省は2025年までにコンビニの全商品に電子式の管理タグを装着することで合意している[7]．そのため，当面は環境犯罪学的観点の万引き対策が図られていくと予想される．

3　日本の万引き研究

日本初の警備業者が創業したのは1962年であり，当初に実施された業務は施設警備業務と巡回警備業務であった（田中 2009）．そのため，1962年以前の日本における保安警備業務の実施記録は確認できない．

一方で，1962年以前の日本において万引きを扱った先行研究は複数ある．本稿では，米田庄太郎（1915＝1921），大西輝一（1933），鈴木賀一郎・尾後貫荘太郎（1935）を取り上げ，保安警備業務成立以前の万引き対策を概観する．その上で，保安警備業務成立後の万引き対策については，主に柏熊岬二（1985），辻正二（1987），大久保智生ほか（2013）を取り上げる．

⑴　商業道徳の悪弊

欧米と同じく，1915年当時の日本でも万引きが頻発したのは百貨店等の大型の小売店舗であった．万引きを誘発する要因について社会学者の米田は，万引きを遂行する客も悪質であるが，さらに悪質なのは物欲を喚起している商店だとして，広告や店飾の発達による商業道徳の弊害を指摘する．その上で，「我國の商店では，直に警察の手に其の犯人を引渡すようにしているが，是れは甚だ感心しない事である」（米田 1915=1921: 116）と述べている．

なお，米田は当時の警察政策の方針や刑法犯認知件数等のエビデンスを示しておらず，主観に基づいた記述である可能性が否定できない．その上

で，実態が上記の通りであるならば，1915年当時の日本では被疑者の身柄を警察へ引き渡すのが主な万引き対策であり，説諭や私刑による被疑者の処遇は常態化していなかったと解釈できる．つまり，2010年以降の万引き対策の基本方針と相違ないのだ．

続いて米田は，パリの百貨店で行われた調査の結果に基づいて，万引きの種類を「職業的万引」「貧困的万引」「異常的万引」「習慣性万引」の４つに大別し，種別に応じて異なる対応をすべきであると主張する．

これらの中で，米田は「身分ある女子」が行う万引きとして，月経・妊娠のヒステリーが要因となる「異常的万引」と，面白さを追求してゲーム感覚で繰り返す「習慣性万引」の２つを詳説している（米田1915＝1921: 118-135）．すなわち，万引きを「女性犯罪」および「遊び」と見做した上で，身分ある女子を保護する処遇が必要だと述べているのだ．

米田は，欧州の百貨店では専属の監視人や探偵を配置しており，身分ある女子の万引きを発見した場合は，次のように対処していると説明する．まず，被疑者を密かに一室へ連れて行く．次いで，万引きの事実を証明し，盗品の返品や賠償金請求等の相当の処分を科す．被疑者が万引きの事実を認め，相当の処分に応じれば解決とする．しかし，相当の処分に応じない場合は，やむを得ず警察に引き渡す．ただし，警察への引き渡しは最終手段であり，相当の処分に応じるよう促す努力が求められるという内容である．

以上の説明を踏まえ，米田は職業的万引と習慣性万引は原則として警察へ引き渡すが，身分ある女子による習慣的万引は警察へ引き渡さず，公にならないよう店舗で処理すべきだと提言する．また，貧困的万引と異常的万引はできるだけ警察へ引き渡さず，被疑者への同情をもって対処するの

が店舗の道徳的義務であると説く．

要するに，職業的万引や相当の処分に応じない場合を除いて，万引きは説諭と私刑によって処理すべきだという主張である．このように，日本でも欧米に倣い，階級およびジェンダーに基づくセレクティブ・サンクションを行うべきだと主張されたのである．

(2) 店舗要因説に基づく女性犯罪

米田は万引きの種類を４つに大別しながらも，焦点化したのは百貨店において身分ある女子が行う万引きであった．換言すれば，「店舗要因説」に基づく女性犯罪としての万引観である．

同様の万引観は，1930年代の研究でも踏襲されている．大西は，「百貨店，呉服店，市場，雑貨用品店等へ買物客を装つて趣き，店員や看視人の隙を窺つて素早く商品を竊取する手口を萬引といふ」と定義した上で，「萬引をする者は概して男子より婦人に多い様である」と述べている（大西1933: 166）．

その上で大西は11種類の手口を紹介しており，うち６種類が和服の袖口等の衣服を利用した手口となっている（大西 1933: 167-178）．例えば，袖口に盗品を隠す手口もあれば，衣服の内側に「萬引袋」や「ゴム紐」を仕込んで商品を窃取する手口も紹介されている．

また，盗品の中には女性用の高級呉服もあり，花魁衣装として吉原遊郭で転売する職業的万引もあった（大西 1933: 172）．そのため，万引きは服飾文化の影響を反映した女性犯罪と捉えられていたことがわかる．

大西は店舗の種類を百貨店に限定していないが，鈴木・尾後貫（1935）は「百貨店の誘惑」により女子の万引きが多発していると述べた．鈴木・尾後貫は同書前半の「少年少女犯編」において，不良化の根本は虚栄にあり，虚栄の中心桎梏をな

すものは百貨店であると指摘する[8]．百貨店にお
いて，新しい流行品を見て所有欲を起こしたもの，
出入りする人を見て不良行為を為すもの，百貨店
内にいる不良行為者の行為をまねるもの等のパ
ターンがあると述べた上で，女子が遂行した5つ
の事例を紹介している（鈴木・尾後貫 1935: 96-
106）[9]．

　また，鈴木・尾後貫は同書後半の「女性犯編」
において，1933（昭和8）年度の刑法犯認知件
数を説明した上で，事例も挙げながら「女性窃盗
犯人」について述べている（鈴木・尾後貫 1935:
338-353）．出来心による個人的な万引きから，
窃盗団を形成しての万引きまでを幅広く紹介して
いるが，興味深いのは「癖が昂じて萬引から空巣
迄」と題する事例である．

　当該事例は，「少女時代の盗癖」が改善しないま
ま成人し，結婚後も万引きと空き巣を繰り返した
女性の事例であるが，「係官の説諭も夫の涙の叱責
も空しく，つひに萬引常習者となつてしまつた」
（鈴木・尾後貫 1935: 344）と記述されている．
つまり，窃盗症とみられる常習者に対して，「説
諭」と「叱責」の実効性がないことが示唆されて
いるのだ．

　さらに鈴木・尾後貫は他の事例の説明でも，「一
度の成功によつて味はひ得た快感を二度三度と経
験したくなり，それが遂に常習癖を形成するに至
ることが多い」（鈴木・尾後貫 1935: 348）と述べ
ており，窃盗症を一般化するような観点で万引き
の要因を追究している．しかし，具体的な万引き
対策は提示されておらず，手口と被疑者像が紹介
されているにすぎない．

　既述の通り，1935年にはアメリカでEASの試
作機が開発され，環境犯罪学的観点で万引きを防
止する方策が検討されていたが，日本では同時期
に医学的観点から万引きの要因が説明され，具体
的な方策を提示し得ないまま試行錯誤を繰り返し

ていたといえよう．

(3)　少年犯罪としての万引観

　欧米の万引き研究と同じく，日本でも1930年
代半ばまでは万引きを店舗要因説に基づいて女性
犯罪と見做していたことが確認された．しかし，
戦後になると「少年犯罪」としての万引観へと移
行する[10]．

　とりわけ，高度経済成長期を経て物質的な豊か
さを享受できるようになると，少年の「遊び」や
「いたずら」を含む非行サブカルチャーとして万
引きを捉えるようになる．いわゆる「遊び型非
行」[11]である．先行研究は枚挙に暇がないが，例
えば柏熊岬二は，万引きを「昔の青少年がよく
やった柿泥棒とさして変わらない」と述べた上で，
かつての柿泥棒は売買される商品ではなかったの
に対し，現今の万引きは売買される商品であるが
ゆえに犯罪化されたと指摘している（柏熊 1985:
239）．

　換言すれば，常習性の高い被疑者がいる一方で，
多くの被疑者は「遊び」や「いたずら」として万
引きを行うのであり，警察への通報ではなく，説
諭や叱責によって処遇すべきであるという考えに
至っているのである[12]．

　一方で柏熊は，保安警備業務の普及によって販
売と警備が専門化する傾向があり，警備員が捕捉
実績を増やそうとするために，万引きが表沙汰に
なるケースも増えると指摘している（柏熊 1985:
241）．すなわち，保安警備業務による暗数の顕
在化である．

　そこで問題になるのは，少年に対する公的ラベ
リングの懸念である．ラベリングは公的機関や民
間組織等が行う公的ラベリングと，個人が行う私
的ラベリングに二分されるが，辻正二はさらに権
力の強弱も加えた四象限にラベリングを分類して
いる（辻 1987: 62）．

図1 「万引の検挙・補導人員に対する少年と高齢者の割合（全国）」

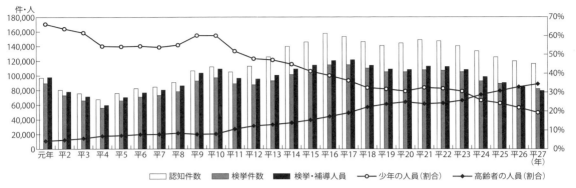

出典：平成29年度日本万引防止システム協会総会資料

　警察等の公的機関が行うラベリングは警察権等の公的権限に基づいて被疑者を処遇するため，「強権力」の公的ラベリングになる．一方で，店舗や警備業等の民間組織が行う処遇には警察権等の公的権限が付与されないため，公的ラベリングであっても権力性は脆弱である．そのため，辻の分類に従えば「商店の万引処遇」（辻 1987: 62）は「弱権力」の公的ラベリングに該当する．いうまでもないが，弱権力の公的ラベリングでは公的機関が介入しないため，実際に万引きが発生しても警察権が行使されず，認知件数にも計上されずに暗数化する．

　しかし，2010年以降は警察への全件通報が基本方針となったことから，認知件数に計上されると同時に，保安警備業務によって身柄を捕捉された少年には強権力の公的ラベリングが行われることになる（田中 2012: 201）．そうなると，少年は以後の進学や就職において多大な不利益を強いられ，いわゆる「健全」な育成の活路を制限される可能性がある．そのため，2010年以前は説諭による店舗内処遇が重要視されていたのである．

　要するに，2010年以前は万引きが少年犯罪であることを前提とした対策を講じており，保安警備業務にも公的ラベリングを弱権力にとどめて更生を図る性質があった．しかし，2010年以降は全件通報の基本方針に従って，警備員が被疑者と警察を媒介する存在となり，保安警備業務を経て強権力の公的ラベリングが行われるように変質したといえるのだ．

(4) 高齢者犯罪としての万引観

　万引き対策において強権力の公的ラベリングが行われるようになった背景として挙げられるのは，万引きの主体が少年から高齢者へ移行したことである．もちろん，万引き被害による損失が大きいことも一因と考えられるが，図1のように万引きが高齢者犯罪となったことで，少年の健全育成とは性質の異なる万引き対策が求められるようなったことも重要であろう．

　大久保らは，香川県の万引防止対策事業を通じて，万引きの少ない店舗では男性および青少年の被疑者の割合が高い一方で，万引きの多い店舗では女性と高齢者の被疑者の割合が高かったという実態を明らかにしている．その上で，「万引きの多い店舗で，女性や高齢者が多いのは捕まえやすいからであるとも考えられる」と述べている（大久保ほか 2013: 135-136）．

　また，万引きが少ない店舗では被疑者を捕捉しても警察へ通報しないことが多く，男性および青少年が認知件数に計上されにくい実態も明らかに

している．その要因として，「学校や職場に連絡されることは，噂として広まるため，万引きの認知件数の少なさと関連している可能性がある」（大久保ほか 2013: 137）と述べている．すなわち，強権力の公的ラベリングによって就学や就業に支障がないよう，店舗内処遇にとどめていると考察されているのだ．

このように，全件通報の基本方針があるにもかかわらず，被疑者の属性を考慮したセレクティブ・サンクションが行われている可能性があることが示唆されている．さらに注目すべき点は，万引きが多い店舗で警備員が配置されている割合が高い半面，警察官の立ち寄りの割合が低かったことである（大久保ほか 2013: 138）．そのため，認知件数の増減を左右しているのは警備員の配置率であり，保安警備業務の成果として女性と高齢者が多く捕捉されているといえる．

なお，保安警備業務に従事する警備員のルポルタージュやインタビューでは，万引きが高齢者犯罪となる以前から，高齢の被疑者を捕捉した事例が多く紹介されている[13]．それらは被疑者の属性のみならず，悪質性や常習性を考慮して適切な処遇を検討する場合が多いことから，セレクティブ・サンクションが常態化していたといえる．さらに，警察への全件通報が基本方針となった2010年以降で，高齢者による万引きに特化した事例を紹介している伊東ゆう（2016）でも，状況に応じて店舗内処遇にとどめている実態が明らかにされている．

4　万引きは「高齢者犯罪」なのか

それでは，以上の先行研究と「報告書」には，いかなる共通点があるのだろうか．一方で，先行研究と「報告書」で乖離している見解はあるのだろうか．本節では，まず先行研究と「報告書」の共通点を確認した上で，万引きを「高齢者犯罪」

とみなすことへの懐疑について考察したい．

⑴　先行研究と「報告書」の共通点

先行研究と「報告書」の共通点として，以下の3点が挙げられる．

1点目は医学的観点から万引きの要因を考察していることである．19世紀には窃盗症として万引きの要因を追究する精神医学的観点の研究が行われたが，「報告書」でも鈴木隆雄が老年医学に依拠して窃盗症に言及している．さらに，被疑者の認知症に着目した考察も含まれていることから，医学的な観点から万引きの要因を追究する姿勢は踏襲されている（鈴木 2017: 96-135）．

2点目は環境犯罪学的観点から万引き対策を提言していることである．1930年代には警備員とEASの併用が発案され，環境犯罪学的観点に依拠した万引き対策が企図されていた．「報告書」でも矢島正見が「大型小売店」の環境に着目し，日常活動理論の「動機を持った犯罪者」「ちょうどいい標的」「役に立つ監視者の不在」の三条件が成立していると指摘している（矢島 2017: 90）．その上で，環境犯罪学的観点に依拠した各種の対策を施すとともに，店員による声掛け等が必要であると提言している（矢島 2017: 82-95）[14]．

3点目は消費文化の観点が含まれていることである．先行研究では，主にエイベルソンや米田が，店舗の商業主義により客が物欲を喚起されることで，窃盗症が誘発される可能性があることを示唆していた．「報告書」では「物欲を喚起する」等の表現は用いられていないが，小長井賀與は期待値の高さと現実のギャップがあることを「相対的剥奪感」として指摘している（小長井 2017: 136-142）．

小長井は土井隆義（2016）に依拠しながら，「収入，社会関係，社会活動において，少なからぬ高齢者は自ら期待する程の結果を得ていないと

図2 店舗要因の基礎集計結果

⑦万引きが起きるのは、店にも原因がある	被疑者（65歳未満）	被疑者（65歳以上）	一般（65歳以上）	被疑者間	高齢者間
1 まったくそう思わない	44.8	59.3	18.0		
2 あまりそう思わない	14.9	11.1	28.3		
3 どちらともいえない	25.4	22.2	34.2		＊＊
4 ややそう思う	10.4	7.4	17.5		
5 とてもそう思う	4.5	0.0	2.0		

思われる」（小長井 2017: 139）と述べた上で，高齢層で相対的剥奪感を募らせている者と比較的恵まれている者との分断化が進んでいると考察している．そのため，小長井の指摘は山田昌弘（2004）の「希望格差社会」との共通性が高いともいえるが，相対的剥奪感は医学的要因の窃盗症とは一線を画しており，消費文化を考慮した視点であるといえる．

相対的剥奪感を募らせている高齢者にとって，店舗に並ぶ商品を窃取することは，期待値と現実のギャップを埋める手段になり得る．期待値の高さゆえに，店舗に並ぶ商品を入手できて当然だと思うにもかかわらず，それらを「購入」という正規の手段で入手できないことがストレスになる可能性がある．そのストレスを解消する手段として，「窃取」という非正規の手段で入手しようとするために，万引きが発生すると考えることも不可能ではない．

すなわち，万引きの要因がストレスにあり，そのストレスが「物欲を喚起する」ような消費文化に起因するのであれば，小長井が挙げる相対的剥奪感はエイベルソンや米田の指摘に通底しているといえよう．但し，この相対的剥奪感の理解が曲解か否かを明確化するためには，エビデンスに基づいた検証が不可欠である．

(2) 店舗要因説は妥当か

そこで注目したいのは，多くの先行研究で挙げられてきた店舗要因説の妥当性である．もし，店舗要因説が「報告書」のエビデンスに基づいて妥当であると認められるならば，消費文化と相対的剥奪感の関連性が高まる．

まず，「報告書」の基礎集計では，被疑者（65歳未満），被疑者（65歳以上），一般（65歳以上）の属性ごとに「万引きが起きるのは，店にも原因がある」と質問し，「とてもそう思う」から「まったくそう思わない」までの5件法の調査結果を取りまとめ，図2の通りに記載している（万引きに関する有識者研究会 2017: 31）．

図2で注目すべき点は，「ややそう思う」と「とてもそう思う」の合計が被疑者（65歳未満）で14.9%，被疑者（65歳以上）で7.4%，一般（65歳以上）で19.5%にとどまっていることである．すなわち，いずれの属性でも店舗要因説の支持率が低いのだ．

また，辰野文理は「報告書」において，クラスタ分析（Ward法）を用いて変数のグループ化を試み，「他者への転嫁」，「あきらめ感」，「社会に対する不満」の三つの変数に分類している．さらに，これらを新たな変数としてクラスタ分析を行い，万引き被疑者（65歳以上）を分類したところ，「人生不幸群」[15]と「他に転嫁群」[16]に分かれることを明らかにした（辰野 2017: 62-69）[17]．

その上で，「万引きが起きるのは，店にも原因がある」をクラスタ別に整理したのが表1である（辰野 2017: 66）．表1では，「クラスタ2」が「他に転嫁群」に該当するが，クラスタ1の「思う／どちらともいえない」が3人（8.1%）であ

表1「店舗要因のクラスタ別分析結果」

万引きが起きるのは，店にも原因がある	クラスタ1	クラスタ2	合計
思う／どちらともいえない	3（8.1%）	13（76.5%）	16（29.6%）
思わない	34（91.9%）	4（23.5%）	38（70.4%）
合　　計	37（100.0%）	17（100.0%）	54（100.0%）

χ^2=26.108, df=1,p=.000

るのに対して，クラスタ2では13人（76.5%）と高率である．すなわち，65歳以上の被疑者群のうちの「他に転嫁群」においては，店舗要因説を支持する傾向が確認できるのだ．

　以上のように，属性を限定せずに店舗要因説を一般化するのは妥当性を欠くが，65歳以上の被疑者群のうちの「他に転嫁群」においては，先行研究との共通性が認められる．

(3)「高齢者犯罪」への懐疑

　次に検討したいのは，高齢者の捕捉容易性である．日本において万引きが高齢者犯罪となったことは統計的事実であるが，大久保ほか（2013）で指摘されている通り，高齢者は捕捉が容易であるために認知件数が増えている可能性も否定できない．

　しかし，2017年3月9日に開催された「万引対策強化国際会議2017」（於東京ビッグサイト）のパネルディスカッション「日本の万引対策に今何が求められているか」では，アメリカの場合として異なる見解が示された．小売店舗の防犯に詳しいリード・ヘイズ（フロリダ大学教授）がパネリストとして登壇し，「アメリカでも高齢者の万引きが増えている実感はあるのか」と質問を受け，下記の通り回答したのだ．

　　まったくありません．（中略）アメリカにおいては，そうした高齢の万引犯が摘発，通報されるのはかなり珍しいケースだと思います．そのようなことはしないというガイドライン

を持っている小売業の会社も多くありますので．（中略）アメリカでは，私が知る限り，日本と同じような傾向は見られておりません（特定非営利活動法人全国万引犯罪防止機構 2017: 63）．

　高齢者の万引きが通報されないのであれば，統計で高齢者の万引が増える傾向がみられないのは当然である．ガイドラインを持っている小売業者が多いということからも，アメリカでは「高齢者保護」の方針でセレクティブ・サンクションが行われているといえる．すなわち，大久保ほか（2013）とは対照的な対策が行われているのだ．

　もちろん，アメリカと日本で万引き対策における被疑者の処遇方針に乖離があったところで，国家間の方針の相違として理解できる．しかし，日本国内で処遇方針に乖離があるならば，警察政策の不徹底が疑われ，公平性が担保されていないと見做されかねない．

　そこで「報告書」を確認すると，矢島正見が「高齢者の万引きだけが警察活動に影響され，店舗で監視され，店舗から警察へと通報される，ということは考えづらい」（矢島 2017: 82）と述べており，高齢者が積極的に捕捉され，通報されている可能性を懐疑している．そうであるならば，大久保ほか（2013）が携わった香川県の万引防止対策事業と全国的な万引き対策に乖離がみられることになる．

⑷　セレクティブ・サンクションの必然性

　そこで本稿では，大久保ほか（2013）と矢島（2017）の乖離について，保安警備業務を実施している警備業者2社（「A社」「B社」とする）の幹部を対象に，2017年6月に独自の聞き取り調査を行った．はじめに調査対象者に大久保ほか（2013）と矢島（2017）の考察に相違があることを説明し，半構造化面接法によって「どちらの考察を支持しますか」（質問1），「そのような対応をする理由は何ですか」（質問2）の2つを質問した．

　まず，A社は主に関東地方で保安警備業務を実施している警備業者であり，調査対象者の役職は保安課長である．質問1については，「あえて警備員は高齢の被疑者を捕捉する傾向がある」と回答があり，A社が支持したのは大久保ほか（2013）であった．

　また，質問2の回答として，若年の被疑者は体力があり，暴れた場合に警備員の受傷リスクが高まるが，高齢の被疑者であれば受傷リスクが低いため，捕捉実績を求められた場合は高齢者を集中的に捕捉する．その結果として，高齢者の認知件数が増えている可能性があるとのことであった．すなわち，「高齢者狙い」の方針でセレクティブ・サンクションが行われ，高齢者の認知件数増加に加担している可能性があることを明確に認めたのである．

　次いで，B社は主に関西・中国地方で保安警備業務を実施している警備業者であり，調査対象者の役職は代表取締役社長である．質問1については，「年齢層よりも被差別属性の有無を推察して被疑者を捕捉する」と回答があり，B社は大久保ほか（2013）と矢島（2017）のどちらを支持するかは明言しなかった．

　質問2については，西日本では特定の被差別属性を持つ人に配慮する必要があり，被疑者を捕捉した場合に「人権侵害」として一部の団体から抗議を受ける可能性があるため，東日本よりも被疑者を選ぶ場合もあるとのことであった．すなわち，被差別属性に配慮したセレクティブ・サンクションが行われているのである．ただし，B社においても，警備員によっては受傷リスクを低減するために，高齢の被疑者を狙って捕捉している可能性はあるとのことであった．

　本調査の結果から，「高齢者」が捕捉されやすい属性であること，「被差別属性」への配慮に地域差があり，そのために万引きの認知件数が変動する可能性があることが示唆された．もちろん，調査対象者がわずか2名であったことから，本調査の結果を一般化すべきではない．とはいえ，高齢者の捕捉が容易であり，そのために高齢の被疑者を積極的に捕捉している可能性があるとの回答を得たことは，「報告書」の考察に一石を投じる結果であるといえよう．

5　おわりに

　最後に，先行研究の論点を総括した上で，「報告書」の意義と課題を明らかにしたい．

　欧米の先行研究では，16世紀から20世紀前半にかけて，万引きが中流階級以上の女性犯罪として扱われてきたことを明らかにした．万引きが発生する要因が店舗にあると見做されたが，被疑者を捕捉する警備員は労働者階級に位置するため，階級やジェンダーを考慮して穏便に対処するよう，セレクティブ・サンクションが行われていた．

　日本における万引きの先行研究でも，20世紀前半は欧米に倣い，店舗要因説に基づいて「身分ある女子」が行う犯罪として万引きを捉えてきた．しかし，戦後になり万引きが「少年犯罪」へと変質したことで，強権力の公的ラベリングを避けるよう，被疑者である少年を保護する方針でセレクティブ・サンクションが行われた．

一方で，これらの先行研究では万引きを高齢者犯罪と捉える視点が欠落していた．もちろん，戦後の日本では被疑者の多くが少年であったことから，万引きの研究で高齢者に着目されなかったことは，統計上やむを得ないことである．しかし，日本では2010年に万引きの全件通報の方針が示され，2012年以降は高齢者の検挙人員数が少年を上回ったことで，先行研究では想定されていなかった万引観のもと，対策を講じる必要性に迫られるようになったといえよう．

そこで「報告書」の意義として，下記の3点が挙げられる．

1点目は被疑者像の属性を「階級」「ジェンダー」から「年齢層」へ転換したことである．高齢者の万引きに特化した「報告書」は，先行研究に欠落していた「高齢者」という新たな視点をもたらし，エビデンスに基づいて最新の万引き対策を提言した画期的成果であると評価できる．

もちろん，戦後は「少年」という属性で被疑者像が形成されてきたことから，年齢層を新たな視点と見做すことへの疑問視もあるだろう．しかし，少年に強権力の公的ラベリングが行われないよう，説諭等の店舗内処遇が推奨されてきたことを鑑みれば，「少年」から「高齢者」への転換は今後の万引き対策を左右する重要な視点である．

2点目は「認知症」を加えたことである．医学的観点は先行研究にも含まれているが，「報告書」では高齢者に焦点化しているがゆえに，従来の窃盗症にとどまらず，認知症を視野に入れていることが特筆に値する．

3点目は国際的な新奇性である．2017年の万引対策強化国際会議で公言されたように，アメリカでは高齢者を保護する方針でセレクティブ・サンクションが行われており，万引きは高齢者犯罪と見做されていないことから，「報告書」は国際的にも稀少な成果だといえる．今後，国際的に万引きが高齢者犯罪と見做されるようになれば，貴重な先行研究として注目される可能性がある．

以上3点が「報告書」の意義であるが，一方で下記2点が今後の課題となる．

1点目は警備業によるセレクティブ・サンクションの検証である．本稿の独自調査では調査対象者が2名にとどまったが，警備員が捕捉実績を増やすために，高齢者狙いのセレクティブ・サンクションが行われている可能性が高いこと，年齢以外にも被差別属性を考慮して捕捉している可能性があることは，万引きの認知件数を左右する要因として重要視すべきである．特にエビデンスに基づいた研究を今後も継続するのであれば，警備員の配置率と捕捉に際してのセレクティブ・サンクションを考慮しなければならない．

2点目は万引きの被疑者像の固定化に対する懸念である．万引きが高齢者犯罪となったことは統計的事実ではあるが，万引きの被疑者像が「高齢者」という属性に固定化されてしまう可能性があることに留意したい．

先行研究では「上流階級の御婦人は万引きをしない」という固定観念が共有されていたために対策に苦慮したこと，また，戦後の日本では「少年」という被疑者像を前提として，健全育成を企図した店舗内処遇が主流であったことから，被疑者像の固定化は万引き対策の柔軟性を損ね，万引き研究の多面性を見落とす恐れがあるといえる．

エビデンスに基づいた研究は重要であるが，統計上は少数と見做される被疑者についても，万引きを遂行するに至った要因究明と適切な対策を考えなければならないのである．

［注］
1）当時の背景について今野正規は，萌芽的な段階にあった精神医学の存在意義を確固たるものにするため，危険人物（窃盗犯）から社会を守るために精神医学が有用であることを証明する必要があっ

たと説明している（今野 2013: 124）. なお，2018年現在では治療法学の対象として窃盗症を扱うことも可能であると考えられるが，本稿では可能性を示唆するにとどめる.

2）エイベルソンによれば，「警備員」は「警備に専念する従業員（店員）」「探偵事務所から雇った警備員」「正規の警察官」の3種類があった（Abelson 1990＝1992: 176-177）. 現在の警備員に相当するのは「探偵事務所から雇った警備員」である. なお，当時のアメリカでは探偵業者と警備業者が不可分であり，警備員は探偵事務所に所属するケースが多かった（田中 2009）.

3）「商品に着手する」「商品を隠匿する」「未清算のまま持ち去る」という客の一連の動きを警備員が監視することであり，保安警備業務において万引きの成立要件とされている（田中 2012）.

4）「環境犯罪学」（Environmental criminology）の用語は1981年にブランティンガム（Brantingham）夫妻が提唱しているため，当時は「環境犯罪学的観点」とは言われなかったが，発想は通底している.

5）2018年現在のEASは「音響方式」「電波方式」「磁気方式」「自鳴方式」の4種類があるが，1966年当時に実用化されたのは「電波方式」（主に小売店で採用）と「磁気方式」（主に図書館で採用）であった（稲本 2011: 2-3）.

6）但し，生鮮食品のパックや袋に管理タグや磁気シールを装着するのは困難であり，スーパーマーケットではEASを使用せずに警備員の配置のみで対応する店舗も多い.

7）『朝日新聞』2017年4月19日全国版朝刊.

8）但し，鈴木・尾後貫は「百貨店が近代消費生活の中心に立っている重要な存在を否定するのではない」（1935: 96）と付記しており，百貨店を排斥する意図はない.

9）うち1件では，被疑者が月経中であり「興奮し易い」と説明されているが，当時の女性犯罪は月経要因説に基づいて語られることも多く，米田の「異常的万引」も同様である. なお，月経要因説の詳細については田中（2006）を参照されたい.

10）本稿では太平洋戦争が終戦した1945年8月以降を「戦後」とする. なお，あくまで仮説であるが，1937年7月の日中戦争開戦から太平洋戦争の終戦にかけて消費文化が停滞したことで，店舗要因説が終息した可能性が考えられる. 終戦後も，特に

戦争孤児等による万引きの多くは「貧困的万引」であり，1948年7月に制定された少年法の理念も相まって，貧しい孤児を保護する観点を含めて「少年犯罪」としての万引観へ移行したと推察される.

11）少年非行の分野で「遊び型非行」あるいは非行の「遊戯化」という表現が用いられたのは1970年頃からであった（家庭裁判所現代非行問題研究会編 1979: 175）. なお，「遊び型非行」は現在の「初発型非行」に相当する.

12）警察への通報を忌避する考えは2000年代にもみられる. 例えば，2003年に神奈川県川崎市の古書店で万引きした少年を警察へ引き渡す際に少年が逃走し，近隣の踏切に侵入して電車に轢かれ死亡した事件が挙げられる. 古書店に「少年を警察に突き出した」とする非難が集中し，結果的に同店舗は閉店に追い込まれた.

13）例えば，中村有希（1995），菱山慶（2000），万引き対策研究会（2003），井崎弘子＆仲間たち（2006, 2010）.

14）伊東（2016）も大久保らと協同した香川県の万引防止対策事業の成果を踏まえて，声掛けの重要性を主張している. なお，伊東は2010年以降も説諭や被害相当額の支払い等によって店舗内処遇にとどめる事例が多く，警察もホームレス等の捕捉に関しては全件通報を忌避する傾向があると述べているが，あくまでルポルタージュであり一般化には慎重を期すべきであろう.

15）暮らしぶりへの評価は低く，万引きの原因は自分にあると思いながらも，体力の衰えもあり，そうした状況から抜け出せずにいる. しかし，生活困窮との関連は見られず，本人の自分の暮らしに対する評価が万引き行動に繋がる可能性がある群のこと（辰野 2017: 14）.

16）暮らしぶりへの評価や規範意識は低くないが，万引きの原因が店や社会にもあると考える傾向にあり，責任を転嫁したり自己を正当化したりする意識が高い群のこと（辰野 2017: 14）.

17）万引きの動機については，65歳以上の被疑者群で「生活困窮」は7.1％しかなく，「生活困窮」と回答した人が高齢化に対する不安の得点が有意に高いという結果も得られなかった. そのため，辰野は疎外感や不安感からもたらされるストレスが万引きに繋がっている可能性があると述べ，高齢化に伴う不安の低減を図る方策が有効であると考察し

ている（辰野 2017: 59）．

［文献］

Abelson, E., 1990, *When ladies go a-thieving: Middle-Class Shoplifters in the Victorian Department Store, Oxford University Press*（＝1992, 椎名美智・吉田俊実訳『淑女が盗みにはしるとき―ヴィクトリア朝期アメリカのデパートと中流階級の万引き犯』国文社．）

Cameron,M.,1970, "The five finger discount," Smigel,E. and Ross,H.(eds.), *Crimes Against Bureaucracy,* Van Nostrand Reinhold Company: 97-118.

菱山慶, 2000,『万引問題解決法―片手で抱いて片手で殴れ』日本実務出版．

稲本義範, 2011,「万引防止に利用されるシステム・運用体制―社会総ぐるみで万引防止を継続する仕組みとは」『月刊自動認証』2011年2月号: 1-8.

井崎弘子＆仲間たち, 2006,『お客さん, お会計すんでませんよね？―万引きGメン事件簿』新風舎．

―――――, 2010,『お客さん, お会計すんでませんよね?(2)万引きGメン涙と笑顔のストーリー』パブリック・ブレイン．

伊東ゆう, 2016,『万引き老人』双葉社．

柏熊岬二, 1985,『非行の臨床社会学』垣内出版．

家庭裁判所現代非行問題研究会編, 1979,『日本の少年非行』大成出版社．

今野正規, 2013,「民事責任とミシェル・フーコーの仮説」『關西大學法學論集』63巻1号: 119-152.

小長井賀與, 2017,「万引きをする高齢者の社会的包摂とコミュニティ形成」（＝万引きに関する有識者研究会, 2017,『高齢者による万引きに関する報告書―高齢者の万引きの実態と要因を探る』東京都青少年治安対策本部総合対策部安全・安心まちづくり課: 136-152.）

万引きに関する有識者研究会, 2017,『高齢者による万引きに関する報告書―高齢者の万引きの実態と要因を探る』東京都青少年治安対策本部総合対策部安全・安心まちづくり課．

万引き対策研究会, 2003,『万引きする人, こんにちは』創土社．

中村有希, 1995,『万引き日誌―女性保安員の奮戦記』青弓社．

大久保智生・時岡晴美・岡田涼編, 2013,『万引き防止対策に関する調査と社会的実践―社会で取り組む万引き防止』ナカニシヤ出版．

大西輝一, 1933,『犯罪手口の研究』新光閣．

Shteir,R.2011, THE STEAL: A *Cultural History of Shoplifting,* The Penguin Press（＝2012, 黒川由美訳『万引の文化史』太田出版．）

鈴木賀一郎・尾後貫荘太郎, 1935,『少年少女犯編・女性犯編（防犯科学全集第7巻）』中央公論社．

鈴木隆雄, 2017,「高齢者の認知機能―老年学・老年医学的視点から」（＝万引きに関する有識者研究会, 2017,『高齢者による万引きに関する報告書―高齢者の万引きの実態と要因を探る』東京都青少年治安対策本部総合対策部安全・安心まちづくり課: 96-118.）

田中ひかる, 2006,『月経と犯罪―女性犯罪論の真偽を問う』批評社．

田中智仁, 2009,『警備業の社会学―「安全神話崩壊」の不安とリスクに対するコントロール』明石書店．

―――――, 2012,『警備業の分析視角―「安全・安心な社会」と社会学』明石書店．

辰野文理, 2017,「万引き被疑者群の分析」（＝万引きに関する有識者研究会, 2017,『高齢者による万引きに関する報告書―高齢者の万引きの実態と要因を探る』東京都青少年治安対策本部総合対策部安全・安心まちづくり課: 55-71.）

土井隆義, 2016,「リスク回避する若年層, 危険回避する高齢層―一般刑法犯検挙人員の動向が意味するもの」『犯罪社会学研究』41: 10-25.

徳岡秀雄, 1987,『社会病理の分析視角』東京大学出版会．

特定非営利活動法人全国万引犯罪防止機構, 2017,『万引対策強化国際会議2017報告書及び提言』特定非営利活動法人全国万引犯罪防止機構．

辻正二, 1987,「万引と公的ラベリング」『宮崎大学教育学部紀要・社会科学』61号: 59-75.

矢島正見, 2017,「研究に向けての基本的視座」（＝万引きに関する有識者研究会, 2017,『高齢者による万引きに関する報告書―高齢者の万引きの実態と要因を探る』東京都青少年治安対策本部総合対策部安全・安心まちづくり課: 82-86.）

山田昌弘, 2004,『希望格差社会―「負け組」の絶望感が日本を引き裂く』筑摩書房．

米田庄太郎, 1915,「女の万引の研究」（＝1921,『続現代社会問題の社会学的考察』弘文堂書房: 116-142.）

E-mail: tm-tanaka@sendai-u.ac.jp

Selective Sanctioning of Shoplifters:
An Exploration of the History and Culture of Shoplifting and the Security Guard Business as Crime Prevention

Tomohito Tanaka
(Sendai University)

In 2010, it became mandatory for retailers to report all incidents of shoplifting to the police. However, there are many theories about the most effective methods for managing shoplifting and processing in-store remains. This article surveys the history and culture of shoplifting and clarifies the significance and problems entailed in reporting these incidents by exploring the establishment and development of security guard duties. Throughout the 16th–19th centuries, shoplifting by women from the middle and upper classes frequently occurred in department stores in Europe and America. Security guards were installed to identify and catch suspects. Nevertheless, a general consciousness of gender and social class meant that security guards could only respond gently but firmly to such offenders. In Japan, shoplifting was considered a woman's crime during the early 20th century, and the department store was identified as the cause. Shoplifting then became a feature of juvenile delinquency after the 2nd World War, and stores began to manage the problem by employing security guards. However, conventional methods for managing shoplifting came under review when it became an elderly person's crime. This report is based upon a rare research case focusing on elderly people's shoplifting using store factor theory to understand the influence of dementia on shoplifting. Furthermore, we explored which indicators lead security guards to select an elderly person for observation and catch them. In addition, it is a problem to have possibilities to immobilize a suspect image to elderly persons.

Key words: **selective sanction, security guard business, lynch**

I　課題研究　超高齢社会における犯罪対策の基軸——高齢者による万引きを中心に

高齢犯罪者対策と法的対応のあり方

星　周一郎
首都大学東京

〈要旨〉

　未曾有の高齢社会化に伴い，高齢犯罪者に関わる犯罪現象が変化するとともに，その対応のあり方についても新たな検討が求められる．増加の著しい高齢者万引きに関しては，その多くが比較的軽微な事案であるため，刑事司法制度が予定する犯罪者処遇がほとんどなされない一方，その犯行動機，犯行原因に対応する形で，医療，福祉との間での有機的な連携の必要性がある．しかしながら，それ以上に当該行為の未然防止が重要である．そのためには，生体認証システム付防犯カメラシステムの利用や問題を抱えた高齢者の情報などの個人情報の取扱いについて，社会一般の理解を踏まえた上で，プライバシー保護とのバランスを図った枠組みの整備が求められる．他方で，近年になって社会の耳目を集めることの多い「介護疲れ殺人」については，裁判員裁判が開始されて以降，「懲役3年・執行猶予5年」という量刑が下されることが多くなっている．しかし，当該被告人の再犯可能性がほとんど認められない事案が多いことを考えると，執行猶予の期間量定の意義に関して理論的な再検討が求められると同時に，当該者の支援のあり方についても，従来の刑事司法の枠組みを超えた対応の必要がある．

　キーワード：**高齢者万引き，介護疲れ殺人，個人情報**

1　はじめに

　未曾有の高齢社会化に伴い，これまで日本社会が経験したことのない社会問題が様々な文脈で発生してきている．その1つが，高齢者に関わる犯罪問題であることも，ここで改めて述べるまでもない．

　もちろん，「高齢化に伴う犯罪問題」といっても，その内実は様々である．一方では，高齢者虐待という形で，高齢者が，時には傷害（致死）罪や遺棄（致死）罪にもあたりうるような虐待被害を受けてしまう事態をいかに防止するか，という問題もある．平成17年制定の高齢者虐待防止法に基づき，種々の対策が講じられているところである

が，高齢者虐待については徐々に深刻さが増しているのが現状である[1]．他方で，高齢犯罪者の増加が問題となっていることも周知のところである[2]．それは，たとえば，再犯者率の増加や，高齢受刑者の処遇のあり方という形でも顕在化している（この分野に関する先行研究として，たとえば，安田 2017）．

　だが，後者に関しては，検挙された後に起訴され，正式公判審理を受け，刑事施設に収容されるという，刑事司法の「本流」で処理されるわけでは必ずしもない高齢犯罪者の増加が，より身近で深刻な問題となってきている．その典型が，高齢者万引き事犯である．かつて，少年の犯罪という

イメージであった万引き等の店頭犯罪において，高齢者の検挙人員が少年のそれを上回っているのである（万引きに関する有識者研究会 2017: 5）．「可塑性」を前提とした少年犯罪に対する従来の法的な対応では，こういった高齢犯罪者については十全なものたりえない．

　このように，高齢犯罪者対策については，従来の法的な対応では不十分な点が多く生じてきていることは否定できないように思われる．そのような問題意識から，本稿では，高齢者万引きと高齢者による介護疲れ殺人とを例にとり，現在の問題の所在とその解消のための方向性について，簡単な検討を加えることにしたい．

2　高齢者万引きとその対応

(1)　高齢者万引きの類型

　犯罪に関連する統計では，高齢者は65歳以上であると一般にされている．したがって，本稿でも，高齢者万引きを65歳以上が行う万引きとする．

　この高齢者万引き増加の原因については，現状では，十分な分析がなされているわけではないようである．他方で，高齢者万引きと一括りにされがちな現象についても，その犯行動機や犯行原因等は一様ではないと思われる点で，とりわけその対応のあり方を検討する上では，文脈ごとの考察が必要となろう．そのため，必ずしも明確なエビデンスがあるわけではなく，実態に十分に対応したものともいえない経験的な推測の域を超えるものではないが，この問題への対応を考えるための便宜として，あえて高齢者万引きを3類型に分けて考えることにしたい．

　その第1は，①認知症型とでも称すべき類型である．これは，認知機能の低下等により，是非善悪弁識能力・行動制御能力に低下がみられ，万引き等の少額窃盗を常習的に行うという現象を指す

ものとする．周知のように，認知症にも様々な原因があるが，たとえば，前頭側頭型認知症（ピック病）など，万引きに代表される問題行為が契機となって罹患していることが判明するような類型もある．これは，換言すれば，心理的要因ないしは身体的要因に起因する類型であるということもできる．

　第2の類型は，②生活困窮型とでもいうべき類型である．ただし，いわゆる「生活苦」のみならず，当面の生活費に困っているわけではないが，将来不安などに基づく「節約」として万引きを行う，といった類型が散見されることが指摘されており，本稿では，それをも含むものとする．これは，いわば，経済的要因ないしは社会的要因に起因する類型であるとうことができる．

　そして，第3の類型は，③万引き自己目的型とでもいうべき類型である．これは，万引き行為に関して，ある種のスリルを感じるとか，このような逸脱行為を行うことで周囲から構ってもらうといった，一種の承認欲求のようなものを感じて，万引き等の，店頭での少額窃盗等を常習的に行う類型が考えられる．いわば，万引き自体を目的としている類型と位置づけられるものである[3]．

　もちろん，高齢者万引きは，「このいずれの類型に該当する」という単純なものではない．複合的な要因に基づくものも当然考えられる一方，万引き犯人自身が，なぜそのような行為をしたのか自分でも説明がつかない，といった場合もありうる．それゆえ，重要なのは，「高齢者万引き」には様々な要因がありうることを認識し，それぞれに効果的な対応策を多様に考えていくという視点に立脚することである．

(2)　認知症型万引きへの対応

　まず，①認知症型万引きから，法的観点からみた対応のあり方について考えることにしたい．

すでに述べたように，これは，認知機能の低下という，主として心理的要因ないしは身体的要因に基づく常習的窃盗と位置づけられるものである．こういった認知機能の低下に伴い，是非・善悪の弁識能力，あるいは行動制御能力が低下し，それが原因で万引き行為を行うというような場合には，刑事法的観点からすると，その程度により，刑法39条に定める心神喪失または心神耗弱にあたることになる．

それゆえ，こういった類型への法的対応としては，「責任非難」という観点からの対応ではなく，むしろ，治療など，「医療」の枠組みでの対応が必要となる類型といえる．それに関して，現在のわが国では，医療観察法（心神喪失等の状態で重大な他害行為を行った者の医療及び観察等に関する法律）による医療観察（強制的医療）制度が設けられている．しかしながら，その対象は，殺人，放火，強盗，性犯罪（強制わいせつ，強制性交等）および傷害等の「重大な他害行為」に限られている．そのため，万引き等に関わる窃盗に関しては，医療観察法のような枠組みは存在しない．

このような現状についての理論的説明としては，医療観察法が，対象行為を重大な他害行為に限定していることの法的根拠との相関に求めることができよう．強制的医療の法的根拠としては，国家に求められた社会の安全を守る責務に基づき，社会の安全に対して危険を及ぼす精神障害者に強制的医療を受けさせることができるとするⓐポリスパワー思想と，自己の医療的利益を選択する能力が欠如・減退している精神障害者に対し，国が親代わりになって，その利益を図るために強制的医療を受けさせることが正当化されるというⓑパレンスパトリエ思想（国親思想）とがあると，一般に整理される（大谷 2017: 80）．ところが，認知症型の万引き犯の場合，強制的医療を正当化するほどの「社会の安全の危険化」の存在を認めるこ

とは困難であるため，ⓐポリスパワー思想による正当化は考えられない．他方で，認知症の対象者に対して，医療がどこまで有用であるかという治療反応性[4] について疑念が存することは否めず，ⓑパレンスパトリエ思想によっても，医療観察的な対応は困難であることになる．

それゆえ，こういった類型の高齢万引き常習者への対応としては，一般の医療，さらには介護による対応によらざるをえないことになる．だが，その場合，現在の精神科医療そのものが抱える問題でもあるが，家族に対する負担の加重という課題が生ずる．もちろん，親族等の近親者の支援は，対象者の治癒という面も含めて，きわめて重要な意義を果たす余地もある．しかしながら，それに過度に依拠した状況では，結局は破綻してしまうことになる[5]．これは，実は，高齢犯罪者問題を考察する上での重要な考慮要素となっている．

(3) 生活困窮型万引きへの対応

では，主に経済的要因・社会的要因に起因すると考えられる②生活困窮型万引きについてはどうであろうか．この場合には，責任能力の問題は生じないため，行為責任として刑事処分的な要素を考慮する必要が生ずる．しかし，行為者を処罰しさえすればそれで問題が解決するわけではなく，生活支援的な観点を併せて考慮する必要が生ずる．

「困窮ゆえに犯罪を犯してしまう者への対応」として念頭に浮かぶのが，戦後混乱期に制定された現行少年法の枠組みによるそれであろう．それは，概していうならば，少年の逸脱行為に対しては，先に見たパレンス・パトリエ思想に基づいて，「処罰ではなく更生を重視する」というのが，基本的なスタンスであるといえる．

それを考えた場合，「生活困窮」という要因で万引き等を犯してしまう高齢者に関しても，「処罰」（刑事処分）ではなく「更生」を重視した対応を

する，という可能性も考えられる．だが，高齢者の場合，少年への対応との単純なアナロジーを考えることには一定の困難を伴う．未成熟な少年とは異なり，それまで一定の規範意識を有して社会生活を送ってきたはずの年配者が，高齢になってから急に逸脱行動を行うようになったのであれば，規範意識を持っていながらあえて万引き等を行っているという点で，少年の場合との決定的な相違が存すると思われるからである．さらに，高齢者の場合，精神面への働きかけによって更生を図ることが相対的に困難という面がある．

少年に関しては，周知のように，たとえば発達的犯罪予防論に基づく対応が，これまでもなされてきている．しかしながら，高齢犯罪者に対しては，そのような見解に基づく対応は，あまり考えられてこなかったといえよう．これは，更生を図るための働きかけの余地が，少年に比較して相対的に少ないという事情に起因するとも考えられる．

それゆえ，そういった高齢者への対応して，少年手続のそれと単純にパラレルに考えることはできない．すなわち，一方では，少年手続のような「保護主義による処分手続」ではなく，やはり何らかの形で「刑事司法での対応」の必要性は存することになる．また同時に，「高齢者だから何をやっても許される」といった甘えを認めない，といった規範的メッセージも必要となる．

だが，高齢者万引きの場合には，刑事司法で刑事手続において対応するといっても，現実には，警察段階での微罪処分，あるいは，検察段階での起訴猶予処分により，そのほとんどの事案が，刑事手続から離脱することになる．また，起訴されたとしても，略式手続で書面審理がなされるにすぎない場合がほとんどである．そのため，実際には，科されるとしても罰金刑で終わる事案が圧倒的多数であり，改善のための処遇を受けるための制度的な保障がないという限界が存することに留

意が必要である．

そうであるとするならば，より重要なのは，高齢者が万引きをしてしまう機会を減らすという状況的犯罪予防，すなわち，犯罪機会を減少させるべき対応であることになる．この点については，すぐ後に言及することにしたい．

⑷　万引き自己目的型万引きへの対応

最後に，③万引き自己目的型の万引きへの対応について，考えてみることにしたい．

こういった類型は，万引き行為に，「スリルの探求」や万引き行為自体を目的とする形での憂さ晴らしであるとか，孤独感の解消を求めるものであって，生き甲斐がない中，万引きをはじめとする「逸脱行為」を行ってしまうものと位置づけることができる．高齢者犯罪のうち，経済的困窮，生活困窮を原因とする犯罪の率は，強盗，恐喝および詐欺などに多く，窃盗や占有離脱物横領，盗品関与罪については，経済的困窮を動機とするものは少なく，むしろ「利欲」の割合が多いとする研究報告もある（警察庁・警察政策研究センター・太田 2013: 36; 太田 2008: 117）．広義のクレプトマニアの一種と位置づける余地もありうるが，現実には，そういった段階に至る前の状況にある事案が一定程度存在することが，先の研究報告などからは推測される．

万引きは，非常に成功率の高いギャンブルだとする評価もある．それによれば，万引きは，刺激性が非常に高く，成功体験を繰り返すことで，常習化しやすい面がある．そして，常習化すると，病的な習慣になっていく．それゆえ，そこにまでは至っていない段階での対応が必要となる．それと同時に，そのような病的習慣には至らない段階における個別事例としても，たとえば，「万引きは唯一の憂さ晴らしだ．だからやっている．ただその際に，安価な商品しか狙わないと，自分の中で

きっちり守っている」という意識である86歳の高齢女性のような例があることも報告されていることも留意を要する（新郷 2015: 28）．この高齢女性の「言い分」によるならば，自分なりに罪悪感を和らげるようにすると同時に，店にとっても，それぐらいなら相対的に困らないはずだ，という身勝手な判断をしており，さらには，大した金額でなければ見つかっても大丈夫なはず，とも思っている，ということになる．こういった事案は，責任能力の欠如につながっていくようなものではなく，また，経済的な支援等といった観点で対応が考えられるべきものでもない．だが，そういった状況にある高齢者万引き犯に対して，病的習慣にも至らず経済的支援の対象にもならない段階でどういう対応があり得るのかは，これまで明確には認識されてこなかった考慮要素になるとも考えられる．

　だが，どのような対応が具体的にありうるのかについての解答は，容易には得られない．万引き事犯者で心を開いてくれる高齢者というのは非常に少ない，とする指摘もある[6]．東京都が平成28年度に行った，高齢者による万引きに関する調査研究によると，高齢者の孤立感とか，生き甲斐のなさにつながっていくと思うが，高齢になって守るものがない中で，なぜ社会的なルールを守って窮屈に暮らしていかなければいけないのか，どうせ全てを失うのになぜ守らなくてはいけないのか，老いる意味が絶望ということにつながっている人については，加齢が犯罪を抑止する壁にはならない，などの問題のあることが指摘されている（万引きに関する有識者研究会 2017: 10, 91）．

(5) 高齢者万引きに対する刑事司法的対応の意義と限界

　便宜上3類型に分けた万引き犯罪について，それぞれの対応のあり方を整理すると，まず，①認知症型の万引き犯との関係では，持続的な医療・介護に対象者をいかにつなげるかが重要であることになる．また，②生活困窮型の万引き犯や，③万引き自己目的型万引き犯では，経済的な側面と精神的な側面とで，いかに福祉的な支援を行うことができるか，という要因が重要であることになる．

　改めて指摘するまでもなく，万引きは刑法上の窃盗罪であり，「10年以下の懲役又は50万円以下の罰金」で処罰される刑法犯である．だが，実際には，常習性が著しいか被害額が多額に及ぶのでなければ，とりわけ懲役刑の実刑が科されることはほとんどなく，刑事司法という枠組みで改善処遇がなされることがないのが実情である．そのように考えると，高齢者万引きにおいて，刑事司法的な対応が果たしうる機能は限られることになる．また，「可塑性」を前提とした少年と異なり，高齢者の場合にはそれを前提とした対処手続もなく，実体的にも可塑性の存在を前提とした価値判断がなされることは少ない．

　そうであれば，高齢者万引きに関しては，その発生を待った上での事後的対応ではなく，それをいかに未然に防止するのか，という事前の対応が重要となる．

3 高齢者万引き等の未然防止（再犯防止）のあり方——犯罪機会の減少

(1) 犯罪機会の減少

　高齢者万引きを未然に防止することは，当該者のみならず，家族をはじめとした周囲の者にとっても重要な関心事である．

　万引きの未然防止については，様々な手法がありうる．陳列の工夫のほか，店員やいわゆる保安員などが，切れ目のない巡回や対応することで，犯行の機会を摘み取ることが，直接的な方法であるといえよう．だが，人手不足が社会問題化する

など，小売店舗をめぐる近時の状況に鑑みるならば，十分な人を店頭に配置して，万引き機会を防止することは，相対的に困難になりつつある．

そこで，機器を用いた万引き防止対策を考える必要が生ずることになる．生体（顔）認証機能付きの防犯カメラは，その典型的なものである．もちろん，生体認証機能付きカメラの利用といっても，一部で誤解されるように来店者のすべてに関して認証をかけるわけではない．そのようなことをしても，まったく無意味である．実際には，店長などの店舗管理者，あるいは保安警備に関する責任者が，店舗等における他の業務を行っている際に，「要注意人物」として登録された者が来店等した場合にアラートを立ち上げ，店頭での警戒にあたる，といった利用方法が一般的に考えられる．

なお，高齢者に関しては，疑わしい行為を行った場合に「叱る」という対応をとると，逆効果となるということを研究報告もある（尾田 2014: 148）．さらに，東京都の行った調査研究でも，高齢万引き者は，防犯カメラの存在をあまり意識していないことが明らかとなっている．万引きの未然防止には，「匿名性の解消」，すなわち，自分が観察の対象となっていることを知らせることが必要であるが，それを人的な対応で行う必要がある．

その意味で，生体認証機能付きの防犯カメラシステムは，「人による防犯」の補助ツールとして位置づけられるものである．また，純然たる初犯者には効果のないシステムであるが，常習的に万引きを行う者については，ある段階以降の未然防止措置として，一定程度の有効性があると考えられる．また，防犯のみではなく，いわゆる「徘徊（ひとり歩き）」をしてしまう高齢者の早期発見といったことにも利用可能なシステムであり，高齢者保護にも資する面もある．

これは，先に見た高齢者万引きに関する３つの類型のすべてに対応可能な措置であると考えることもできよう．

(2) 問題を抱えた高齢者への対応プロセス

次に，高齢者の万引き行為に関しては，当該「逸脱行為」ないしは「逸脱行為の疑いのある者」への対応のあり方として，そういった者を発見した場合に，単に「犯罪者である」という対応に終始しないことが必要となる．①認知症型の万引き犯罪であれば，責任能力判断との兼ね合いを踏まえつつ，最終的に医療につなげていく必要が生ずるであろう．これに対して，②生活困窮型万引きや③万引き自己目的型では，責任能力の問題は生じないが，すでに述べたように，正式起訴されて実刑判決を下され，施設内処遇を受けるという刑事司法の「本流」での対処がなされる例はきわめて少ない．実効的な対応としては，経済的支援や，心理療法的カウンセリングなどにつなげていくことを視野に入れつつ，店舗側と警察・検察等の刑事司法・医療・福祉等の関係機関の間で，通報・連絡のための枠組みの構築や，「対応マニュアル」といったものの整備をしておき，それに基づく対応をすることが，共通理解とスムーズな対応を確保するために必要となると思われる．このように，医療，または福祉による対応が可能な事案に関しては，当該部門につなげるルートの整備がなされることにより，「再犯防止」へつなげることが可能になると思われる．

もちろん，これらの対応には，現実には多くの困難な課題が生ずることであろう．医療につなげようとしつつも，再び逸脱行為を行ってしまい，それを発見し，現場対応をして，というプロセスの繰り返しになってしまうこともありうるだろう．また，認知症やクレプトマニアを装うことによって，その場を切り抜けようとする高齢者などについては，医療的対応，福祉的対応の素養が十分と

はいえない店舗の現場では，対処が困難であることにもある．そういった場合に，一定程度の専門的な知見を有した警察官らによる，医療的対応や福祉的対応のためのコーディネート的な対応の可能性なども，現実には難しい要因も多くあるとは思われるが，考えていく必要もあるように思われる．

しかも，社会の高齢化がますます進展していくなか，限られた人的・物的リソースを有効に活用していくための方策を工夫していく必要がある．

(3) 個人情報と個人情報保護法制の基本構造

以上の対応を考える際に法的に重要な問題となるのが，店頭等での犯罪防止のための生体認証システムの備わった防犯カメラで利用される情報や，犯罪被害防止のための関係者・対象者の情報が，個人情報にあたるという点である．「生存する個人に関する情報であって，当該情報に含まれる氏名，生年月日その他の記述等により特定の個人を識別することができるもの」が個人情報である（個人情報保護法2条1項）．対象者の氏名等の情報はもちろん，防犯カメラの映像についても，性能の向上，画質の高精細化等により，個人識別が可能な個人情報に該当する場合が多くなっている．

これらの情報が個人情報に該当するのであれば，それを用いた防犯活動ができるのか，という疑問を抱く向きも存するかもしれない．だが，年金の支給漏れ問題などが典型的な象徴であるが，個人情報の正確かつ適正な利用は，一定の社会目的の達成には必要不可欠であり，また，それは個人情報の保有者（本人）の利益にもつながることは，改めて述べるまでもない．

個人情報保護法自体は，非常に抽象的な法律であるため共通理解を得ることが困難な面もあるが，その基本的構造をごく単純化していうならば，①個人情報を取り扱う際にはその利用目的をできる限り特定し（同法15条），②その目的達成に必要な範囲で取り扱うこと（同法16条），③個人情報の取得に際しては，適正に取得し，本人にその利用目的を通知等すること（同法17条・18条），④②の特則でもあるが，個人情報データベースを構成する個人データ化した場合の，本人の同意を得ない形での第三者提供についての制限（同法23条）を求める構成となっている．

そうであれば，①（高齢者）犯罪の防止の目的であると特定した上で，②その目的の達成に必要な範囲で，生体認証システム付の防犯カメラ映像や，犯罪被害防止にとって重点的な対応が必要な者の情報を扱う，ということは可能となる．また，③に関して，特に本人への利用通知等に関しては，「利用目的を本人に通知し，又は公表することにより本人又は第三者の生命，身体，財産その他の権利利益を害するおそれがある場合」，「利用目的を本人に通知し，又は公表することにより当該個人情報取扱事業者の権利又は正当な利益を害するおそれがある場合」，あるいは「取得の状況からみて利用目的が明らかであると認められる場合」には，必ずしも本人への利用目的の通知・公表をしなくてもよいという例外規定，④についても，たとえば，「法令に基づく場合」には，本人の同意を得ないでも個人データを提供できるとする例外規定や，共同利用の枠組みにより，個人データの提供者を第三者に該当しないものとするといった形で，必ずしも本人の同意を得なくても，第三者提供できる枠組みを措定することは，個人情報保護法上は可能である．

(4) 個人情報保護と情報共有

だが，現実には，公務員には法令上の守秘義務が課せられていることや，個人情報保護法への「遠慮」などから，関係機関での情報共有が円滑に進まない状況が生ずることが間々あるようであ

る.

ここで，情報の扱い方について検討をするために，児童虐待防止におけるそれを比較のために取り上げることにしたい．児童虐待の場合，虐待を加える親の処罰は一定の場合にはたしかに必要であるが，親を処罰するだけでは問題の真の解決にはならない．虐待者と被虐待者との親子関係は，依然として残るわけである．そのため，未然防止がとりわけ重要になるという点において，高齢者虐待や高齢者万引きの問題とも，ある種共通性が認められるとも評しうる.

その児童虐待に対する公的な介入の可能性としては，傷害罪であるとか，保護責任者遺棄罪を理由とした刑事司法的な対応も可能である．だが，それ以上に，そこまでの事態の進行を防止することが重要であるため，関係機関における連携と情報共有の仕組みが強調されている.

そういった要請に対応するために，児童虐待防止に係る情報共有の促進のための要保護児童対策地域協議会が設置され，日ごろから，対応のための認識の共有を図ることになっている．公務員の守秘義務や個人情報保護法との関連では，情報共有を促す仕組みとして，平成24年の厚労省の通達（平成24年11月30日・厚生労働省雇用均等・児童家庭局総務課長通達「児童虐待の防止等のための医療機関との連携強化に関する留意事項について」）において，現行法の枠組みを述べた上で，情報提供はできるということに，敢えて言及している．さらに，児童虐待防止法の13条の４も，一定の場合には，関係機関で情報提供をすることを求める趣旨の規定となっている．これは，決して「授権規定」ではなく，現行の個人情報保護法制の枠組みの中でも十分可能なことである.

もっとも，現在の情報保護法制は，「情報提供は，守秘義務や個人情報保護法上の，特に『第三者提供の制限』があるが，一定の場合には許される」

という，「原則禁止，例外として許容」というスタンスとなっている．それゆえに，積極的な情報提供を求める規定を設けなければ，現実には，個人情報に係ることなので「過剰反応」「萎縮効果」により，情報共有がうまくいかない状況が発生しがちな状況にあることが考えられる．たしかに，以上は児童虐待防止の文脈でなされているものである．そのため，生命・身体等の保護，あるいは性的虐待ということも含めた児童虐待の防止と，店頭の財産保護につながる万引き防止では，質的な相違はあり，それゆえに，要保護性に差があることは否定できない．そうであれば，児童虐待の文脈で設定される大がかりな制度が必要なのかという疑問も生じうる.

だが，実際に，高齢者万引きがどの程度の発生状況があるのか，という問題との相関ではあるが，高齢者による万引き等を筆頭とした犯罪防止について，即効性のある防止策が十分にないという状況に仮にあるとすれば，それを放置してしまうと，割れ窓理論そのものではないものの，規範意識が緩まった状況であるとか，高齢者なのだから少々の犯罪を行ってもいいという風潮が生じてしまいかねない．それは，安全な社会の維持と，警察等のこれまでの取り組みが功を奏して，犯罪の認知件数が減ってきている中で，今後，決して放置できない事態を生じさせる萌芽になりかねない.

(5) 個人情報の取扱いに関する整理の必要性とプライバシー保護

そういった意味において，万引き行為を繰り返す傾向のある人を，いかに迅速に把握し，的確な対応をとりうるかが重要となる．そのためには，一定範囲での情報共有も必要となる．同じ店で同じような時間帯に何度も繰り返されるといった典型的な常習的万引きであれば，店舗側もすぐに気づくことになるが，店を次々に変えたり，異なる

店員がいるときを狙って実行するような場合，それを把握することは困難となる．

たしかに，「万引き程度で犯人に関する『個人情報』を共有するのか」という批判的な価値判断もありうるところである．だが，個人情報保護法は，目的を明確に定めて，その目的に基づいた情報の使い方を担保することを求めているのであり，その際に，情報共有の仕組み，または第三者提供制限の例外といった形での対応の可能性は，法的には認められている．そのような使い方が，許容されないプライバシーへの影響を及ぼすものであるのかという問題も，最終的には，社会の価値判断の問題に帰着することになる．その意味では，一定程度の以上の世論の理解を得ることも重要であることになる．それらを踏まえつつ，何らかの要因に基づき万引きを常習的に繰り返す高齢者等の問題性について，客観的な状況についての正確な理解を踏まえた世間の評価の内実を見極めながら，その対応の許容限界を探究していく必要がある．

その点に関しては，繰り返しになるが，高齢者犯罪の多発化傾向への対応として，犯罪の発生を待った上で，それに事後的な対応をすることを考えたとしても，高齢者に対する働きかけには，対応が難しいという問題は残ることに留意を要する．そうだとすると，効果測定の難しい事後的対応に，多くのリソースが無益に費やされることにもなりかねない．

高齢社会化がしばらく続く中で，地域の安全確保という観点から，あるいは安全な，安心な社会の実現という文脈で考察する場合に，数の多さ，犯行の容易性，規範的障害の相対的な低さという観点から見ても，高齢者万引きをはじめとする高齢者犯罪は，決して等閑視できる問題ではない．

そうだとすると，それについての社会一般の理解を得た上で，店舗側あるいは警察，法務省あるいは医療，福祉といったようなところにおいて，一定の協議会のような仕組みを設けることも考えられる．そして，その中で必要な対応についての認識の共有や，対処が必要な事案・事象に対しての情報共有ができる仕組みを促すガイドラインのようなものを作成していくというのも1つの案として考えられるであろう（地域レベルでの福祉・医療・法律など様々な職種の専門家が保護観察官や保護司とチームを編成して個別処遇にあたるという「高齢者サポートチーム」の創設を提案するものとして，太田 2008: 126．また吉中 2009: 63）．

4　事後的対応の意義と限界

⑴　刑罰の意義と目的

すでに述べたように，高齢者であっても，刑事法令に違反する犯罪行為を行った以上，責任能力が問いうる限りで，理論的にはすべて刑事処罰の対象となることになる．

刑罰の意義に関して，刑法学では，伝統的に，応報刑論と目的刑論という2つの見解が主張されてきた．応報刑論は，刑罰を犯罪に対する公的応報ととらえる考え方で，いわば正義の視点から刑罰を科すという理論だということができる．これに対して，目的刑論は，さらに，社会の一般人が犯罪に陥ることを防止するという一般予防論と，刑罰により犯罪者自身が再び犯罪に陥ることを防ぐという特別予防論とに分けられ，後者には改善刑・教育刑が属するとされる．現在では，もっぱら応報のみを刑罰の目的と考える絶対的応報刑論が主張されることはなく，犯罪予防目的を考慮しつつも，犯罪と均衡を失しない範囲（応報）で量刑をしなければならない，とする見解を軸にした刑罰論が有力に展開されている（前田 2015: 6，13）．

(2) 「介護疲れ殺人」の量刑

この点を考えるにあたって興味深い問題提起となりうるのが，いわゆる「介護疲れ殺人」に対する刑事法的対応，とりわけ量刑のあり方である（介護疲れ殺人の全体的状況，予防のあり方に関する包括的研究として，加藤（湯原）2005，湯原 2017）．

警察の犯罪統計によれば，介護疲れが主たる動機となった殺人事件は，殺人罪の認知件数全体の５％程度を占めるに至っている[7]．そして，現代人文社／ＴＫＣが提供している「刑事事件量刑データベース」には，1999 年10月以降2015年1月までで，「介護疲れ」が主たる動機となっている殺人および同意殺人事件が32件掲載されている．そのうち，2009年５月の裁判員裁判開始前の事案15件をみると，実刑を宣告された事案が８件，執行猶予に付された事案が７件となっている．これに対して，裁判員裁判の対象となった17件については，実刑を宣告されたのが６件，執行猶予に付された事案が11件となっている．母数が少ない上，事件ごとの個性もあるため，単純な比較ができないことはもちろんであるが，全体として，裁判員裁判導入後，介護疲れ殺人については量刑の寛刑化の傾向がみられると評価することは可能である（稗田 2018: 87）．

ところで，裁判員裁判において執行猶予に付された11件の事案は，すべて判で押したように，「懲役３年・執行猶予５年」という，「執行猶予付きの量刑に関して可能なもっとも重い量刑」となっている（刑法25条）．これは，特に殺人罪に関しては，現在の法定刑の短期（下限）が懲役５年であり（同法199条），心神耗弱（同法39条２項）や酌量減軽（同法66条）などの何らかの減軽事由に基づき，最短で２年６月までの減軽をした上でなければ執行猶予を付しえないことを考えれば，取り立てて違和感のある結論ではないとい

う見方もできる．

(3) 執行猶予の意義と介護疲れ殺人犯の「処遇」

だが，執行猶予の刑事政策的な意義は，実刑による弊害を回避するとともに，一定の条件に違反した場合には刑が施行されるという心理強制によって，犯人の自覚に基づく改善更生を図ることにあり，犯罪者の自力更生の促進を合理的に追求する特別予防を図る趣旨にある（大谷 2009: 192）．だが，実務的には，執行猶予期間は，特別予防の観点に基づくが，それだけでなく主刑（懲役刑）とのバランスも考えて算定する，という見解によっているとされ，殺人の事案で懲役３年執行猶予５年というのは，量刑としてぎりぎり実刑との境目の事件だという示すメッセージ性を帯びているとの評価がなされている（川出ほか 2015: 18など）．

たしかに，行為責任が，量刑の基本部分のうちのかなりの程度を占めることを考えると，このような考え方は説得的なものである．しかしながら，執行猶予期間の算定に際して，特別予防の観点が考えられていないわけではない．それを前提にすると，たとえば，いわゆる老老介護を背景とした事案で，それまで前科もなく，真剣に介護に取り組んでいたがゆえに，心身ともに追い込まれ，介護対象者の殺人に至ってしまったという70歳代・80歳代の高齢者に関して，再犯の恐れはまず考えられない，という場合がほとんどであろう．そうであれば，介護疲れ殺人に関して５年の執行猶予期間とする判断は，「ぎりぎり実刑との境目の事件である」ということを世間一般に示すものではありえても，介護疲れ殺人の被告人に対する特別予防論の観点からは，必ずしも適切なものではないとする評価は避けられないようにも思われる（執行猶予の意義に関して，樋口 2015）．

他方で，介護疲れ殺人に関して執行猶予に付さ

れた被告人について，その後のケアが十分に行き届かず，結局，被告人自身も自殺してしまう，といった例も生じている（毎日新聞大阪社会部取材班 2016: 94）．わが国では，単純執行猶予の場合には，その後の公的な監督等は一切なされない仕組みになっている．また，執行猶予に関しては保護観察に付することが可能であるが（刑法25条の２），保護観察は，犯罪者等を施設に収容せず，社会生活を営ませながら指導監督するとともに，必要な補導援護をして，対象者の改善更生を図るものである（大谷 2009: 288）．それゆえ，再犯の可能性もなく，自らの行為に対して，深い後悔の念にさいなまれている者に対する支援は，現在の刑事司法の枠組みでは考えられていない．

結局のところ，介護疲れ殺人に関しては，行為責任に対する，より国民一般の常識にかなった価値判断を反映することになった結果，寛刑化により執行猶予付判決が下されやすくなっている，ということはできる．ただその反面，その効果という面を考えると，とりわけ執行猶予の位置づけや執行猶予中の処遇のあり方について，少なくとも高齢犯罪者を念頭においた検討がなされてきたとはいえない．そのため，結果として，刑事司法の枠内において，十分な対応がなされていない現状にあるように思われる．

5　むすびに代えて──高齢者犯罪対策への法的対応のあり方の一断面

本稿では高齢者と犯罪とに関する諸問題のうち，高齢者万引きという身近な犯罪現象と，介護疲れ殺人という未曾有の高齢化社会の抱える構造的問題の象徴ともいいうる現象とを取り上げ，その法的対応のあり方について，簡単な検討を加えた．

そこで明らかとなったのは，上記を含めた高齢者の犯罪問題に，従前の法的制度，とりわけ刑事司法が十分に対応できていない面があるという実

態である．もちろん，すべての事象について対応できていないわけではなく，また，高齢者の被害防止という面では，高齢者虐待などの文脈では，立法による新たな対応がすでになされてはいる．

だが，比較的軽微な高齢者万引きについては，微罪処分や起訴猶予処分での対応がなされることがほとんどで，いわゆる刑罰による感銘力や処遇による改善が図られる機会は，現在の刑事司法の枠組みでは提供されないことになる．なるほど，微罪処分や起訴猶予処分においては，対象者は有罪認定がなされているわけではないので，制裁的な要素を伴うような積極的な措置を講ずることは許容されないという考え方もありうる．だが，たとえば，被害店舗に対する損害賠償は，有罪認定がなされなくても認めうるものである．たしかに，我が国ではいわゆる懲罰的損害賠償は認められておらず，損害賠償は損害填補でしかないのであるが，これが一種の制裁的機能を現実に果たしていることは否定しがたい．また，文脈を異にするが，独占禁止法違反や金融商品取引法違反などの一定の経済事犯に認められている課徴金制度なども，必ずしも刑事裁判における有罪認定を前提としない制裁であるが，現実にはかなり実効性の高い制裁として機能している．もちろん，高齢者万引きなどに対して，具体的にどのような対応がありうるかは容易には解決しえない問題であるが，こういった有罪を前提としない何らかの制裁的措置や処遇的措置，たとえば，諸外国における「社会奉仕命令」（川出・金 2018: 287 など）に相当するような行政的措置であるとか，教育プログラムへの参加を命ずるといった制度を検討する余地はありうると思われる[8]．

また，介護疲れ殺人など，犯罪傾向がほとんどないにもかかわらず重大な犯罪を犯した者に対する処遇のあり方についても，従来の更生保護における社会復帰は，職業訓練などに象徴されるよう

に，対象者のほとんどが「生産年齢人口」にあたる者であることが無意識の前提であったように思われる．しかしながら，70歳代，80歳代で，場合によっては自らも要介護認定を受けているような介護疲れ殺人の加害者には，そのような更生保護はそれほど意味をなさないことになる．また，現在，法務省と厚生労働省の連携の下に行われている「地域生活定着促進事業」における福祉的支援は，矯正施設退所者を対象とするものであって，刑の執行猶予を受けた者は対象とされていない．そういった執行猶予者に対する心理的ケアなどは，まさに医療や福祉の領域で対処すべき事項であるが，それを制度的に保障する仕組みが存在していないのである．

　本稿で展開してきた議論は，結局において，散漫な問題指摘の域を超えるものではないが，今後のさらなる検討を約して，いったん擱筆することとしたい．

[注]
1）高齢者虐待防止法に基づく高齢者虐待調査では，養介護施設従事者等による虐待判断件数は，平成18年度の54件から平成28年度は452件に，また養護者によるそれは，平成18年度の12,569件から平成28年度は16,384件へと，それぞれ増加の一途をたどっている．

2）『犯罪白書』各年版等において縷々指摘されているところである．

3）なお，以上の3類型のなかに，クレプトマニア（窃盗症）をどのように位置づけるかは，難しい問題である．クレプトマニアは，アメリカ精神医学会による『精神障害の診断と統計マニュアル（DSM）』の最新版である『DSM-5』（2013年）でも，精神障害の一類型とされている．ただし，窃盗癖を有する者が，すべてクレプトマニアと診断されるわけでもないようである．それゆえ，第1類型に位置づけることができるものもあれば，第3類型に位置づけることができるものもあると考えられるであろう．

4）なお，最決平成19年7月25日（刑集61巻5号563

頁）参照．

5）なお，最判平成28年3月1日（民集70巻3号681頁）が，責任無能力者（認知症高齢者）に対する家族の監督責任のあり方について興味深い判断を示した．従来，親族関係，親子関係などの存否を基準として，上記の監督責任の有無を形式的に判断することにより，監督責任の生ずる範囲が明確化されてきた．だが，上記判例は，監督することが現実的に可能な状況にあったか否か，という実質的な状況に基づく判断が必要であるとする判断を示した．一見すると妥当な判断であるようにも思われるが，これによるならば，真面目に監督をしている人にのみ重い監督責任が負われるといったパラドキシカルな帰結を生じさせかねない，という問題もある．

　だが，最高裁は，過重な負担が家族にのしかかっているという現実を前に，その実質的な負担軽減を意図したものとも考えられる．介護等に責任を持つ主体を，家族以外にも求めうる仕組みを整備しなければ，今後，介護の仕組みが破綻することになりかねない．

6）高齢者万引きの問題に取り組まれている松井創弁護士による指摘である．

7）たとえば，平成28年における殺人の認知件数は810件であるが，そのうち「介護疲れ」が主たる要因であると認知されたものが43件であり，5.3％となっている．この傾向は，毎年ほとんど変わっていない．

8）なお，道路交通法では，自転車での一定類型の危険行為を繰り返す者に対して講習の受講を命ずる自転車運転者講習制度が設けられている（道路交通法108条の3の4以下）．

[文献]
太田達也，2008,「高齢犯罪者の実態と対策—処遇と予防の観点から」『ジュリスト』1359.
大谷實，2009,『新版刑事政策講義』弘文堂．
———，2017,『新版精神保健福祉法講義〔第3版〕』成文堂．
尾田清貴，2014,「高齢者による万引きの防止に向けた一考察」『日本法学』80(2).
加藤（湯原）悦子，2005,『介護殺人—司法福祉の視点から』クレス出版．
川出敏裕ほか，2015,「〔座談会〕執行猶予の現状と課

題」論究ジュリスト14.

川出敏裕・金光旭, 2018,『刑事政策〔第2版〕』成文堂.

警察庁・警察政策研究センター・太田達也, 2013,『高齢犯罪者の特性と犯罪要因に関する調査』.

新郷由紀, 2015,『老人たちの裏社会』宝島社.

稗田雅洋, 2018,「裁判員裁判と量刑」松澤伸ほか『裁判員裁判と刑法』成文堂.

樋口亮介, 2015,「日本における執行猶予の選択基準—系譜・比較法的知見を踏まえて」論究ジュリスト14.

毎日新聞大阪社会部取材班, 2016,『介護殺人』新潮社.

前田雅英, 2015,『刑法総論講義〔第6版〕』東京大学出版会.

万引きに関する有識者研究会, 2017,『高齢者による万引きに関する報告書——高齢者の万引きの実態と要因を探る——』.

安田恵美, 2017,『高齢犯罪者の権利保障と社会復帰』法律文化社.

湯原悦子, 2017,『介護殺人の予防——介護者支援の視点から』クレス出版.

吉中信人, 2009,「高齢社会に求められる刑事政策」『ジュリスト』1389.

［付記］
　本稿は, 科学研究費助成事業（基盤研究(c)）「技術の高度化等に伴う街頭防犯カメラの新たな利用と法的規制のあり方の検討」（研究課題番号：26380095）による研究成果の一部である.

Measures to Prevent Crimes Committed by the Elderly and Legal Action

Shuichiro Hoshi

(Tokyo Metropolitan Univ.)

Due to an unprecedented aging society, a new category of elderly criminals has emerged, and new research is required to investigate the causes and identify prevention strategies. There is a marked increase in elderly shoplifting, and a need for organic linking with wider medic al and welfare services to identify the motives and causes. Meanwhile, offenders that are pr ocessed by the criminal justice system are rarely offered treatment because most cases are re latively minor. However, the prevention of elderly shoplifting is more important. The prepara tion of a well-balanced framework that protects the privacy of personal data is required, for example the use of CCTV systems with biometric authentication and information about the t roubled elderly, based on public understanding. On the other hand, "murders due to caregive r fatigue" have been attracting people's attention recently, with the number of cases sentence d to "three years imprisonment suspended for five years" increasing. However, based on the assumption that recidivism among those accused is low, the determination of the suspension period needs rethinking, and services beyond the existing framework of the criminal justice system are needed to provide support to the accused.

Key words: elderly shoplifting, murders due to caregiver fatigue, personal data

II 自由論文

物語装置としての更生保護施設
──困難を契機とした＜変容の物語＞の再構成── 　　　　　　　　　仲野由佳理

近隣の秩序違反，住民の凝集性および近隣防犯活動が住民の被害リスク認知および犯罪不安に与える影響
──マルチレベル分析による文脈効果の検討── 　　　　　　　　島田貴仁・大山智也

出所後の成人の性的再犯に影響する要因の検討
──公的記録を用いた生存分析からの考察──
　　　　　　　　　　　　　　　　　　　　　　　　　　　　　齊藤知範・山根由子

II 自由論文

物語装置としての更生保護施設
——困難を契機とした＜変容の物語＞の再構成——

仲野由佳理
日本大学非常勤講師

〈要旨〉

　本稿は、＜変容の物語＞の「揺らぎ」をめぐる少年と職員の営みから，更生保護施設の意義をナラティヴという形式から明らかにするのを目的とする．2014年11月から2016年4月まで，X更生保護施設に入所する少年8名への継続的なインタビュー調査を実施した．少年の語りから(1)＜変容の物語＞は，矯正教育で高まった意欲が頓挫することで改訂に向かい，(2)その揺らぎに対して，施設職員が少年自身の持つ力やスキルに着目した「認証的聴衆」として働きかけを行っていた．また(3)問題を外在化することで，少年が問題を社会的文脈との関連で解釈可能になり，(4)社会生活を通した「格下げ」の経験が，語り手の葛藤や苦悩と共に，「再格付けの儀式」を経て文脈に位置付けられることがわかった．

　少年の場合，困難や苦しみを伴ったまま，「以前よりは"まし"」と思える環境での更生／立ち直りを目指すのがほとんどである．社会生活の中で生じる「格下げの儀式」に対して，何度でも「再格付けの儀式」が作動するような物語的コミュニティが必要であり，更生保護施設は、その改訂を支える物語装置として役割を果たすことができる．

キーワード：**変容の物語，ナラティヴ，更生保護施設**

1　問題設定

　近年，非行少年や犯罪者に関する研究では，非行・犯罪と語り（narrative）の関連が「自己の変容」という点から注目されている．例えば，矯正施設での物語化をめぐる営みに着目したもの（田中 2008; 仲野2012; 稲葉2012）や，立ち直りの過程での自己物語（セルフ・ナラティヴ）の役割に着目したもの（Maruna 2001=2013; Veysey 2009; Veysey & Christian 2009; Maruna & Lebel 2009）などがある．これらの研究は，20世紀後半の物語論的転回（narrative turn）によるアイデンティティの概念的転換（物語的アイデ

ンティティ）を前提に，自己の変容を「更生／立ち直りへ向かう自己の変容をめぐる物語」（以下，＜変容の物語＞)[1]によって捉えようとする．

　このようなナラティヴに着目した研究は，北欧諸国を中心に"Narrative Criminology（ナラティヴ犯罪学)"として領域化されつつある（Sandberg & Ugelvik 2016)．北欧諸国は，共生社会を目指して福祉的理念に基づく寛容政策を基本とする．そこでは「個人が行なった害悪を社会の問題として捉え」（岡部2013)，人々を犯罪・非行に関与させるに至った社会的問題に対して解消・緩和が目指される．ナラティヴ犯罪学は，物語とい

う形式を用いて，当該社会における支配的な規範や価値と犯罪の関係を明らかにし，それらの問題が更生／立ち直りに取り組む人々に及ぼす影響を問題化するものとして期待できる．

日本における上記＜変容の物語＞をめぐる研究も，その対象は施設内処遇から社会内処遇へと変化しつつある．それにともない，施設内処遇で構成した＜変容の物語＞の行く末に高い関心が寄せられているといえよう．特に，出院という環境の変化は，矯正教育を通して構成した＜変容の物語＞の維持を困難にする可能性がある（例えば，才門2015:18）．更生／立ち直りの足場を提供する＜変容の物語＞の揺らぎは，社会内処遇においてどのように扱われているのだろうか．

本稿の目的は，入所生活で生じる＜変容の物語＞の「揺らぎ」をめぐる少年と職員の営みから，更生保護施設の意義をナラティヴという形式を通して明らかにすることである．

2　矯正・保護領域におけるナラティヴへの着目

⑴　非行・犯罪者処遇をめぐる物語論的転回

20世紀後半の物語論的転回（narrative turn）以降，諸現象が物語を鍵概念として捉え直されている．これにより人々を文脈に依存的な行為主体，あるいは「語る主体」として理解できる．アイデンティティを「＜私＞は＜われわれ＞の地平との緊張関係においてのみ，語る主体としての自己を形成できる」（野家1993: 43）という捉え方，つまり自己をめぐる対話の中で「『自己』が姿を現し，変形され，更新されていく」（野口2002: 48）ものとして捉えるようになったのである．自己は対話的な「共同体的実践」（野家1993: 153）であり，社会的文脈からアイデンティティを捉え直すものを「物語的アイデンティティ」と呼ぶ（Anderson & Goolishian 1992: 65）．

物語的アイデンティティへの転換は，「語りを通じた意味構成」（高橋・吉川2001）である「ナラティヴ」という形式へと発展する．ナラティヴは，語る行為（語り）と語られたもの（物語）の両方を意味するものとして用いられる．しばしば「ストーリー」と混同されるが，ナラティヴが「意味構成」という動的・流動的なものであるのに対し，ストーリーは始点から終点へ向けて完結した筋書きを持つ静的・固定的なものである．ナラティヴは，その機能に着目すれば，自助グループにおける語り直しの意義など，共同体的実践として語る行為が持つ役割の検討を可能にする．一方，その構造に着目すれば，育児参加に関する言説に内在的なジェンダーの影響など，物語に埋め込まれた当該社会における規範，価値を明らかにする．これらの研究・実践・教育群は「ナラティヴ・アプローチ」（野口2005: 8）と総称される．

では，この物語論的転回は犯罪・非行領域にどのような影響をもたらしたのだろうか．国際的には，PresserやSandbergらの牽引によるナラティヴ犯罪学への展開が注目に値する．それは，犯罪・非行をめぐる語りに基づく研究群（ライフヒストリー研究，漂流理論における「中和の技術」，等）を中心に，立ち直りと自己物語（セルフ・ナラティヴ）の関係に着目した離脱研究（Maruna 2001=2013: 221），当該社会における支配的な価値や規範との結びつきに着目した構造分析（Presser & Sandberg 2015）を，その潮流に位置づける．犯罪や非行という現象を「当事者」を通して記述し，その主観に影響を与える社会的問題との関連，つまり犯罪者・非行少年と文化的・社会的構造がもたらす"harm"（害）との関係の再考に向けた試行錯誤が行なわれている．

日本では，主に非行臨床実践や矯正教育研究の中に物語論的転回の影響をみることができる．1990年代後半以降，更生／立ち直りに連続する

「自己の変容」が，物語的アイデンティティを前提とした「語りの変容」との関連で解釈されるようになったからだ．例えば，家庭裁判所の面接場面におけるナラティヴ・セラピーの「外在化」（White & Epston1992）の有用性（村松 1998）[2]，「語り直し」「ストーリーの変容」を矯正教育の特徴と主張するもの（三原 2006）などである．さらに，矯正施設という場が「語り直し」に与える影響への関心を喚起し，他の領域とは異なる「『望ましい変容』に向けて，非行性への処置や社会復帰との関連において書き換え／更新が試みられる」（仲野 2012: 111）という側面に着目するものへと展開した．この「語り直し」は，ナラティヴ・セラピーとその理念を共有するが，「出院後に社会への再統合を目指すにあたり，過去の経験を整理して更生に連続する自らの変容を他者に説明するための物語を得ること，そして物語を再構成する方法（＝技法）を身につける」（仲野 2016: 28）こと，つまり矯正教育による＜変容の物語＞の構成を目指した教育的実践として位置づけられた．

　その後，2000年代にはいると，非行・犯罪からの立ち直りにおける自己物語の役割という点からナラティヴに着目した研究群が登場する（Maruna 2001=2013; Veysey 2009; Veysey & Christian 2009; Maruna & Lebel 2009）．長所基盤モデルへとつながるこれら研究群は，復帰する社会内でどのような役割を得るか，いかにして「役割を得た」という物語的アイデンティティを獲得するかを強調する．それらはNPO法人「セカンド・チャンス！」へと実践化されたことでも有名である．

　一連のナラティヴをめぐる矯正教育研究から立ち直り研究への展開は，連続しているようだが必ずしもそうではない．前者は＜変容の物語＞を施設内処遇下においてのみ考察しており，「それ以後」の役割や機能の検討が不十分である．一方，後者の関心は，少年院経験によるスティグマが立ち直りに与える影響にあり，施設内処遇との関係や連続性を扱うものではない．更生／立ち直りを施設から社会への連続した営みとして捉えられるならば，少年と職員のナラティヴをめぐる関係や語られた物語が，社会への再統合との関連においてどのような意味・意義を持つのかについて，施設と社会を架橋する視点が必要である．

⑵ 「通過の施設」としての更生保護施設

　本稿が着目するのは，社会へのソフトランディングという点での役割を期待されている更生保護施設である．更生保護施設は全国に103施設（男子89施設，女子7施設，男女施設7：2017年1月現在）あり，少年だけの施設は男子の3施設で，その他は成人との混合施設である．「更生保護施設入所に至る者は少年院仮退院者のうち約1割」（仲野 2017: 37）で，特に本調査が対象とする女子少年が入所できる施設は少ない．入所者に対する支援は，職場や家庭などへの定着を目指して行われる．更生保護法一部改正（1994年），更生保護事業法制定（1995年）による施設設備や法整備などのハード面の充実強化に続き，「更生保護施設の処遇機能充実化のための基本計画——21世紀の新しい更生保護施設を目指すトータルプラン」（2000年1月）策定，「更生保護施設の処遇機能充実化のための基本計画の推進要綱—更生保護施設ステップアップ・プロジェクト」の推進など，社会へのソフトランディングに向けて様々な支援の検討が行われている．

　更生保護施設は「『社会への架橋』であると同時に，職員との密な関係を軸とした『育ちの場』となることが期待されている」（西岡 2005）．特に，入所者は，様々な理由で家族への帰住が難しいので，より一層の手厚い支援が必要である．こ

の更生保護施設は，対象（少年／成人／混合）や運営方法（法人／民間），職員構成（矯正OB，福祉職，他）によって多様である．例えば，矯正OBが多い更生保護施設では，矯正教育との連続性を意識した指導・支援が可能である（仲野 2017: 45）．基本的な理念は同じくするが，施設ごとに固有の文脈に応じた実践が行われていると考えられる．

　施設ごとに特性はあるものの，少年に特有の課題として共通するのが，保護者との関係調整，学歴に起因する就労をめぐる問題であろう（例えば，都島 2017）．特に，女子少年の場合は異性・夫婦関係や（自分の）子の養育をめぐる問題など，犯罪・非行に留まらない課題がある．例えば，調査を実施したX更生保護施設は，「家族がいなかったり，事情があって頼るべき人がいない女性，少年院や刑事施設（筆者注: 刑務所）を出た人で，帰る場のない女性」（X更生保護施設パンフレット）が入所し，社会復帰に伴う諸手続きの援助（住所・保険・年金・銀行口座の整理など），就労支援，生活能力・技術の習得，家族関係調整，自立時の初動備品の給付・支援，交友関係や被害弁済に対する指導を行う．しかし，10代の少年がこれらの知識やスキルを短期間で身につけるのは容易ではない．中には薬物依存の後遺症など医療機関の援助を必要とする少年もおり，「自立」という課題そのものが高難度であることも少なくない．

　以上のように，少年院から更生保護施設への移行は，少年司法の制度下において様々な支援が緩やかに継続されるが，少年にとって大きな環境の変化であることは間違いない．とりわけ，更生保護施設に帰住する少年が抱える困難は深刻かつ複雑である．この時，更生の足場となるべく構成された＜変容の物語＞は，社会復帰の過程でどのような変化を遂げるだろうか．通過の施設である更生保護施設という環境は，その変化（改訂）に対してどのような役割を果たしているだろうか．以下では，＜変容の物語＞の改訂に着目し，少年が語る施設職員との関係やエピソードから，ナラティヴに対する働きかけを検討したい．

3　調査の概要

　本調査は，「少年の社会復帰に関する研究会」（代表: 駒澤大学伊藤茂樹）の一環として実施した．2014年11月から2016年4月まで，X更生保護施設にて入所中の16歳から19歳の女子少年（2号観察対象者）8名への継続的なインタビュー調査を実施した（表1）．少年には，初回のインタビュー前に調査の趣旨を説明して同意書を交わした．インタビューはX更生保護施設の個室を借りて，少年1名に対して調査者1〜2名が担当し，入所から退所までの間，1〜2か月に一回ほどのペースで行った．内容はICレコーダーに録音し，文字起こしをして分析に使用した．質問項目は，施設での生活や就労について問う項目をベースとし，初回のインタビューでは少年院の生活の様子，矯正教育で役に立ったと感じたもの・あまり役に立たなかったと感じたもの，印象的なエピソードを，退所直前のインタビューでは，退所後の生活へ向けた意欲・不安について問う項目を加えた．半構造化インタビュー法を採用したが，状況に応じて柔軟に対応した．継続的インタビューを行うことで入所期間中の変化・変容を時系列で捉えることができ，直前のインタビューでの話題が，その後どのようになったか／どのように感じるようになったかなど，同一テーマに対する解釈の変化・変容を捉えることができた．

　なお，インタビューにおける調査協力者と調査者の物語生成上の課題について言及しておきたい．支援への影響や倫理的観点から，事前に示した質問項目以外は本人が自主的に話題にした場合を除き，介入的に聞き出さないことを施設側と取り決

表1　調査協力者の概要

対象者	インタビュー回数	退所に至る経緯
A	4回（退所後に1回）	保護観察期間満了にて退所。
B	2回	2回目のインタビュー以降、無断外泊。そのまま期間満了。
C	2回	2回目は中断。期間満了にて退所。
D	2回	2回目のインタビュー以降、無断外泊。そのまま期間満了。
E	2回	1回目のインタビュー以降、無断外泊。帰寮後2回目のインタビュー。
F	1回	1回目のインタビュー以降、無断外泊。期間満了にて退所。
G	4回	保護者の元への帰住が決定して退所。
H	1回	職を得て退所。

めた．実際には，インタビューが始まると，現在の生活や趣味のゲーム，保護者や子どものエピソードなどの様々な内容が少年から語られ，調査者の生活や仕事について聞かれることもあった．職員より社会の側に近い調査者を相手に，（苦手意識のある）感情の言語化の練習や，少年院での経験と現在の生活を関連づける機会として肯定的に認識しているようだった．一方で，語る行為が現状の不満や将来の不安を増長することもある．例えばCは感情を堪えきれなくなり2回目を中断した．職員によれば，退所後の「直面化による揺らぎ」は深刻だが，入所中のそれは処遇・支援の一場面として活用するという．[3]

　上記のような状況を共有するために，各回のインタビュー後に，少年の様子について施設職員と簡単な意見交換を行った．そこから，更生保護施設における支援が「成功／失敗」という二項対立で捉えることが非常に難しいものであることもうかがえた．調査協力者は，家族関係に問題を抱え，虐待や家庭内暴力の経験を持つ者，福祉施設での生活経験のある者，出産経験を持ち乳児院に子どもを預けている者が含まれる．およそ4ヶ月の入所期間中に自立可能な職に就き，自立資金を貯めて退所することが目標だが，時として自立への「焦り」が無断外泊や投げやりな態度に表れる．

一般的に考えれば，入所期間中に自立資金を貯めて退所に至ることが「成功」であり，トラブルを起こす／職が定まらないのは「失敗」かもしれない．しかし，少年が語る家族に対する葛藤や薬物依存の後遺症，母子の生活を経済的に支える職場への定着をめぐる不安は，短期的な解消・解決が難しい．なぜならば，家族はもちろん，学歴の決して高くない若年女性の雇用や医療・福祉支援に関する制度的問題などの社会的問題が密接に関係し，解消・解決を難しくしているからだ．そうした不安や葛藤を抱えながらも，無断外泊のまま職に就き定着に至るケース，トラブルを経て職員との信頼関係が深まったケースがある一方，職を得て退所したが心身の調子を崩し生活が不安定化したケースなど，「更生保護施設での模範的生活」が予後の安定を保証するわけでもないようだ．さらに，保護者や友人・異性関係などコントロール不可能な要因が少年に与える影響も軽視できない．
本稿では，ひとまず「成功／失敗」をめぐる議論を保留し，少年が施設職員との関わりをどのように感じているか／感じたか，その主観を重視することとする．

4　＜変容の物語＞の改訂

(1)　矯正教育により高められた意欲と揺らぎの関係

　まず，＜変容の物語＞が揺らぐのはどのような時か．少年は，矯正教育を経て高まった意欲と実際が「うまく連動しない」と感じた時に，向社会的な自己物語が揺らぐようだ．具体的には，出院後の生活で経験する「（矯正教育が目指す）理想と（帰住先の環境に由来する）現実」の差の意識化である．例えば，以下のような「仲間からの誘いを断る」などの望ましい行動に対して学んだスキルを実行できなかった／それでは対処できなかったなどである．

F：「友達に誘われた時」のとか．（略）「自分の気持ちを伝える」とか，いざ（社会に）出ちゃうと，そこ（少年院）ではダメだっていう風にできるんですけど．社会に出てみると，なんか，自分の気持ちが緩んじゃうから．ダメだってわかっていても，やっちゃうとか．断れなかったりとか．今回が，それで断れなくてやっちゃっているから．

　Fの「そこ（少年院）ではダメだっていう風にできる」という語りから，問題への対処法や意欲を持っていたことがわかる．ところが，社会に出るという環境の変化により「気持ちが緩んじゃうから」「ダメだってわかっていても，やっちゃう」など，思った通りに対処できなかった．わかっているけれど行動できないという葛藤は，「今回が，それで断れなくてやっちゃっているから」という二度目の少年院送致という結末で締めくくられる．
　この語りを矯正教育の成果が十分ではない証左とするのは早計である．この二度目の少年院送致に関連して語られたのは，Fの支えとなるはずであった家族的な関係をめぐる問題である．実は，Fを再入院に導いたのはFの兄弟とパートナーである．関係の近い複数の男性から誘われたFは，「逆に断りづらくて．友達には断れるんですけど，断れるんですよ（略）なんか，いざとなると」と振り返る．つまりFが直面したのは「仲間の誘いを断る」状況の中でも難易度の高い，親密な関係にある他者からの誘いを断るという場面であった．兄弟やパートナーとの関係を絶つかどうか，その新たな苦悩や葛藤は意欲の維持を困難にしたという．
　このような葛藤は，他の少年からも語られた．薬物の使用経験を持つCは，薬物離脱の矯正プログラムについて「実際に，社会でてきたらって思

うと，できないよね」「目の前で，ブツ（薬物），見せられました．断れますかって」と，やや強い口調で語った．統制された少年院ではなく，社会生活で意欲を維持し続けることがいかに難しく，そこで生じる葛藤が＜変容の物語＞に与える影響が少なくないことがわかる．
　また，在院中に設定した目標がコントロール不可能な要因で頓挫するという経験も「揺らぎ」に影響する．Cは，入所直後のインタビューで少年院の教官との信頼関係を肯定的に語り，「少年院で他者との信頼関係を築けた」という自信を基盤として，これからの生活や就労へ意欲的な態度をみせた．しかし，その一ヶ月後には「ストレスが溜まりすぎて」と語るなど，生活全体が低迷している様子が伺えた．

（「現在の生活で困っていることはありますか」という調査者の問いかけ）
C：困っていることは，そうですね．仕事がないってことです．

　Cは希望する業種の会社への登録を済ませていたが，仕事を配分される機会が得られず，インタビュー中もしばしば「仕事がない」と口にした．また初回のインタビューでは，少年院生活を通して自分をコントロールできるようになったと語っていたが，それについて「（今は）コントロールできてないですね」など，生活全般を否定的に語った．
　少年が帰住する環境によっては，少年院で考えたような生活を送れるとは限らない．その「噛み合わなさ」は，不安な気持ちを生じさせ，その生活を不安定にすると考えられる．例えば，就労に強い意欲を持っていたGは，就職活動が低迷したことで「自暴自棄」になったという．入所して「毎日のように就職活動してた」が職は見つから

ず，ようやく見つけた仕事も「3日とかでやめてしま」う．生活に対する意欲も低下して「少年院に戻るんやったら戻ってもいい」と「自暴自棄だった」という（G少年）．それは，施設職員の協力を得て職を得るまで続いたという．

退院後の社会生活では，様々な「予測不可能な出来事」や就労をめぐる社会的状況などに阻まれ，思っていたような生活にならないこともしばしばである．こうした葛藤や苦悩は＜変容の物語＞に揺らぎを生じさせ，その維持を困難にする．環境の変化は，揺らぎが生じる可能性が高まるという点で＜変容の物語＞の改訂が始まる契機といえよう．

(2) 「認証的聴衆」という役割

では，揺らぎに対する施設職員は，どのような役割を果たしているのか．施設職員との関係に関する質問に対し，「少年院で信頼関係を築けた」経験から，同じように信頼関係を築けるだろうという期待が語られた．例えば，CとGは少年院の教官とのエピソードの後，次のように語った．

> 調査者：ここの職員さんはそういう存在（筆者注：信頼できる存在）になりそうですか．
> C：あ，なりますよ，なってますよ，少しは．まだ心は広がってないけど（略）徐々に，徐々に，少年院の先生みたいに，信頼関係ができたらいいかなって，思ってますけど．

> （施設職員について問う質問に対して）
> G：自分が何かするたびに，ここの先生，すごく喜んでくれるんですよ．特に好きな先生がいて，（略）すごく力になってくれる．何か，かぶってるんですよね．少年院にいる（略）好きやった先生と．（略）少年院の時の大好きな先生を思い浮かばされると

いうか，それで，余計頑張れるんですよ．

少年院在院中の少年は，一般に対人関係に苦手意識を持つ場合が多い．伊藤・五味（2011: 72-73）は在院少年に対する質問紙調査から「家族関係については，女子は男子に比べて親と疎遠で権威的な関係にある」ことや「一般的な他者への意識においても女子はネガティブ」で「入院前の職場の同僚や上司に対しても信頼する者が少ない」ことを指摘する．こうした少年にとって，少年院で教官と信頼関係を築けた経験は，成功体験として蓄積されるようだ．しかし社会内処遇への移行にともなって，少年の意志とは無関係に「そのような他者との離別」を経験する．CやGの語りからは，その経験を基盤として新たな生活での関係性を築こうとする意欲がうかがえる．

この信頼関係を築く過程では，施設職員は常に受容的な態度で接しているわけではなく，時に自立に向けて厳しい態度で挑むことがあるようだ．

> G：すごい，自分が仕事が見つからなさすぎて，6件受けて6件とも落ちたんですよ．で，自分もう仕事しないんでって．少年院戻るんやったら戻ってもいいし，逆に少年院の方がいいですって言ったら，（話を聞いていた職員が）「もう相談してくんな」って（言った）．（略）「相談して，聞いて欲しくて（略）呼んだんだろ」みたいな．（略）「頭冷やせ」って言われて．

この時，Gは思ったように就職活動が進まず，投げやりな気持ちで生活していたという．その投げやりな気持ちを施設職員に訴え「少年院の方がいい」と口にしたところ，厳しい言葉をかけられたという．Gは「その一言を言われた瞬間，（略）絶対見返してやるからな」と思ったといい，就職

活動を再開した．そして3日後に退所まで続く職を得ることができた．この経験をGは再非行に至るかどうかの分岐点だったと解釈する．

> G：先生の一言がなかったら，自分，本当に仕事してなかったし，非行に走ってた．非行に走ってたというか，また，こう，飛び出したりしてたかもしれないって思って．

なぜ，この出来事が肯定的に解釈され「再非行に至るかどうかの分岐点」として語られたのか．Gが強調したのは「Gならできる」と（職員に）「ポンって背中を押された」ことで，自身の持つ力やスキルが（過小評価されることなく）認められたと感じたことだ．Gによれば，少年院でも類似の経験をしたという．自己否定的な解釈から抜け出せず，それによって落ち込むという悪循環にあった時に，教官が「Gならできる」と声をかけたのだという．Gは当時と前掲の出来事を振り返り，初めは共感的に慰められることを期待していたものの，自らを奮い立たせるのは「弱い自分への共感」ではなく，「Gならできる」という自己の力を肯定する言葉だと気付いたと語った．

少年の語りからは，施設職員が最も身近な自己物語の聴衆であることがわかる．Denborough（2014=2016: 73）は，物語の聴衆を「批判的な聴衆」と「認証的聴衆」に分ける．批判的な聴衆は，語りを「問題の視点から見ることで，重大なダメージを与える」ものであり，虐待や自己嫌悪などの否定的な側面に対する応答を行う．一方，認証的聴衆は「多大な貢献をして人の人生の語り直しを可能にする」もので，それは単に「賞賛や賛美を与えるのとは異なる」．そして，「困難を通じて学んだことが他者の人生に貢献することに気づく助け」となり，「人生において用いているスキルや力強さを認める」（Denborough2014=2016:

74-77）．「Gならできる」という言葉は，G自身に困難を乗り越える力があることを認める言葉として理解されており，施設職員は「認証的な聴衆」としての役割を果たしたといえよう．それにより，再非行に至るかどうかの分岐点として語られたエピソードは，自己の力によって困難を乗り越えたという主体的かつ肯定的な物語へと転じたと考えられる．

⑶　問題の外在化へ向けた言語資源の提供

以上のように，「揺らぎ」に対して施設職員が「認証的聴衆」として参与するならば，そこでは具体的にどのような働きかけによって，物語の改訂が行われるのだろうか．少年の語りからは，施設職員が施設外での生活（職場・交友関係）をめぐる語りに対し，少年の自主性を尊重しつつ，問題を社会との関連において捉え直すよう働きかける様子がうかがえた．その一つが，外在化へ向けた言語資源の提供である．外在化とは，「問題を人の内側に配置することを許さない原則ないし哲学」（Denboroug2014=2016: 27）である．問題を個人に内在的なものではなく外在的なものとみなし，「私」と「問題」を分離する．そして，問題を「私」を取り巻く文脈上に位置づけ直すのである．

例えば，Aの「職場でのトラブルをめぐる語り」が典型的であろう．Aは職場で頻発するトラブルに悩まされることが多く，その原因はしばしば「自分のせい」と語られた．しかし，施設職員が提供した「巻き込まれる」という言語資源によりその語りが大きく変化した．

> A：ここの先生には，よく，人に巻き込まれるの好きねって言われるんですけど．
> 調査者：巻き込まれる？
> A：巻き込まれる．

調査者：例えば．

Ａ：例えば，対人関係で．（職場には短期採用のスタッフが数名おり，Ａもそのうちの一人であった．Ａは仕事ぶりが認められて長期採用が決まったが，長期採用を希望しながらもそうならなかったスタッフがいた．長期採用にならなかったもので係を外された短期採用スタッフと「気まずい」状況になっているという話）

調査者：そういう難しい状況に，なぜか巻き込まれてしまう？

Ａ：うん，なぜか巻き込まれてしまう．その時に，残業した時に．ちょっと話してたんですよ，上司の人に．どうなんですかねって．私はこう思うんですよって，話をしてて，遅くなったりしてて．この時，ふと思ったんですよね．ここの職員の人，先生から言われてて，『あなた巻き込まれるの好きね』って．『また巻き込まれてるの』って．頭の中で，ふと，来たんですよね．あ，私，これ，巻き込まれているんじゃないか，もしかしてって．

調査者：うん，うん，うん

Ａ：次の日に，（施設職員に）相談しました．仕事から帰って，先生に相談して，で，ちょうどもう，その時に．今まで抱えてきたもの，全部，あぶり出したかのように，涙が止まらなくて．（略）うん，自分では気づかなくて．ああ，言われたことだって．これが巻き込まれている状況かって．あなた，また一人で巻き込まれてやってるのって．

この「巻き込まれ」という言語資源は，「いつも私はトラブルを起こしてしまう」という語りを，「いつもトラブルに巻き込まれてしまう」という語りへ転換したと考えられる．当初Ａは上記の職場でのトラブルを，希望者のうち自分だけが長期採用になったからだと考えていた．トラブルの原因を「自分のせい」とする支配的な枠組みに基づく自己解釈である．これに対して職員が提示した「巻き込まれ」という言語資源は，トラブルの主体がＡではなく別の場所にあることを示唆し，この支配的な枠組みを脱構築するきっかけとなった．外在化は「多くの意味で対抗文化実践であり，その結果，人々を近代権力，規格化する判断，そして人生と人生表現の病理化の影響から解放するよう援助」（Malinen, T. et al. 2015: 23）する．Ａは「もう，すっごいショックだったんです．なんで今，みたいな」と，「巻き込まれ」が自分に及ぼした影響を理解し，職員の「私（Ａ）が頑張ったから，長期としてやっとってくれたんだから」という自分の努力とそれを評価した職場のあり方を理解し，素直に喜ぶ気持ちになれたという．

社会復帰の過程において，問題を個人に内在化する視点から外在化する視点への捉え直しは，特に施設内処遇を経験した少年には重要である．入院前に経験する「鑑別」は，少年をめぐる様々な問題や不足の発見につながるが，問題を個人の内部にあると捉える内在化の視点に立つ．その「まなざし」が自己統治のレトリックとして機能すれば，少年自身も内在化の視点から逃れられなくなる可能性がある．もちろん，少年院では「問題の外在化」を試みる場面がある（仲野 2012）が，支配的枠組みの脱構築は容易ではなく，それを意図した他者との対話が必要不可欠である．それを退院後も継続するには，ナラティヴに基づく実践を可能とする「物語環境」が必要である．では，その物語環境では何が起こっているのであろうか．

(4) 再格付けの儀式

これら語りの変容は，少年の社会復帰に対して

どのような意義を持つだろうか．Maruna（2001=2013: 221）は，社会への再統合という観点から，自らの変容を説明する物語を他者と共有し，自らの立場の回復を図る「昇格の儀式」（Lofland 1969）の必要性を指摘する．確かに他者と＜変容の物語＞を共有し，社会的承認を得ることは再統合という点において重要だ．しかし，更生保護施設で生活する少年の語りは，家族や交友関係などの複雑に入り組んだ文脈の影響を受けており，社会的承認に直結するような向社会的で，輪郭のはっきりとした＜変容の物語＞とは言い難い．むしろ，外的影響を受けて揺らぎながら改訂を繰り返す流動的な＜変容の物語＞であった．さらに「下降（の儀式）－昇格（の儀式）」という言葉には「昇格」を終着点（良い結末）とする価値が埋め込まれている．それにより，＜変容の物語＞を「社会的望ましさ」へと方向付けることが目的化される恐れがある．

確かに少年の語るエピソードからは，変容をめぐる物語を他者と共有したという経験によって，揺らいだはずの物語が強固なものへ変わっていく様子が伺えた．例えば，就職活動で困難を経験したGが，「初めての給料日」について語ったエピソードは典型的である．

> G：給与明細が出たんで．みんな，先生が会議で集まってたんで．みんなで一緒に（給与明細を）開けてみて，みんなで「おおー」みたいになって．「おー」って．「すごいな，G，やったな」って感じになって．やればできるやんけって喜んでもらって．それが自分，すごく嬉しくって．やっててよかったなって思って．で，すごい嬉しくなっちゃって．

Gは少年院入院前の就労経験を持たない．4(2)で記したように，就職活動の困難はGを「再非行の分岐点」に立たせたが，それを乗り越えて初めて手にした給与明細は特別なものだったという．ひとまずの結末を職員と共有したことで，Gは自立への一歩を踏み出したという感覚を得ることができたという．

ところがGの物語はここで終わりではない．調査当時のGはまだ18歳未満だったが，自立への意識が高く，一見すると「望ましい立ち直り」のようだが，Gにはそうせざるを得ない事情があった．これに関してGから語られたのが「保護者に贈り物をした」エピソードである．Gは更生保護施設での生活態度が評価され，その証としてクオカードを得た．それを自分で使うのではなく保護者への贈り物にしたのだという．しかし，それに対して保護者からの応答がなかったので，保護者に電話をかけて所在を尋ねたところ，すぐに酒に替えたと聞かされた．クオカードを得た経緯（生活態度が良いことを評価された）を聞くことはなかったという保護者に，Gは少なからず動揺した様子だった．Gは保護者から家計の担い手として期待されていることを感じとっており，退所直前のインタビューでは，保護者と取り決めた分の生活費を稼ぐため，アルバイトを掛け持ちすると語った．

以上のようなGの「社会人としての一歩を踏み出した」という物語の共有は，社会復帰へ向けた自立した生活を送り始めたという点で，立場の回復（上方修正）につながる「昇格の儀式」といえよう．しかし同時に，これを（Gの心情とは異なり）「保護者からの経済的な期待」を前提とした，退所直前に18歳になる少年の「掛け持ちで働く」生活への第一歩をめぐる物語として捉えた時，その共有化は「昇格の儀式」になるだろうか．「社会復帰」と方向を同じくする保護者の期待は，Gを「大人」へと変化させ，家計の担い手として

家族の生活を支えるという新たな課題に直面させた．それは，「子ども」としての立場を放棄するというGの決断によって成り立っている．その決断をGがどのように考えているのか，直接的に尋ねることはできなかったが，上記クオカードをめぐってみせたGの動揺を軽視してはならないだろう．また，この動揺に関連してGが語った「自分の気持ち」も重要である．これが語られたのは「最近嬉しかったことは何ですか」という調査者の質問に対してだった．施設職員にクオカードに対する保護者の対応を話したところ，その職員が「私が悔しい」と感情を露わにしたのだという．その様子を見たGは「（自分も）悔しかったんだ」と気づき，同時にその気持ちを持ってもよいのだと思えたという．保護者の期待に応えるように物分りの良い「大人」になろうとしていたGは，保護者の対応で動揺してはいけないと自分を戒めていたようだ．その抑圧から解放され，そこで生じた素直な気持ちを職員と共有できたことが「すごく嬉しかった」のだという．

一見すると向社会的な物語にも，語り手の様々な困難や苦悩が含まれる．しかし，他者からの承認を前提とした物語化は，再統合を目指す社会の期待に影響されやすく，語り手の主観（困難・苦悩）が置き去りにされがちだ．そのため「昇格の儀式」のもつ上向きのベクトルは，時に「過食型エンパワメント」（平井2015）に陥る可能性がある．これに対し，語り手の主観に基づく物語行為の儀式的な意義に着目したのが，「格下げの儀式」と「再格付けの儀式」（Denborough 2014=2016）の関係である．Denborough（2014=2016）は，「格下げの儀式」を重要でない，役に立たない，より悪いと感じさせるような経験，「再格付けの儀式」をサバイバルや当事者にとって重要な全てを称える経験として説明し，「格下げの儀式」を経験した時には「再格付けの儀式」が

必要になると指摘した．これに従えば，クオカードをめぐる保護者との対話は，保護者がGの心情・努力に関心を向けなかったという経験として（Gにとって）「格下げの儀式」であったが，その時の動揺を自覚・共有する経験は「再格付けの儀式」として機能したといえよう．

以上のように，「社会人として自立した生活を送る決意」をめぐる物語は，向社会的で社会的承認を調達できる物語ではあった．しかしGの葛藤や苦悩は，社会的な望ましさと自己にとって重要なもの（＝自分を尊重すること）が常に一致するわけではないことを示すものである．この時，社会的な望ましさに向けて物語を共有する以上に，語り手の主観（葛藤や苦悩）をありのまま共有し，語り手を取り巻く文脈上に位置付けていく作業が必要であろう．更生保護施設はそのような物語環境を有するといえる．

5 物語装置としての更生保護施設の意義

本稿の目的は，在所生活で生じる＜変容の物語＞の「揺らぎ」をめぐる少年と職員の営みとその意義を，ナラティヴという形式から明らかにすることであった．それに対して(1)矯正教育の制約下で構成された＜変容の物語A＞は，その高められた意欲が頓挫するとき，改訂につながる揺らぎが生じる．(2)その揺らぎに対して，少年自身の持つ力やスキルに着目した働きかけを行うことで，施設職員が「認証的聴衆」としての役割を果たす．さらに(3)問題を外在化する働きかけは，少年が問題を社会的文脈との関連において解釈することを可能にし，新たな＜変容の物語B＞を構成する。そして(4)社会で経験する「格下げ」は，施設職員との新たな＜変容の物語B＞の共有化によって，語り手の葛藤や苦悩を置き去りにすることなく，「再格付けの儀式」として文脈に位置付けられること

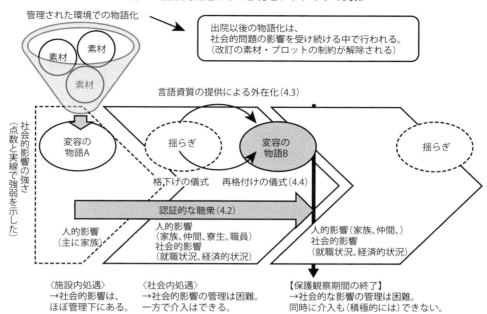

図1 施設内処遇からの移行とナラティヴの関係

がわかった．（図1）

既述のように，外在化は規範化された言説への対抗文化的実践でもある．外在化の提唱者であるWhiteはフーコーの権力概念に着目して言説に内在する権力性を問題化する．具体的には，「権力と規範的期待が人々の人生においてどのように作用するか，人々の人生をどのように形作るか，そして可能性をどのように制約するのか」（Malinen, T. et al. 2012=2015: 22）への関心である．つまり，更生の足場を提供する＜変容の物語＞であっても，寄せられる社会的・規範的期待がその内部で支配的な地位を獲得すれば，人々を制約するドミナント・ストーリーへ転じる可能性がある．その時，特に人的・物的資源に乏しい状況で目指す更生／立ち直りの過程では，特定の＜変容の物語＞の存在がむしろ逆機能となる場合もある．例えば，「自立した社会生活を送る決意」をめぐる物語は，職を得られなかったCには抑圧的であったし，それを尊重するあまりGのように葛藤や苦悩が置き去りにされる場合がある．これらはいずれも更生／立ち直りの足場を危うくする．

X更生保護施設で行われる日々の実践は，特定の＜変容の物語＞の維持を目指すものではなく，少年の葛藤や苦悩を中心に柔軟に改訂する営みであったといえる．例えば，Eは更生保護施設での生活に慣れ始めた頃（第一回目と第二回目のインタビューの間），しばらく無断外泊をした．自立支援を受けて生活が安定したことで，このまま自分の力でやっていけるという思いがあったようだが，実際には様々な困難に直面して自分の意思で更生保護施設に戻ってきた．この経験はEの自尊心を大きく低下させたようだった．実際には，女子少年にとっての「居場所作り」の選択肢はそれほど多くない．伊藤（2012: 95）は「女子非行少年の多くは出院後，良いパートナーを見つけて家庭に入るか，周辺的，補助的な労働に従事する（水商売も含めて）といった，女性にとって伝統的なライフコースを目指すようになる」と指摘する．確かに，就労の目処がついて退所に至ったのはA，G，Hの3名で，Aは退所してしばらくす

ると生活を維持するのが困難となり退職した．また8名中2名は子どもを乳児院に預けており，子どもとの関係改善及び生活再建を目指していた．預けた子どもを引き取るという選択肢を含め，様々な制度的支援を受けたとしても少年の歩む道のりは険しい．結局のところ，依然として困難や苦しみを伴ったまま，「以前よりは"まし"」と思える環境を目指すより他にないのがほとんどであろう．

　このように歩む更生／立ち直りの過程では，「格下げ」を経験することも多いだろう．この時，あるべき＜変容の物語＞とは違う場合でも，何度でも「再格付けの儀式」が作動するようなコミュニティが必要である．ナラティヴという形式から更生保護施設の役割を再考することにより，更生保護施設は語り手の主観を捨象することなく＜変容の物語＞の改訂に参与する物語生成装置として，その役割を果たす可能性がみえてくる．しかし，それはあくまで期限付きのコミュニティでしかない．それを以後の社会生活に拡張すべきか．拡張するとしたらそれはいかにしてか．今後の課題としたい．

［注］
1)　＜変容の物語＞は、少年の変容を説明する語りを総称するものとして用いる。例えば、後述する「『社会人として自立した生活を送る決意』をめぐる物語」(G少年）が、その一つである。
2)　また非行臨床には、システムズ・アプローチの観点からナラティヴに着目する研究もある（例えば、生島 2017)。
3)　アウトサイダーである調査者が実践に及ぼす影響は重要である。稿を改めて論じたい。

［文献］
Anderson, Harlene and Harold A. Goolishan, 1992, "The Client is the Expert", in Sheila McNamee and Kenneth J. Gergen (eds.), *Therapy as Social Construction*, Sage, (＝1997, 野口裕二・野村直樹訳「クライエントこそ専門家である」『ナラティヴ・セラピー──社会構成主義の実践』金剛出版).
Denborough, David, 2014, *Retelling the Stories of Our Lives; Everyday Narrative Therapy to Draw Inspiration and transform Experience,* W. W. Norton & Company,Inc. (＝2016, 小森康永・奥野光訳,『ふだん使いのナラティヴ・セラピー−人生のストーリーを語り直し，希望を呼び戻す』北大路書房.
平井秀幸，2015,『刑務所処遇の社会学─認知行動療法・新自由主義的規律・統治性』世織書房.
伊藤茂樹，2012,「少年院における矯正教育の構造」広田照幸・古賀正義・伊藤茂樹編『現代日本の少年院教育─質的研究を通して』名古屋大学出版会，pp.64-99.
Lofland, John, 1969, *Deviance and identity,* Prentice Hall..
Madigan, Stephen, 2001, *Narrative Therapy,* America Psychological Association. (＝2015, 児島達美・国重浩一・バーナード紫・坂本真佐哉監訳,『ナラティヴ・セラピストになる─人生の物語を語る権利をもつのは誰か?』北大路出版.
Malinen, T., Scot J.Cooper and Frank N.Thomas(eds.), *Masters of Narrative and Collaborative Therapies: The Voices of Anderson, Anderson, and White, Routledge,* New York, 2012. (＝2015, 小森康永・奥野光・矢原隆行,『会話・協働・ナラティヴ−アンデルセン・アンダーソン・ホワイトのワークショップ』金剛出版).
Maruna, Shad, 2001, *Making Good; How Ex-convicts Reform and Rebuild Their Lives,* Washington,DC: American Phychological Association. (＝2013, 津富宏・河野荘子監訳,『犯罪からの立ち直りと人生の「やり直し」─元犯罪者のナラティヴから学ぶ』明石書店).
Maruna,S., and Thomas P. Lebel,2009, "Strengths-Based Approaches to Reentry: Extra Milege toward Reintegration and Destigmatization," (日本犯罪社会学会編・津富宏責任編集，2011,『犯罪者の立ち直りと犯罪者処遇のパラダイムシフト』現代人文社、平井秀幸訳・津富宏監訳「第5章　再参入に向けた長所基盤のアプローチ──再統合と脱スティグマ化への更なるマイル」pp.102-130.
三原芳一，2006,『少年犯罪の心的ストーリー』北大路書房.
村松励，1998,『非行臨床の実践』金剛出版.

仲野由佳理，2012，「少年の「変容」と語り―語りの資源とプロットの変化に着目して」広田照幸・古賀正義・伊藤茂樹編『現代日本の少年院教育–質的調査を通して』名古屋大学出版会，pp.108-138.

―――，2016，「少年院における演劇を通した物語化―創作オペレッタにみる＜教育的行為としての物語化＞の技法」『教育社会学研究』99，pp.27-46.

―――，2017，「少年院から社会への移行における更生保護施設の役割―更生保護施設職員の語りにみる『矯正教育における変容』のその後―」『教育学雑誌』53，pp.33-48

西岡総一郎，2006，「更生保護施設における処遇機能充実化の歩み」『犯罪と非行』147.

野口裕二，2002，『物語としてのケア』医学書院.

―――，2005，『ナラティヴの臨床社会学』勁草書房.

野家啓一，1993，『言語行為の現象学』勁草書房.

岡部貴子，2013，「デンマークにおける犯罪者の社会復帰の取り組みの動向―我が国への示唆として―」『海外社会保障研究』183，pp.59-70.

Presser ,Lois and Sveinung Sandberg, 2015, "What Is the Story?" in Presser ,Lois and Sveinung Sandberg,(eds.), *Narrative Criminology: Understanding Stories of crime,* New York University Press, pp.1-20.

才門辰史，2015，「少年院からのセカンドチャンス」『刑政』126(4),pp.26-37.

Sandberg, Sveinung and Thomas Ugelvik, "The past, present, and future of narrative criminology: A review and an invitation", *Crime Media Culture* 12(2) pp.129-136.

生島浩，2017，『非行臨床における家族支援』遠見書房.

都島梨紗，2017，「更生保護施設生活者のスティグマと『立ち直り』―スティグマ対処行動に関する語りに着目して」『犯罪社会学研究』42，pp.155-169.

Veysey, B. M., 2008, "Rethinking Reentry", *The Criminologist* 33(3), pp.1-5.

Veysey,B.M. and Johnna Christian,, 2009," Moments of transformation: Narratives of Recovery and Identity Change" 日本犯罪社会学会編・津富宏責任編集、2011、『犯罪者の立ち直りと犯罪者処遇のパラダイムシフト』現代人文社，上田光明訳・津富宏監訳「第1章　変容の瞬間――リカバリーとアイデンティティ変容のナラティヴ」pp.11-40.

White, Micheal and David Epston, 1990, *Narrative means to therapeutic ends,* W.W. Norton & Company

Inc.（＝1992，小森康永訳，『物語としての家族』金剛出版).

［付記］

　本稿は科研費15J40053の助成を受けた．ご協力いただいたX更生保護施設の職員と少年の皆様には記して謝意を表したい．

Email: y_nakano041001@icloud.com

Rehabilitation Facility as a Narrative Device:
Reconstruction of a "Story about Transformation" Triggered by Difficulties

Yukari Nakano
(Nihon University)

The purpose of this paper is to clarify the role of rehabilitation facilities as a place to reconstruct "a story of transformation". Especially, I focused on the situation where the story was reconstructed in the rehabilitation facilities From November 2014 until April 2016, I conducted a continuous interview survey on 8 girls who are living at X rehabilitation facility. From the result, I found out the following four points. (1) The situation where change of a "story about transformation" is urged is a scene where contradiction arises between the event faced by girls and motivation heightened by correctional education. At this time, it turned out that fluctuations occurred in the positive "story about transformation" reconstructed by correctional education. (2) As an audience in the change of a "story about transformation", it was revealed that facility staffs play the role of "authentic audience" to appropriately evaluate and support the girls' own power and skills. (3) By encouraging staff to cause "externalization", they found that it is possible to interpret the problem in relation to the social context. (4) Through experience sharing a new "story about transformation" with the staff, the experience of "downgrading" that occurred in their lives will be positioned in a social context. It can be said that it is a "re-ranking ceremony" that emphasizes the conflict and anguish of the narrator. For juveniles who are still in difficult circumstances, a community is required to operate "re-ranking ceremony" as many times as possible. And the rehabilitation facility could play its role as a story generation device.

Key words: transformation of juvenile delinquents, narrative, rehabilitation facilities.

II　自由論文

近隣の秩序違反，住民の凝集性および
近隣防犯活動が住民の被害リスク認知および
犯罪不安に与える影響
——マルチレベル分析による文脈効果の検討——

島田貴仁
科学警察研究所

大山智也
筑波大学大学院システム情報工学研究科

〈要旨〉

　犯罪不安の形成要因に関して秩序違反の痕跡モデル，間接被害モデル，リスク解釈モデルといった欧米での主要な犯罪不安理論をレビューし，日本での課題として，地区単位の文脈効果と個人単位の構成効果を分離し，因果を頑健に確定できる，小地域集計可能な縦断調査の必要性を述べた.

　首都圏郊外の1都市の40地区の成人に対して2010年と2012年に郵送調査を実施して得た585名のパネルデータにマルチレベル分析を適用し，地区の秩序違反，住民の凝集性，防犯活動といった文脈効果や，調査時点間の間接被害が，被害リスク認知と犯罪不安に与える影響を検討した.

　その結果，住民の凝集性が低い地区では，凝集性の高い地区に比べて，秩序違反が住民の被害リスク認知をより顕著に高める地区レベル交互作用が見出された. また，住民の凝集性が高い地区での防犯活動が，被害リスク認知をより抑制する地区レベル交互作用，地区レベルの秩序違反が，個人レベルの防犯対策の見聞の効果を低下させるクロスレベル交互作用も見出された. 加えて，調査時点間の間接被害がリスク認知を媒介して犯罪不安を形成することが示された. 最後に，政策的な含意と本研究の限界について議論した.

キーワード：**犯罪不安，被害リスク認知，マルチレベル分析**

1　問題の所在

(1)　犯罪不安形成の説明モデルと日本での適用事例

　日本では1990年代後半から刑法犯認知件数が増加し，同時に，各種の社会調査からは犯罪に対する市民の懸念の高まりが指摘されるようになった（阪口 2013; 島田 2011）. その後，2000年代半ばから刑法犯認知件数は減少に転じ，市民の犯罪に対する懸念も緩和する傾向にある（法務総合研究所 2012; 日工組社会安全研究財団 2017）.

　しかし，犯罪不安は，犯罪被害実態と乖離して人々の生活の質を低下させることが指摘されている（Jackson et al. 2009; Xie et al. 2008）. このため，犯罪不安の形成要因を解明し，不必要に高い犯罪不安を低減させることは，今もって社会にとって重要な課題だといえる.

欧米では犯罪不安の形成に関して、いくつかの理論モデルが提唱されており、実証研究の裏付けもみられる.

第一は、落書きやごみの散乱などの地域の秩序違反から、住民が犯罪統制機能の低下を感じて犯罪不安を形成するという「秩序違反の痕跡(signs of disorder) モデル」(Taylor et al. 1986)である. 実証的には都市単位で実施される社会調査で検討されており、アメリカではアトランタ(Taylor et al. 1986)、シアトル(Rountree et al. 1996a; 1996b)、フィラデルフィア(Wyant 2008)などの各都市で、アメリカ以外ではイギリス(Smith et al. 2011)、イタリア(Roccato et al. 2011; Russo et al. 2011)、オーストラリア(Foster et al. 2013)など国を越えて示されている. このモデルは、必ずしも犯罪とは見なされないような秩序違反行為に注目し、落書き消しやごみの清掃といった環境美化による犯罪不安緩和の根拠となっている.

第二は、マスメディアや対人ネットワークを介した犯罪情報への接触が犯罪不安を形成すると考える「間接被害(indirect victimization) モデル」(Skogan 1986)である. このモデルは、個人が直接的に経験する犯罪被害以外に社会内に犯罪の情報源が豊富に存在し、犯罪情報が拡散することによって、犯罪被害を直接経験していない個人であっても犯罪不安が高まると考える. 間接被害モデルの実証研究としては、アメリカにおいて地区単位および個人単位の間接被害が犯罪不安に与える影響を示したCovington et al. (1991)や、イタリアにおいてパネル調査で間接被害の効果を示したRusso et al. (2010)がある.

第三は、外界の周辺情報から被害リスク認知が形成され、その犯罪に対する感情的な反応として犯罪不安が生起すると考える「リスク解釈(risk interpretation)モデル」(Ferraro 1995)である.

リスク解釈モデルの実証研究としては、パス解析で被害リスク認知から犯罪不安への因果を示したFerraro (1995)やJackson (2004)、被害リスク認知と犯罪不安とに影響する要因を比較したRountree et al. (1996a)などがある.

日本でも犯罪不安の形成要因を社会調査で取り扱った実証研究がみられる. 小林ら (2000) は、東京都の1警察署管内における住民調査の地区別集計データから、住民のまとまりが高い地区は、秩序違反が抑制されることにより犯罪不安が抑制されることを示した. これは秩序違反の痕跡モデルの適用例といえる. 同様に、鈴木ら (2006) は、東京都内での住民調査で、地域の居住環境の整備が犯罪不安を抑制することを示している. 島田ら (2004) は、秩序違反の痕跡モデル、間接被害モデル、リスク解釈モデルを統合し、秩序違反の認知および犯罪の間接経験が、被害リスク認知を媒介して犯罪不安を高めることを示した. また、阪口 (2013) は、複数の測定時点を統合した日本版総合社会調査(JGSS)データの分析から、2000年代前半の犯罪不安の過熱には、学歴や社会経済地位の高い個人ほど犯罪不安の水準が高い「高階層効果」が寄与したことを見出している.

また、犯罪不安を犯罪対策のアウトカムとして取り扱った研究もみられる. 島田ら (2010) は、千葉県の1市での社会調査から、民間のパトロール車両(青色防犯パトロール)を見た経験は回答者の被害リスク認知を高め、街頭に掲示された犯罪発生マップは治安評価と居住満足感を改善させるが、ともに犯罪不安には直接的な影響を与えないことを示した. その後、山本ら (2016) は、千葉県内の2地区への地域防犯拠点施設の設置前後に社会調査を行い、住民パトロールの認知は、事後の治安評価を改善させることを示している.

このように、日本でも犯罪不安を社会調査で取

り扱った実証研究の蓄積が見られるようになった．しかし，上記の日本での研究には三つの問題点が指摘される．

(2) パネル調査を用いた因果関係の検討

第一の問題点は，島田ら（2004, 2010），鈴木ら（2006）のような一時点の横断的な調査では，要因間の因果を確定できないことである．たとえば，回答者の秩序違反の認知と被害リスク認知との間に関連がみられた場合，秩序違反の痕跡モデルが主張するような秩序違反の認知が被害リスク認知を引き上げるという因果が考えられる一方，外界への感受性の高さといった第三変数が，地域内での秩序違反の認知と被害リスク認知を同時に説明するという，いわゆる疑似相関の可能性も考えられる．

これに対し海外では，同一回答者に対して複数時点で調査を実施するパネル調査によって，個人内の犯罪不安の変動を検討する研究がみられる[1]．たとえば，Robinson et al.（2003）は1年おきの2波のパネル調査により，調査時点間での秩序違反の認知の高まりが，事後の回答者の犯罪不安を増大させるともに，居住満足感を低下させることを示している．また，ある時点での各種防犯対策への接触（Norris et al. 1992）や，調査時点間の直接的・間接的被害（Russo 2010）が事後の犯罪不安に与える影響をみた研究が存在する．

このように，パネル調査の導入によって，犯罪不安の形成要因をより精緻に検討することができる．このため，本研究では，パネル調査を用いて，ある調査時点での秩序違反の認知が，事後の犯罪リスク認知や犯罪不安を高めるかを検討する．

(3) マルチレベル分析による地区の文脈要因の検討

第二の問題点は，日本における先行研究は，地域住民の凝集性（小林ら 2000），秩序違反の認識（島田ら 2004），近隣での防犯活動への接触頻度（島田ら 2010; 山本ら 2016）など地区単位で変動する変数を扱っているにもかかわらず，犯罪不安に寄与する地区要因の影響と性別・年齢・収入などの個人要因の影響とを区別していないことである．

たとえば，個人単位の分析で，秩序違反の認知と犯罪不安との間に正の相関がみられたとしても，ある地区の秩序違反が，その地区の住民全体の犯罪不安の水準を総体として高めている場合と，地区差とは関係なく秩序違反を認知している個人の犯罪不安の水準が高い場合との両方がありえる．このように，犯罪不安の形成要因を検討する際には，地区単位で作用する文脈効果と，個人単位で作用する構成効果とを識別することが重要である．

海外では近隣，国勢調査区，住区といった地区レベルの集計単位を導入し，マルチレベル分析によって，文脈効果と構成効果とを分離して推定する研究が行われ，地区レベルの秩序違反は，その地区の住民の犯罪不安を引き上げることが示されている（Rountree et al. 1996b; Wyant 2008; Mellgren et al. 2010; Gau et al. 2010）．

また，海外での犯罪不安研究では，地域住民の凝集性（Cohesion）の認知や「公共のために介入する意思と結びついた近隣住民の社会的凝集性」である集合的効力感（Collective efficacy）が地区レベルの要因として検討されている．集合的効力感の犯罪抑制効果を示した研究としてはアメリカ・シカゴにおけるSampson et al.（1997）が著名であるが，地域住民が凝集性を感じたり，相互信頼の程度が高い地区では，犯罪が低水準に抑制されるとともに，犯罪の被害にあいそうになった場合に援助が期待できるといった認識が共有されることで，住民の犯罪不安は緩和されると考えられる．実証研究においても，多くの研究で

地区レベルの住民の凝集性の認知や集合的効力感が, 住民の犯罪不安を抑制することが示されている (Gau et al. 2014; Yuan et al. 2017).

ただし, これらの地区レベルの秩序違反や住民の凝集性と犯罪不安との関連を扱った研究の多くは, 一時点の横断調査の結果であり, やはり, 擬似相関の可能性がある. アメリカでパネル調査データにマルチレベル分析を適用した研究では, 個人の犯罪不安は, あくまでその個人の秩序違反の認識のみに依存し, 地区単位の秩序違反の有意な影響は受けていなかった (Robinson et al. 2003). これらから, 日本において, 地区の秩序違反や住民の凝集性が住民の犯罪不安に与える影響を, 改めてマルチレベル分析で取り扱う意義は大きいと考えられる.

また, 海外の研究でも, 近隣での防犯活動が犯罪不安に与える影響に関しては, アメリカでコミュニティ警察活動の認知 (Roh et al. 2005) や近隣監視への参加 (Oh et al. 2009) が犯罪不安に与える影響が検討されているが, これらは個人レベルの分析にとどまっている.

このため, 本研究では, 秩序違反, 住民の凝集性, 近隣での防犯活動の接触頻度を地区レベルの要因として扱うこととする.

(4) 秩序違反と住民の凝集性が犯罪不安に与える交互作用効果の検討

第三の問題点としては, 秩序違反と住民の凝集性が犯罪不安に与える交互作用効果が, マルチレベル分析の文脈で十分に検討されていないことが挙げられる. McGarrell et al. (1997) はアメリカ・ワシントン州での住民調査データを, 地区の秩序違反の高低で層別して個人レベルの分析を行ったところ, 秩序違反の水準が低い地区では, 住民の凝集性の認知が犯罪不安を有意に抑制する一方で, 秩序違反の水準が高い地区では, 住民の

凝集性の認知は犯罪不安には影響しないことを見出している. さらに, Ross et al. (2000) は, アメリカ・イリノイ州の住民調査で, 近隣住民の物の貸し借りや会話などの住民間の相互作用が, 秩序違反が犯罪不安を高める効果を緩和することを示している.

日本でも, 山本ら (2016) が, 研究対象となった2地区それぞれで犯罪不安を従属変数にした重回帰分析を行い, 地区によって住民の犯罪不安の規定因が異なることを示している. これらからは日本でも秩序違反と住民の凝集性との交互作用効果が予想されるが, McGarrell et al. (1997), Ross et al. (2000), 山本ら (2016) はいずれも個人レベルの分析であって, 地区レベルの効果は検討されていない. 仮にその交互作用がみられた場合に, それが地区レベルの要因に起因するのか, それとも, 個人レベルの要因に起因するかは, 近隣での防犯活動のあり方に大きく影響する. 地区レベルの変数が有意であれば, それは, 地区特性が住民の全体の意識に影響する文脈効果であり, 地域での落書き消しや環境浄化活動, 住民パトロール等の近隣での介入を実施することによって, 地区住民の犯罪不安を低減させることが可能だと考えられる[2]. また, 地区レベルの独立変数間の交互作用, または, 地区レベルと個人レベルの独立変数間のクロスレベル交互作用がみられれば, 地区の特性によって, または, 地区属性と個人属性の組み合わせによって, 予想される介入効果が異なることになる.

(5) 本研究の目的

これまでの議論に基づき, 本研究では二時点で測定した小地域集計可能なパネルデータを用いて, ある時点での地区レベルの秩序違反, 住民の凝集性, 近隣の防犯活動への接触頻度が, その後の回答者の被害リスク認知および犯罪不安に与える影

響を，マルチレベル分析により検討する．

　検討する仮説は以下の通りである．

　仮説１：地区の秩序違反が犯罪不安を高めるとする秩序違反の痕跡モデル（Taylor et al. 1986）に基づき，地区レベルの秩序違反は，住民の被害リスク認知および犯罪不安の水準を高める．

　仮説２：地区レベルの住民の凝集性の高さは，住民の被害リスク認知および犯罪不安を抑制する．

　仮説３：地区レベルまたは個人レベルの秩序違反と住民の凝集性との間に，住民の被害リスク認知および犯罪不安に与える影響の交互作用効果が存在する．

　仮説４：地区レベルの近隣防犯活動は，住民の被害リスク認知および犯罪不安を抑制する．

　仮説５：犯罪被害の情報が間接的に犯罪不安を高めるとする間接被害モデル（Skogan 1986）に基づき，調査時点間で地区での犯罪被害の情報に接触した住民は，そうでない住民よりも事後のリスク認知・犯罪不安の水準が高くなる．

　上記の５つの仮説では，リスク解釈モデル（Ferraro 1995）は直接的には取り扱わない．ただし，本研究の長所であるパネル調査であることを利用して，上記の仮説の検討にあわせて，ある時点での被害リスク認知が事後の犯罪不安に与える影響を検討する．

2　方法

⑴　調査の概要とデータ

　本研究では，筆者らと千葉県市川市とが共同で，同市の市民を対象に2007年から４波にわたって継続実施している「安全なまちづくり調査」のデータのうち，第２波（2010年実施）・第３波データ（2012年実施）を利用する．

　千葉県市川市は東京都に隣接した人口約40万人の市であり，全国における1990年代半ばから

の犯罪増加期には，同市でも住宅対象侵入盗やひったくりが大きな問題になり，市を設置主体とした街頭防犯カメラ設置事業や，市や民間ボランティア団体による車両によるパトロール（青色防犯パトロール）が実施されている．

　「安全なまちづくり調査」では，市内236地区から人口による確率比例抽出法で抽出した基本40地区および市内中心部で地理的に連坦する追加50地区を対象に，住民基本台帳から無作為抽出した20-69歳の成人を対象に調査を実施している．今回の分析対象は，基本40地区から道路建設による移転等で極端に調査対象数が少なかった１地区を除いた39地区に居住し，第２波・第３波調査の双方に回答した585名（男性253名，女性332名，第２波調査での平均年齢49.8歳，標準偏差12.2歳）である[3]．

⑵　分析に利用した変数

　本研究の分析に用いた変数は以下の通りである．これらの変数はいずれも第２波・第３波調査で共通である．

　被害リスク認知と犯罪不安　「自宅への泥棒」，「自宅や自動車などが落書きされる・壊される」，「屋外での犯罪（ひったくり，恐喝，ちかんなど）」の３つの犯罪類型について，被害リスク認知としては将来１年間の被害にあう可能性を「０：全く思わない」〜「４：とてもそう思う」の５件法で，犯罪不安として，その犯罪の被害にあうことを考えた場合の不安な気分の程度を「０：全くならない」〜「３：とても心配だ」の４件法で尋ねた[4]．従属変数としては第３波のデータを用い，統制変数として第２波のデータを用いた．

　直接被害と間接被害　住宅への泥棒（空き巣など），自動車・オートバイ盗，車上ねらい，自転車盗，建物や自動車の落書きや損壊，ひったくり，

表1　秩序違反の認知・凝集性の認知の下位項目とその基本統計量

設問文	平均値	標準偏差
路上に乗り捨てられた自転車やバイク	1.91	0.79
違法駐車している自動車	2.15	0.77
路上の立て看板や電柱などに貼られたチラシ	1.92	0.77
スプレーによる落書き	1.29	0.75
歩きながらタバコをすっている通行人	2.00	0.77
空き缶やタバコのポイ捨て	2.05	0.74
指定された日以外のゴミ出し	1.66	0.81
夜中に店の前や公園でたむろしている若者	1.39	0.76

設問文	平均値	標準偏差
この地区の住民は、お互いに良い関係を保っている	2.62	0.65
もし近所で問題が起きても、住民や自治会で解決できる	2.15	0.65
自治会にものごとを任せることが出来る	2.50	0.66
この地区の住民は、考え方や暮らしぶりが似ている	2.45	0.65
この地区の住民はお互いよく知らない（逆転項目）	2.34	0.69

恐喝，ちかん，すりや置き引き，放火の10種類について，直接被害として過去２年間の回答者本人の被害経験を，間接被害として過去２年間に被害にあった家族や知人の有無を尋ねた．直接被害は被害率が低かったため，過去２年間に１つ以上の被害経験を申告した回答者を１，申告しなかった回答者を０とコーディングした．間接被害では被害種類の数を合計した．調査時点間の被害経験が与える影響を吟味するために，第３波のデータを用いた．

対人ネットワーク　「親戚以外で気兼ねなく話したり，相談したりできる人」，「親戚以外で困ったときに頼み事ができる人」，「つきあいのある友人」について，「０：全くいない」～「３：10人以上」の４件法で尋ねた．第２波のデータを用いた．

秩序違反・住民の凝集性・近隣防犯活動　秩序違反については，表1に示す項目について，「０：全く思わない」～「３：とてもそう思う」の４件法で評定を求めた．主成分分析で一主成分になることを確認した上で，平均得点を用いた（α = .73）．凝集性については，表1に示す項目について，「０：全く思わない」～「３：とてもそう思

う」の４件法で尋ねた．主成分分析で一主成分になることを確認した上で，平均得点を用いた（α = .73）．近隣防犯活動については，防犯ステッカー，警察官による徒歩パトロール，警察車両のパトロール，住民によるパトロール，見守り活動について「０：まったく見かけない」～「３：よくみかける」の４件法で尋ね，平均得点を用いた（α =.61）．いずれも第２波データを用いた．

統制変数・デモグラフィック変数　一般に女性は男性よりも犯罪不安の水準は高い．年齢と犯罪不安との関係は研究により異なるが，日本での研究では負の相関関係がみられる（島田ら2004; 山本ら2016）．また，居住年数が長いと地域をより熟知し，危険を回避することができるため，犯罪不安は低下すると考えられる．また，住宅所有や住宅の種類（戸建または集合住宅）によって，建物の防犯設備や住宅敷地の侵入可能性が異なるため，犯罪不安やリスク認知の水準は異なると考えられる．また，個人の収入は，防犯対策に割くことができる資源に影響すると考えられる．これらから，年齢，性別（女性を１とするダミー変数），居住年数，住宅所有（持ち家を１とするダミー変数），住宅の種類（戸建てを１とするダミー変数），

犯罪社会学研究　第43号　2018年

表2　分析に用いた変数の基礎統計量

	平均値	標準偏差	最小値	最大値
リスク認知：第3波	1.80	0.74	0.00	4.00
犯罪不安：第3波	1.48	0.78	0.00	3.00
リスク認知：第2波	2.25	0.81	0.00	4.00
犯罪不安：第2波	1.78	0.77	0.00	3.00
直接被害（1：被害あり）	0.11	0.31	0.00	1.00
間接被害	1.00	1.22	0.00	7.00
年齢	49.81	12.19	21.00	72.00
性別（1：女性）	0.57	0.50	0.00	1.00
持ち家（1：持ち家）	0.81	0.39	0.00	1.00
戸建（1：戸建）	0.64	0.48	0.00	1.00
居住年数	20.83	14.63	0.00	67.00
世帯構成（1：単身世帯）	0.08	0.27	0.00	1.00
対人ネットワーク	1.30	0.74	0.00	3.00
収入 *	2.49	0.98	1.00	4.00
駅からの距離	630.95	446.31	0.00	1751.18
秩序違反の認知 *	1.79	0.49	0.38	3.00
凝集性の認知 *	2.41	0.45	1.00	3.60
防犯活動の認知 *	1.56	0.52	0.00	3.00

* マークのついた変数は分析時は全体平均および地区平均で中心化している

世帯構成（単身世帯を1とするダミー変数），世帯の税込み収入（1：300万円未満，2：300万円以上600万円未満，3：600万円以上900万円未満，4：900万円以上）を投入した．いずれも第2波データを用いた．

これらの各変数の基礎統計量を表2に示す．

⑶　分析のストラテジー

本研究では二時点で測定した小地域集計可能なパネルデータに対してマルチレベル分析を適用する．このことにより，独立変数と従属変数の時間的前後関係を確保し，かつ，地区レベルの文脈効果と個人レベルの構成効果とを分離可能となる．

従属変数は事後（第3波）における被害リスク認知と犯罪不安である．

独立変数のうち，直接被害と間接被害については時点間の経験を扱うために事後（第3波）に測定したものとし，被害経験以外の独立変数は，従属変数との時間的関係を重視するために事前（第2波）に測定したデータを用いた．

従属変数である被害リスク認知と犯罪不安については，第2波時点を基準として第3波時点での変化をみるために，第2波時点の同種の変数を独立変数に投入した．また，被害リスク認知から犯罪不安への時間的因果を仮定したリスク解釈モデル（Ferraro 1995）を表現するために，第3波時点の犯罪不安を従属変数にした分析では，第2波時点の被害リスク認知を独立変数に追加した．

独立変数のうち個人レベル変数は，直接被害と間接被害，年齢，性別，住宅所有，住宅の種類，居住年数，世帯構成，対人ネットワーク，世帯収入，凝集性の認知，秩序違反の認知，防犯活動の認知であり，地区レベル変数は，世帯収入，駅からの距離，凝集性の認知，秩序違反の認知，防犯活動の認知とした．世帯収入，凝集性の認知，秩序違反の認知，防犯活動の認知については住民調査データを地区単位で平均した．駅からの距離は，GISソフト（ArcGIS ver10.5）で当該地区の外周から最も近い鉄道駅までの距離を算出（単位：メートル）した．地区内に鉄道駅が含まれる場合には距離は0となる．

本研究の主たる関心は，被害リスク認知と犯罪不安に関して，地区レベルの文脈効果と，個人レベルの構成効果とを分離して議論することにある．このため，被害リスク認知と犯罪不安のそれぞれについて，個人レベル変数のみを投入したモデル1，個人レベル変数に地区レベル変数を追加したモデル2，秩序違反，凝集性，防犯活動の3変数について地区レベルの交互作用を追加したモデル3，クロスレベル交互作用を追加したモデル4，地区レベル交互作用とクロスレベル交互作用の双方を追加したモデル5をそれぞれ比較した[5]．

3　結果
⑴　被害リスク認知

第3波時点での被害リスク認知を従属変数にし

近隣の秩序違反，住民の凝集性および近隣防犯活動が住民の被害リスク認知および犯罪不安に与える影響　93

JAPANESE JOURNAL OF SOCIOLOGICAL CRIMINOLOGY No.43 2018

表3 地区の秩序違反，住民の凝集性，防犯活動が被害リスク認知に与える影響

	モデル1		モデル2		モデル3		モデル4		モデル5	
	β	S.E.	β	S.E.	β	S.E.	β	S.E.	β	S.E.
レベル1（個人）										
切片	1.05	0.25***	1.31	0.37***	1.29	0.35***	1.38	0.37***	1.38	0.35***
リスク認知（第2波）	0.41	0.03***	0.41	0.03***	0.42	0.03***	0.42	0.03***	0.42	0.03***
直接被害	0.10	0.09	0.10	0.09	0.10	0.09	0.12	0.09	0.11	0.09
間接被害	0.07	0.02**	0.06	0.02**	0.06	0.02**	0.06	0.02**	0.06	0.02*
年齢	-0.01	0.00***	-0.01	0.00***	-0.01	0.00***	-0.01	0.00***	-0.01	0.00***
性別	-0.07	0.05	-0.07	0.05	-0.09	0.05	-0.08	0.05	-0.10	0.05†
持ち家	-0.12	0.08	-0.12	0.08	-0.11	0.08	-0.11	0.08	-0.09	0.08
戸建	0.09	0.07	0.08	0.08	0.05	0.08	0.07	0.08	0.04	0.08
居住年数	0.00	0.00	0.00	0.00	0.00	0.00	0.00	0.00	0.00	0.00
世帯構成	0.03	0.10	0.03	0.10	0.01	0.10	0.01	0.10	0.00	0.10
対人ネットワーク *	0.05	0.03*	0.05	0.03†	0.05	0.03†	0.05	0.03†	0.05	0.03†
収入 *	0.02	0.04	0.02	0.04	0.02	0.04	0.03	0.04	0.03	0.04
秩序違反認知 *	0.04	0.07	0.05	0.07	0.05	0.07	0.06	0.07	0.06	0.07
凝集性認知 *	0.11	0.06†	0.12	0.06*	0.13	0.06*	0.13	0.06*	0.14	0.06*
防犯活動の認知 *	-0.08	0.05	-0.08	0.05	-0.08	0.05	-0.08	0.05	-0.08	0.05
レベル2（地区）										
収入			0.02	0.14	0.02	0.13	0.00	0.14	-0.01	0.13
駅からの距離			0.00	0.00	0.00	0.00	0.00	0.00	0.00	0.00
秩序違反			-0.13	0.23	-0.18	0.23	-0.12	0.23	-0.20	0.23
凝集性			-0.28	0.26	-0.12	0.26	-0.35	0.26	-0.17	0.26
防犯活動			-0.12	0.22	0.02	0.23	-0.12	0.22	0.02	0.22
レベル2交互作用										
秩序違反×凝集性					-2.98	1.28*			-3.36	1.29**
凝集性×防犯活動					-5.18	1.96**			-4.76	1.94*
防犯活動×秩序違反					-0.63	1.38			-0.43	1.37
クロスレベル交互作用										
（地区）　（個人）										
秩序違反×凝集性							-0.88	0.41*	-0.86	0.41*
秩序違反×防犯活動							0.88	0.42*	0.84	0.42*
凝集性×秩序違反							0.72	0.43†	0.73	0.43†
凝集性×防犯活動							1.24	0.48*	1.28	0.48**
防犯活動×秩序違反							-0.12	0.41	-0.08	0.41
防犯活動×凝集性							0.16	0.50	0.21	0.50
変量効果										
	分散成分	S.E.	分散成分	S.E.	分散成分	S.E.	分散成分	S.E.	分散成分	S.E.
地区	0.006	0.007	0.005	0.007	0.000	0.000	0.005	0.007	0.000	0.000
個人	0.373	0.023	0.373	0.022	0.371	0.022	0.364	0.022	0.362	0.021
ケースの数（地区）	39		39		39		39		39	
ケースの数（個人）	585		585		585		585		585	
対数尤度	-545.85		-544.97		-540.4		-537.9		-533.1	

Note. ***: p<0.001, **: p<0.01, *: p<0.05, †: p<0.1
モデル3-5においては，マークのついた変数は，レベル1では地区平均から，レベル2では全体平均から中心化している

た5つのモデルの分析結果を表3に示す．図1に地区単位で集計した住民の凝集性の高低別に，同じく地区単位集計の秩序違反，防犯活動を横軸に，被害リスク認知を縦軸に取った散布図および回帰直線を示す．

表3に示すようにモデル全体を通じて，個人レベルの要因として間接被害の正の効果および年齢の負の効果がみられた．すなわち，事前の被害リスク認知を統制すると，時点間の間接被害は事後の被害リスク認知を一貫して高めるとともに，年齢が高い回答者は年齢が低い回答者に比べて，事後の被害リスク認知が抑制されるといえる．

94 Ⅱ 自由論文

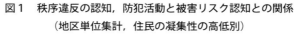

図1 秩序違反の認知，防犯活動と被害リスク認知との関係
（地区単位集計，住民の凝集性の高低別）

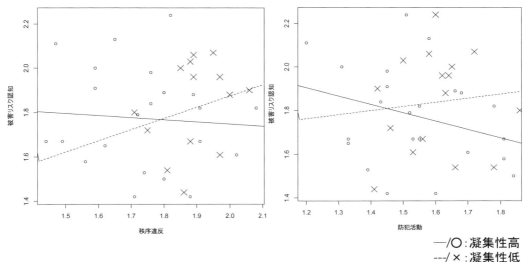

―/○：凝集性高
---/×：凝集性低

モデル2で投入した地区レベルの主効果はいずれも非有意であったが，地区レベル交互作用を投入したモデル3では2種類の有意な交互作用効果が見られ，モデルの適合度もモデル2に比べて有意に改善した（$\chi^2(2)=9.17$, p<.05）．秩序違反と凝集性の負の交互作用効果（$\beta=-2.98$, p<.05）は，図1の左の散布図における回帰直線の傾きの違いと解釈できる．すなわち，凝集性が低い地区（点線）においては，凝集性が高い地区（実線）に比べて，地区の秩序違反が住民全体の被害リスク認知を高めると考えられる．同様に，凝集性と防犯活動の交互作用効果（$\beta=-5.18$, p<.01）は，図1の右の散布図における回帰直線の傾きの違い，すなわち，住民の凝集性の高い地区（実線）では，凝集性の低い地区に比べて，地区の防犯活動が住民全体の被害リスク認知を抑制すると解釈できる．

モデル4では，3種類の有意なクロスレベル交互作用が見られ，モデルの適合度がモデル2に比べて有意に改善した（$\chi^2(6)=14.14$, p<.05）．クロスレベル交互作用の解釈は以下の通りである．

まず，秩序違反の水準が高い地区ほど，個人が住民のまとまりを感じることによる被害リスク認知の抑制効果は大きくなる（$\beta=-0.88$, p<.05）．逆に，秩序違反の水準が高い地区では，個人が防犯活動を見聞きすることによる被害リスク認知の抑制効果は小さくなる（$\beta=0.88$, p<.05）．また，住民の凝集性が低い地区ほど，住民が防犯活動を見聞きすることによる被害リスク認知の抑制効果は大きくなる（$\beta=1.24$, p<.01）．さらに，モデル2で有意であった個人レベルの秩序違反認知の効果が消失した代わりに，地区の凝集性と個人の秩序違反認知の有意傾向の交互作用がみられた（$\beta=0.73$, p<.10）．地区レベルの住民の凝集性は，秩序違反と被害リスク認知との間の正の関係をかえって助長してしまうと解釈できる．

地区レベル交互作用およびクロスレベル交互作用の双方を含むモデル5では，モデル3で有意だった地区レベル交互作用，モデル4で有意だったクロスレベル交互作用はいずれも正負の方向性もそのまま維持されていた．モデル5の適合度はモデル3・モデル4の双方に対して改善しており

JAPANESE JOURNAL OF SOCIOLOGICAL CRIMINOLOGY No.43 2018

表4　地区の秩序違反，住民の凝集性，防犯活動が犯罪不安に与える影響（第2波の被害リスク認知を統制）

	モデル1		モデル2		モデル3		モデル4		モデル5	
	β	S.E.	β	S.E.	β	S.E.	β	S.E.	β	S.E.
レベル1（個人）										
切片	1.06	0.27***	1.41	0.38***	1.26	0.38**	1.43	0.38***	1.28	0.38**
犯罪不安（第2波）	0.08	0.04*	0.08	0.04*	0.09	0.04*	0.08	0.04*	0.08	0.04*
リスク認知（第2波）	0.37	0.04***	0.37	0.04***	0.37	0.04***	0.38	0.04***	0.37	0.04***
直接被害	0.10	0.09	0.12	0.09	0.10	0.09	0.13	0.09	0.11	0.09
間接被害	0.04	0.02†	0.04	0.02†	0.03	0.02	0.04	0.02	0.03	0.02
年齢	-0.01	0.00***	-0.01	0.00***	-0.01	0.00***	-0.01	0.00***	-0.01	0.00***
性別	0.12	0.06*	0.12	0.06*	0.10	0.06†	0.12	0.06*	0.11	0.06†
持ち家	-0.08	0.09	-0.07	0.09	-0.09	0.09	-0.07	0.09	-0.09	0.09
戸建	-0.02	0.07	0.02	0.08	0.02	0.08	0.01	0.08	0.02	0.08
居住年数	0.00	0.00	0.00	0.00	0.00	0.00	0.00	0.00	0.00	0.00
世帯構成	0.14	0.11	0.14	0.11	0.12	0.11	0.13	0.11	0.11	0.11
対人ネットワーク*	-0.02	0.03	-0.02	0.03	-0.02	0.03	-0.03	0.03	-0.02	0.03
収入*	0.02	0.04	0.02	0.04	0.03	0.04	0.03	0.04	0.03	0.04
秩序違反認知*	-0.01	0.07	0.02	0.07	0.02	0.07	0.03	0.07	0.03	0.07
凝集性認知*	0.09	0.06	0.08	0.06	0.08	0.06	0.09	0.06	0.09	0.06
防犯活動の認知*	-0.05	0.06	-0.04	0.06	-0.05	0.06	-0.04	0.06	-0.05	0.06
レベル2（地区）										
収入			-0.16	0.14	-0.09	0.14	-0.17	0.14	-0.10	0.14
駅からの距離			0.00	0.00	0.00	0.00	0.00	0.00	0.00	0.00
秩序違反			-0.06	0.23	0.05	0.25	-0.07	0.23	0.04	0.25
凝集性			-0.52	0.26*	-0.53	0.28†	-0.53	0.26*	-0.54	0.28†
防犯活動			-0.34	0.22	-0.28	0.24	-0.34	0.22	-0.28	0.24
レベル2交互作用										
秩序違反×凝集性					-0.14	1.37			-0.05	1.39
凝集性×防犯活動					-7.01	2.10**			-6.82	2.10**
防犯活動×秩序違反					-2.39	1.48			-2.36	1.48
クロスレベル交互作用										
（地区）　（個人）										
秩序違反×凝集性							-0.19	0.45	-0.19	0.45
秩序違反×防犯活動							0.86	0.45†	0.82	0.45†
凝集性×秩序違反							0.38	0.46	0.29	0.46
凝集性×防犯活動							0.59	0.52	0.47	0.52
防犯活動×秩序違反							0.25	0.45	0.26	0.44
防犯活動×凝集性							-0.08	0.54	-0.05	0.54
変量効果										
	分散成分	S.E.	分散成分	S.E.	分散成分	S.E.	分散成分	S.E.	分散成分	S.E.
地区	0.001	0.008	0.000	0.000	0.000	0.000	0.000	0.000	0.000	0.000
個人	0.439	0.027	0.434	0.025	0.426	0.025	0.431	0.025	0.423	0.025
ケースの数（地区）	39		39		39		39		39	
ケースの数（個人）	585		585		585		585		585	
対数尤度	-589.4		-586.3		-580.4		-583.91		-578.4	

Note. ***: p<0.001, **: p<0.01, *: p<0.05, †: p<0.1
モデル3-5においては，マークのついた変数は，レベル1では地区平均から，レベル2では全体平均から中心化している

（それぞれ $\chi^2(6)=14.51$, p<.05, $\chi^2(2)=9.54$, p<.01），被害リスク認知に対して，地区レベル交互作用とクロスレベル交互作用とが独立して作用していることが伺える．

(2)　犯罪不安

　第3波時点での犯罪不安を従属変数にし，第2波での被害リスク認知や他の変数を独立変数として投入したマルチレベル分析の結果を表4に示す．図2に，地区単位で集計した住民の凝集性の高低

96　Ⅱ　自由論文

図2 秩序違反の認知，防犯活動と犯罪不安との関係
（地区単位集計，住民の凝集性の高低別）

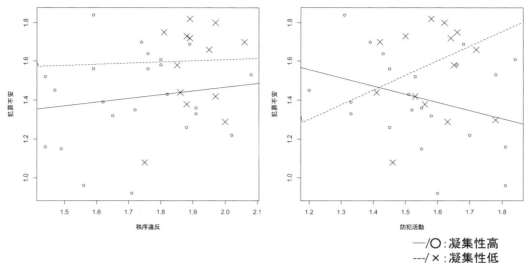

―／○：凝集性高
---／×：凝集性低

別に，同じく地区単位で集計した秩序違反，防犯活動を横軸に，犯罪不安を縦軸に取った散布図および回帰直線を示す．

モデル全体を通じて，事前（第2波時点）での犯罪不安を統制した上で，被害リスク認知が事後（第3波時点）の犯罪不安に与える効果が有意であった．これにより，被害リスク認知が事後の犯罪不安に影響することが示されたといえる．また，統制変数の中では，年齢の効果が一貫して負であった．また，被害リスク認知ではみられなかった性別の効果がモデル1，2，4では有意，モデル3，5で有意傾向であった．事前の犯罪不安とリスク認知とを統制していることから，この差異は，女性は男性よりも脆弱性が高いため犯罪不安をより感じやすいと解釈できる．

個人レベル変数のみのモデル1に，地区レベル変数の主効果を追加したモデル2では適合度は有意には改善しなかったが（$\chi^2(4)=6.33, N.S.$），モデル3では，地区レベルの凝集性と防犯活動との負の交互作用効果が見られ（$\beta=-7.01, p<.01$），モデルの適合度はモデル1に比べて有意に改善し

た（$\chi^2(7)=17.96, p<.05$）．この交互作用効果は，図2の右側の散布図で，住民の凝集性が高い地区では，地区の防犯活動が犯罪不安の抑制につながるが，住民の凝集性が低い地区での防犯活動は，住民の犯罪不安を高めると解釈できる．この交互作用効果は，モデル5でクロスレベル交互作用を投入しても有意なまま維持された（$\beta=-6.82, p<.05$）．

モデル4・5では，有意傾向ながら，地区の秩序違反と個人の防犯活動の認知の正のクロスレベル交互作用が見られた（モデル4 $\beta=0.86, p<.10$; モデル5 $\beta=0.82, p<.10$）．被害リスク認知と同様に，秩序違反の水準が高い地区は，秩序違反の水準が低い地区に比べて，住民が防犯活動を見聞きしても犯罪不安は低減されづらいと解釈できる．

4 議論

本研究では，日本および海外における社会調査による犯罪不安研究を概観し，既存研究の方法論的な問題点として，日本では犯罪不安の形成要因

の因果関係を単一時点の横断分析で扱っていること，地区単位で作用する要因を個人レベルの分析で扱っていること，日本と海外の双方で，秩序違反と住民の凝集性の交互作用効果が検討されていないことの三点を指摘した．そして，この問題を解決するために，日本の首都圏の1都市において二時点で実施された小地域集計可能なパネル社会調査データにマルチレベル分析を適用し，ある時点での地区レベルでの住民の凝集性，秩序違反，防犯対策の実施が事後の犯罪被害リスク認知および犯罪不安に与える影響を検討した．

　まず，仮説1で取り上げた秩序違反の痕跡モデルについて考察する．欧米の研究では，地区レベルの秩序違反は，その地区の住民全体の犯罪不安に文脈的な影響を与えている（Rountree et al. 1996b; Wyant 2008; Mellgren et al. 2010; Gau et al. 2010）．しかし，本研究では，表3と表4のモデル2において，地区レベルの秩序違反の主効果は，被害リスク認知・犯罪不安の双方に対して有意ではなかった．このことは，海外では頻繁に取り上げられる秩序違反の痕跡モデルは，集計単位を地区（町丁目）単位とする限りでは日本では成立しなかったといえる．住宅街でも地区によって犯罪統制や財政資源に大きな格差があり，道路一本を隔てるだけで環境が一変する欧米と，秩序違反に関して単純な地区差はない日本との違いだといえよう．ただし，後述の仮説3で取り上げるように，地区の秩序違反は住民の凝集性などの他の変数と相まって，被害リスク認知や犯罪不安に影響しているため，むしろこの交互作用効果にこそ着目すべきであろう．

　仮説2について，地区レベルでの住民の凝集性は，その地区の住民全体の事後の犯罪不安を抑制することが示された（表4，モデル2）．この結果は，国内外の先行研究（Gau et al. 2014; 小林ら 2000; Yuan et al. 2017）と同様である．この結果からは，近隣での住民の凝集性を高める施策が，犯罪不安の低減に有効であると考えられるが，本研究では住民の凝集性と防犯活動の交互作用効果が見られたことから，住民の凝集性を高める施策もすべての地区に一概に効果が見込まれるとまではいえない．

　仮説3の秩序違反と住民の凝集性との交互作用効果については，被害リスク認知について，地区レベルの負の交互作用がみられた．この結果はMcGarrell et al. (1997)，Ross et al. (2000)の個人レベルの分析結果と軌を一にしているが，今回の分析結果は，この交互作用は地区の文脈効果であることが伺える．また，秩序違反の水準が高い地区ほど，個人の凝集性認知がより被害リスク認知を抑制するというクロスレベル交互作用は，秩序違反の水準が高い地区におけるインフォーマルな犯罪統制機能の重要性を示唆するといえよう．

　仮説4（防犯活動）に関して，被害リスク認知，犯罪不安ともに地区の凝集性との交互作用効果がみられた．図1・図2に示したとおり，住民の凝集性の高い地区では，凝集性の低い地区に比べて，地区の防犯活動が住民全体の被害リスク認知と犯罪不安を抑制すると考えられる．この地区の凝集性と防犯活動との交互作用効果は，直接的に犯罪不安に影響すると同時に，被害リスク認知を媒介して犯罪不安に影響するといえる．また，表3・モデル5におけるクロスレベル交互作用からは，パトロールなどの「見せる」防犯活動を，秩序違反の水準が高い，住民の凝集性が低いといった問題を有する地区で実施すると，その防犯活動を見た住民個人の被害リスク認知を効果的に引き下げ，その結果犯罪不安を引き下げることが期待できる．反対に，秩序違反の水準が低く住民の凝集性が高い地区における個人が防犯活動を見たか否かによる差異は小さく，むしろ，防犯活動の水準が地区全体に及ぼす文脈効果が大きいといえよう．

98　Ⅱ　自由論文

仮説5で取り上げた間接被害モデルについて，本研究では，第2波時点の被害リスク認知・犯罪不安の水準を統制した上で，調査時点間で地域での犯罪被害を見聞きすることが，その個人の事後の被害リスク認知・犯罪不安を高めるかを検討した．その結果，被害見聞は事後の被害リスク認知を高めるが（表3），犯罪不安に対する直接的な効果はないことが示された（表4）．被害リスク認知は事後の犯罪不安に影響を及ぼしていることから，間接被害は被害リスク認知を媒介して犯罪不安を高めるといえる．この結果は，島田ら（2004）での単一時点の横断分析でも示されていたが，パネルデータを用いた本研究から得られた結果は，より堅固な知見だといえる．

　関連して，本研究でパネルデータを用いた副産物として，理論的に被害リスク認知が犯罪不安に先行するというリスク解釈モデルの検討がある．第2波時点の被害リスク認知が，同時点の犯罪不安を統制した後に，事後の犯罪不安に影響していたことからは，リスク解釈モデルは一定の根拠が示されたといえる．今後，三時点以上の交差遅れモデルを用いた追試が有用であろう．

　本研究の意義，制約と今後の展望について触れる．日本の社会調査で犯罪不安を取り扱った研究は，いずれも個人レベルの分析（阪口 2013;島田ら 2004, 2010; 鈴木ら 2006; 山本ら 2016）または地区レベルの分析（小林ら 2000）に留まっていた．また，海外でのパネル調査で犯罪不安の個人内変動を見た研究は，Norris et al.（1992），Russo（2010）など個人を分析単位にしたものが主流であり，地区変数を含めて精緻に検討したものは，Robinson et al.（2003）に限られている．本研究は，小地域集計可能なパネル社会調査に，マルチレベル分析を適用し，ある時点での地区の文脈効果と，個人の構成効果が，2年後の被害リスク認知・犯罪不安に与える影響を示した点で特徴的だといえる．

　加えて，地区レベルまたはクロスレベルの交互作用効果を含めて議論することで，より地区の特性にあった対策を選択することが可能になるであろう．たとえば，秩序違反の水準が高い地区では，秩序違反そのものを低減させることに加えて，住民のつながりを増す施策が住民の被害リスク認知を引き下げて，犯罪不安を抑制できると考えられる．また，住民の凝集性が低い地区では秩序違反の改善，住民の凝集性の高い地区ではパトロールや見守り活動などの防犯活動の実施といった地区の特徴別の対策が有望であろう[6]．

　本研究の制約について述べる．まず，地理的集計単位の妥当性の問題である．本研究では，住民基本台帳からの抽出であることから「町丁目」を地区レベルの集計単位とした．町丁目は町内会や自治会といった地域活動のベースになるが，同一町丁目の中でもその物理環境要因や対人関係のありようは，街区や道路単位で異なる可能性がある．今回，個人レベルの秩序違反の認知が被害リスク認知に与える影響が有意であったことから，近隣での秩序違反は，町丁目よりも細かい単位での分散が大きい可能性がある．海外での研究では，近隣―街路―個人の3水準のマルチレベル分析（Rountree et al. 1996b）がみられるが，今後，日本でも有効であると考えられる．

　次に調査対象地の妥当性の問題である．今回は千葉県の1市を調査対象地としたが，当然のことながら，1市で見出された因果関係を，社会経済状況や環境要因が異なる他地区にそのままあてはまることはできない．他地区での同様な分析が必要である．

　最後に調査方法の制約である．本研究では，2時点の調査の間に市外に転出して調査から脱落した回答者が全体の2割程度存在した．本研究の主たる関心は地区特性にあるため，やむをえない面

があるが，被害リスク認知や犯罪不安の水準が高い若年者ほど転出率が高いこと，また，犯罪被害の帰結として転居が指摘されている（Xie et al. 2008）ことからは，脱落による悪影響が一定程度存在することは確実である．

　日本では近年，刑法犯認知件数が減少すると同時に，防犯ボランティアなどの近隣防犯の担い手も高齢化が進んでいる．このため，パトロールや見守り活動などの地域での防犯活動や，落書き消し等の環境に対する介入も，過去のように地域で等しく介入量が確保できるとは限らない．今後の地域での防犯対策を持続可能にするためには，本研究で示した地区の文脈効果，とりわけ交互作用効果に着目して，地区特性に応じた効果的な対策を選択していく必要があると思われる．

［注］
1) 日本国内の研究でも阪口（2013），山本ら（2016）はともに複数時点の社会調査データをプールして時間的な変化を扱ってはいるが，データの制約により，同一個人内での変化は検討できていない．阪口（2013）が用いたJGSSは日本全域を対象にしているが，各回の調査で抽出をしており，同一個人が調査対象になる可能性は極めて低い．山本ら（2016）は，地域防犯対策の対象となった2地区を対象としており，同一個人が2時点で回答している可能性は高いが，実査方法（全戸配布郵便）の制約のために，同一個人の回答を識別することは不可能であった．

2) 厳密に介入効果を明らかにするには，介入実施地区と非実施地区とをランダムに割り付けた社会実験が必要であり，海外では実験デザインによる研究がみられる．先行研究の紹介は紙幅の関係で割愛する．

3) 分析対象者は次の手順で確定した．第1波調査では，40地区から各50名を無作為抽出して得た2000名に対し調査票を郵送し1183名から回答を得た（回収率59.2％）．第2波調査では，第1波調査回答者から市外転居者・死亡者203名を除いた980名に新規の593名を補充した1573名に調査票を郵送し983名から回答を得た（回収率62.5％）．

第3波調査では，第2波調査回答者から市外転居者・死亡者106名を除いた877名に調査票を郵送し754名から回答を得た（回収率85.6％）．その後，2回の調査いずれかで世帯内の家族等の代理回答（性別の不一致または年齢5歳以上の相違）が認められた回答者66名，地区をまたいで転居した4名，調査除外の1地区4名を分析から除外し，672名を得た．ここから分析対象変数に欠損がある回答者を除いた585名を分析対象とした．

4) この3項目以外に「自分の乗り物や持ち物が盗まれる」，「生命にかかわる犯罪（殺人や放火，テロなど）」の2項目についても測定していたが，前者は回答者の全員が乗り物を所有しているとは限らないこと，後者は本研究の関心である近隣での防犯活動の対象になりづらいことから分析から除外した．

5) モデル2以降では，収入，秩序違反，凝集性，防犯活動を地区レベルと個人レベルの2か所で投入することとなるが，生の変数をそのまま投入してしまうと，地区レベルの変数と個人レベルの変数との間に相関が発生し推定がうまくいかないことが知られている（Johnson 2010）．また，本研究のもうひとつの関心は，地区レベルの変数の交互作用効果を扱うことであるが，この場合も生の変数をそのまま投入した場合，変数間の相関が問題になる．これらの問題を回避するために，モデル2以降では地区レベルの変数は全体平均からの偏差，個人レベルの変数は地区平均からの偏差として投入した．

6) ただし，本研究の従属変数は被害リスク認知や犯罪不安であって，犯罪被害そのものではないことに留意すべきである．

［文献］
Covington, J., and Taylor, R. B., 1991, "Fear of crime in urban residential neighborhoods: Implications of between- and within-neighborhood sources for current models", *Sociological Quarterly*, 32, 231-249.

Ferraro, K, F., 1995, *Fear of Crime: Interpreting Victimization Risk* Albany: State University of New York Press.

Foster, S., Knuiman, M., Wood, L., and Giles-Corti, B., 2013, "Suburban neighbourhood design: Associations with fear of crime versus perceived crime risk", *Journal of Environmental Psychology,* 36, 112-

117.

Gau, J, M., Corsaro, N. and Brunson, R. K., 2014, "Revisiting broken windows theory: A test of the mediation impact of social mechanisms on the disorder-fear relationship", *Journal of Criminal Justice,* 42, 579-588.

Gau, J. M., and Travis, C. P., 2010, "Revisiting broken windows theory: Examining the sources of the discriminant validity of perceived disorder and crime", *Journal of Criminal Justice,* 38, 758-766.

法務総合研究所, 2012,『平成24年版犯罪白書』 http://hakusyo1.moj.go.jp/jp/59/nfm/ n_59_2_5_3_3_0.html (2018年7月13日閲覧).

Jackson, J., 2004, "Experience and expression: Social and cultural significance in the fear of crime", *British Journal of Criminology,* 44, 946-966.

Jackson, J., and Stafford, M., 2009, "Public Health and Fear of Crime: A Prospective Cohort Study", *British Journal of Criminology,* 49, 832-847.

Johnson, B. D., 2010, Multilevel Analysis in the Study of Crime and Justice, Piquero,A.R.and Weisburd,D. (eds.), Handbook of Quantitative Criminology, pp615-637.

小林寿一・鈴木 護, 2000,「居住環境が犯罪発生と犯罪不安感に及ぼす影響」,『科学警察研究所報告防犯少年編』40: 115-124.

McGarrell, E. F., Giacomazzi, A. L., and Thurman, Q. C., 1997, "Neighborhood disorder, integration, and the fear of crime". *Justice Quarterly,* 14, 479-500.

Mellgren, C., Pauwels, L., and Levander, M. T., 2010, "Neighbourhood Disorder and Worry About Criminal Victimization in the Neighbourhood", *International Review of Victimology,* 17, 291-310.

日工組社会安全研究財団, 2017,『犯罪に対する不安感等に関する調査研究―第5回調査報告書―』日工組社会安全研究財団.

Norris, F. H., and Krzysztof K., 1992, "A longitudinal study of the effects of various crime prevention strategies on criminal victimization, fear of crime, and psychological distress", *American Journal of Community Psychology,* 20, 625-648.

Oh, Joong-Hwan, and Kim, S. 2009, "Aging, neighborhood attachment, and fear of crime: testing reciprocal effects", *Journal of community psychology,* 37, 21-40.

Robinson, J.B., Lawton, B.A., Taylor, R.B., and Perkins, D.D., 2003, "Multilevel Longitudinal Impacts of Incivilities: Fear of Crime, Expected Safety, and Block Satisfaction", *Journal of Quantitative Criminology,* 19, 237-274.

Roccato, M., Russo, S., and Vieno, A., 2011, "Perceived community disorder moderates the relation between victimization and fear of crime", *Journal of community psychology,* 39, 884-888.

Roh, S., and Oliver, W. M., 2005, "Effects of community policing upon fear of crime: Understanding the causal linkage", *Policing,* 28, 670-683.

Ross, C. E., and Jang, S. J., 2000, "Neighborhood disorder, fear, and mistrust: The buffering role of social ties with neighbors", *American Journal of Community Psychology,* 28, 401-420.

Rountree, P. W., and Land, K. C., 1996a, "Perceived Risk versus Fear of Crime: Empirical Evidence of Conceptually Distinct Reactions in Survey Data", *Social Forces,* 74, 1353-1376.

Rountree, P. W., and Land, K. C., 1996b, "Burglary Victimization, Perceptions of Crime Risk, and Routine Activities: A Multilevel Analysis Across Seattle Neighborhoods and Census Tracts", *Journal of Research in Crime and Delinquency,* 33, 147-180.

Russo, S., and Roccato, M., 2010, "How long does victimization foster fear of crime? A longitudinal study", *Journal of Community Psychology,* 38, 960-974.

Russo, S., Roccato, M., and Vieno, A., 2011, "Predicting Perceived Risk of Crime: a Multilevel Study", *American Journal of Community Psychology,* 48, 384-394.

阪口祐介, 2013,「犯罪リスク認知の規定構造の時点間比較分析」,『犯罪社会学研究』38: 153-169.

Sampson, R. J., Raudenbush, S. W., and Earls, F., 1997, "Neighborhoods and violent crime: A multilevel study of collective efficacy", *Science,* 277, 918-924.

島田貴仁, 2011,「犯罪不安とリスク認知」小俣謙二・島田貴仁(編)『犯罪と市民の心理学――犯罪リスクに社会はどうかかわるか』, 北大路書房 2-22.

島田貴仁・雨宮護・菊池城治, 2010,「近隣での防犯対策が市民の犯罪の知覚に与える影響」,『犯罪社会学研究』35: 132-148.

島田貴仁・鈴木護・原田豊, 2004,「犯罪不安と被害リスク知覚(Ⅰ課題研究 日本の治安と犯罪対策―犯罪学からの提言)」,『犯罪社会学研究』29: 51-64.

Skogan W. G., 1986, "Fear of Crime, Neighborhood Change", *Crime and justice,* 8, 203-229.

Smith, B., and Sturgis, P., 2011, "Do Neighborhoods Generate Fear of Crime? an Empirical Test using the British Crime Survey", *Criminology,* 49, 331-369.

鈴木護・島田貴仁，2006,「犯罪不安感に対する地域環境整備と社会的秩序紊乱の影響」,『科学警察研究所報告犯罪行動科学編』43: 17-26.

Taylor, R. B., and Hale, M., 1986, "Testing Alternative Models of Fear of Crime", *Journal of Criminal Law and Criminology,* 77, 151-189.

Wyant, B. R., 2008, "Multilevel Impacts of Perceived Incivilities and Perceptions of Crime Risk on Fear of Crime", *Journal of Research Crime Delinquency,* 45, 39-64.

Xie, M., and McDowall, D., 2008, "Escaping Crime: The Effects of Direct and Indirect Victimization on Moving", *Criminology,* 46, 809-840.

山本功・島田貴仁，2016,「地域防犯事業が体感治安と犯罪不安に及ぼす効果の研究」,『犯罪社会学研究』41: 80-97.

Yuan, Y., and McNeeley, S., 2017, "Social Ties, Collective Efficacy, and Crime-Specific Fear in Seattle Neighborhoods", *Victims and Offenders,* 12, 90-112.

Email: takajin@nrips.go.jp

The Effects of Neighborhood Disorder, Social Cohesion and Crime Prevention Activity on the Perceived Risk of Victimization and Fear of Crime among Neighborhood Residents:
An Examination of Contextual Effects Using Multi-level Modeling

Takahito Shimada
（National Research Institute of Police Science）

Tomoya Ohyama
（Graduate school of Systems and Information Engineering, University of Tsukuba）

This research aims at examining the contextual effects of neighborhood disorder, social cohesion and crime prevention activity on the perceived risk of victimization and fear of crime among neighborhood residents. Upon reviewing several fear of crime analysis models that have considered the signs of disorder, indirect victimization, and risk interpretation in extant studies, the need for longitudinal surveys in multilevel framework has been realized; the current study fills this gap through the analysis of longitudinal surveys in order to dissect causal relationships and to properly separate the effects of individual/contextual factors.

Two-wave postal surveys were conducted in 2010 (T1) and 2012 (T2) in 39 census tracts in a suburban city of Metropolitan Tokyo (n=585). Two outcome variables, perceived risk of victimization and fear of crime at T2, were regressed on direct/indirect victimization between T1 and T2 as well as individual and contextual predictors at T1. Hierarchical linear models revealed tract-level interactions that social cohesion alleviated the strength of contextual-relationships between disorder and perceived risk, which was consistent with the signs of disorder model. Tract-level interactions were also found where crime prevention activity such as patrol could reduce residents' perceived risk and fear in a cohesive neighborhood. Meanwhile, cross-level interactions were found where tract-level disorder weakened the strength of individual-level association between perceived community crime prevention activity and perceived risk of crime. Finally, statistically significant temporal lag effects of indirect victimization on the perceived risk of crime and the effect of perceived risk on crime were also found, which supported both the indirect victimization and risk interpretation models. Policy implications and limitations of the current study were discussed.

Key words: fear of crime, perceived risk of victimization, multilevel longitudinal analysis

近隣の秩序違反，住民の凝集性および近隣防犯活動が住民の被害リスク認知および犯罪不安に与える影響　**103**

JAPANESE JOURNAL OF SOCIOLOGICAL CRIMINOLOGY No.43 2018

II 自由論文

出所後の成人の性的再犯に影響する要因の検討
——公的記録を用いた生存分析からの考察——

齊藤知範
科学警察研究所

山根由子
科学警察研究所

〈要旨〉

　性犯罪者の再犯について，出所時年齢だけでなく初犯時年齢を用いる形で，海外では実証研究が行われてきた．本稿では，生存時間分析を用いて，出所者の性的犯罪による再犯に影響するいくつかの要因を明らかにした．海外の研究同様に，過去の暴力的性犯罪の検挙歴の多さが性的犯罪による再犯リスクに影響することが明らかになった．さらに，過去の暴力的性犯罪の検挙歴の多さを考慮に入れた上でも，出所時年齢が20歳代・30歳代であると性的犯罪による再犯リスクは高いことが示された．一方で，出所時年齢にもとづくサブグループ別の分析をおこなったところ，出所時年齢が20歳代・30歳代である場合に，初犯時年齢が10歳代であることが再犯リスクの高さに影響することが示された．これらの知見の含意と今後の研究の方向性についても論じる．

キーワード：**性犯罪者の再犯，初回犯行時年齢，出所時年齢**

1 はじめに

(1) 性犯罪者の年齢と再犯に関する海外の研究

　海外では，性犯罪者の再犯に関して，実証研究のレビューがこれまでに蓄積されている（Furby et al.1989; Marshall 1996; Hanson and Bussière 1998; Lösel and Schmucker 2005; Craig et al. 2008）．その中でも，2000年代以降，年齢と再犯リスクとの関係が，諸研究で論点として取り上げられている．論点となる年齢に関して，出所時年齢，初犯時年齢の2種類が区別されて議論がなされており，それぞれ以下のような知見が導かれている．

　まず，出所時年齢に関する知見と議論に焦点を当てる．サンプルサイズの大きい近年の研究とし

て，Nicholaichuk et al.（2014）が存在する．簡易版のリスク評価尺度を用いて層別するなど他のリスク因子を考慮した上でも，出所時年齢が50歳代かそれ以上の者542名については再犯リスクが低いという結果が得られている．

　他方で，中年層を含む比較的年齢の高い群における，性犯罪の再犯率の高さを見出した研究も存在している．Prentky and Lee（2007）の研究では，子どもを対象とした性犯罪を行い受刑後も治療施設等へ収容された民事的収容制度の対象者115名の再犯率は，以下のように報告されている．すなわち，出所時年齢20歳代は再犯率が最も低く，30歳代では急激に高まり，40歳代で再犯率のピークとなっていた．その上で，50歳代で少

し低下し，60歳代で劇的に下がるが，60歳代の再犯率は20歳代よりも高い，という結果であった．一方で，成人対象のレイプによる民事的収容制度の対象者136名の場合は，その再犯率は，出所時年齢が若いほど高い，という結果であった．なお，この研究では，サンプルサイズが大きくないため，出所時年齢と再犯率との関係を裏付ける根拠として十分ではないことが指摘されている（Prentky and Lee 2007; Craig 2011）．

一方で，Craig（2011）は，45歳以上という最も高い年齢層で性犯罪の再犯率が一番高かったことを報告している．先行研究（Hanson 2006; Thornton 2006; Prentky and Lee 2007）での結果もふまえ，出所時年齢が上がると再犯率が必ずしも減るわけではない（plateau(non-decreasing trend) effect）という概念が提起されている．同様に必ずしも年齢とともに減らない再犯率を見出したHanson（2006），Thornton（2006）はいずれも少数サンプルという制約を抱えていることも，Craig（2011）は指摘しており，再現性についてはっきりとした決着がついているわけではない．

以上の通り，出所時年齢が上がると再犯率が必ずしも減るわけではないということが先行研究の一部では見出されており，近年に至るまで結論は見出されていない．このため，出所時年齢の再犯への影響のしかたは議論の対象として残されているといえる．

次に，初犯時年齢や犯罪経歴に関する知見と議論に焦点を当てる．初犯時年齢のデータを入手することは海外の場合でも比較的困難である．このため，性犯罪者の再犯に関する研究領域では，出所時年齢に比べて，初犯時年齢は変数として用いられることが相対的に少ない（Doren 2006; Craig et al. 2008）．しかしながら，リスクアセスメントにおいて，出所時年齢を用いるよりも初犯時年齢のほうが優れていることが明らかにされ

ている（Craig 2011; Harris and Rice 2007; Doren 2006; Craig et al. 2008）．過去の犯罪経歴や有罪判決の多さが性犯罪の再犯リスクの高さに影響することは，出所時年齢も考慮した研究（Thornton 2006），メタ分析からも裏付けられている（Hanson and Bussière 1998）．

以上の通り，過去の犯歴や有罪判決の多さが，性犯罪の再犯リスクの高さに影響することが，メタ分析においても支持されている．一方で，初犯時年齢と性犯罪の再犯リスクに関する研究の蓄積は比較的少ないことが指摘されている（Doren 2006; Craig et al. 2008）．

⑵　国内における再犯・再非行研究

以上の海外研究の概観をふまえ，出所時年齢，初犯時年齢，犯罪経歴と再犯リスクとの関係を中心に，国内研究を概観する．

まず，性犯罪者を対象とする再犯・再非行研究について概観する．13歳未満の子どもを対象とする暴力的性犯罪[1]により刑務所に服役した出所者の再検挙を分析した，原田らによる一連の先行研究（原田 2011a; 原田 2011b; Harada and Saito 2011）が存在する．具体的には，2005年6月から2010年5月までに出所した740名のうち，再犯状況を追跡することが可能であった733名が対象とされている．性的犯罪による再検挙を再犯とする生存分析の結果から，以下の四つの知見が明らかにされている．すなわち，第一に，満期出所者は仮釈放者に比べて再犯のリスクが約2倍であること，第二に，仮釈放者については仮釈放の期間が終了すると再犯のリスクがそれ以前の約3倍になること[2]，第三に，出所時年齢が1歳高くなると再犯の可能性が約3.6％低下すること，第四に，施設収容期間の長さは出所後の再犯の可能性の大小と無関係であることである．

翻って，性犯罪に焦点を当て，国内のデータを

用いて，生存分析を用いた研究に限ると，以下を除いては，ほとんど見当たらない．大江ほか（2008）は，性犯罪を行って少年鑑別所に収容された115名の少年の再非行を追跡し，生存分析を行った．クラスター分析によって3つの群の少年に分類された中で，再非行リスクの高かった群は，性欲動・関心・行動偏向尺度の得点が高く，性非行歴が多かったという結果が得られている．

一方，生存分析を用いていない研究の中で，性犯罪者の再犯リスクに関連する研究を行っているものとしては，次の研究が存在している．高橋・西原（2017）は，執行猶予群753名，実刑群731名のデータを用いて，性犯罪による罰金刑以上の有罪判決の有無を再犯の指標としてロジスティック回帰分析を行い，以下の結果を得ている．すなわち，性犯罪以外を含む犯罪による再犯のリスクには，犯行時の年齢が負の影響を与えており，性犯罪の前科等[3]は正の影響を与えていた．一方，性犯罪による再犯のリスクには，犯行時の年齢との関連は見られなかったが，性犯罪の前科等は正の影響を与えていた．

以上から，再犯のリスクを直接的に分析している国内研究のうち，大江ほか（2008）では性非行歴の多さ，高橋・西原（2017）では性犯罪の前科等という過去の性的逸脱行動が，将来の再犯・再非行リスクに影響することが確認されている．メタ分析が行われる程度に海外での性犯罪の再犯リスク研究が進展していることも鑑みると，性犯罪等や性非行等の過去の経験が再犯・再非行リスクにどの程度影響するかという問いに着眼し，実証研究の蓄積が必要であろう．

次に，初犯時年齢や初回非行時年齢に関する変数を，説明変数の中で考慮している再犯・再非行研究について概観する．森ほか（2004）は，精神障害を有して医療刑務所に収容された者の再犯を分析している．性犯罪者に焦点を当てる本稿とは，分析対象の性質は異なるが，初犯時年齢の低さ（25.5歳以下）が再犯リスクと関連するという結果が導かれている．

初回非行時年齢に相当する変数を用いた知見は，蓄積されている[4]．岡本（2002）は，少年鑑別所に入所した少年の成人期以降までを追跡した数少ない研究である．年齢が低い時点で入所した少年ほど，成人してからの受刑[5]リスクが高いことを，ロジスティック回帰分析を用いて明らかにしている．森・花田（2007）は，生存分析を用いており，年齢が低い時点で少年鑑別所に入所した少年ほど，再入所のリスクが高いという結果を報告している．また，遊間・金澤（2001）も，少年鑑別所に入所した少年の再入所までの生存分析を行っており，14歳未満で入所した少年は14歳以上で入所した少年に比べて，再入所のリスクが高いことが報告されている．上記の通り，複数の研究結果から，少年鑑別所の入所経験は，少年時の再入所や成人後の再犯のリスクを高める影響があることが支持されている．他方，警察に検挙された少年については，岡邊（2013）では初回非行時年齢は再非行リスクとの有意な関連が示される一方で，小林ほか（2013）では初回非行時年齢は再非行リスクとの関連が有意でないなど，初回非行時年齢の低さと再非行リスクとの関連は必ずしも一致を見ていない．

(3) 本稿の検討課題の明確化

以上の先行研究の概観をふまえると，国内の先行研究では有益な知見が多く導かれている一方で，以下の三つが未解明の課題として残されたままであると考えられる．

第一に，初回非行時年齢や少年鑑別所への入所時年齢を用いた知見が蓄積される一方で，成人による性犯罪の再犯リスクに関して初回犯行時年齢の影響が考慮されないままとなっている．この点

では海外研究に比べて，立ち後れている感が否めない．

第二に，過去の犯罪経歴の多さが成人による性犯罪の再犯リスクに影響するのかがほとんど検討されておらず，具体的に何件以上の犯罪経歴がある場合に再犯リスクが高いかという具体的な知見は明らかにされていない．

第三に，原田らによる一連の先行研究も含め，成人の性犯罪に関する研究では，出所時年齢の変数の影響が線形的に想定された上で，分析モデルが構築されている．この点は，海外の諸研究では，批判的な見解も提起される形で，議論が展開されている点は先述した通りであり，年齢をカテゴリーに変換する形での研究の進展が，国内でも必要である．

さらに，成人の性犯罪に関する研究では，原田らによる一連の先行研究を例外として，高橋・西原（2017）をはじめとする諸研究では，分析手法として生存分析やそれを適用できる形式のデータセットが用いられておらず，この点においても，改良の余地が残されている．本研究のように年月日を得られるデータに対して，生存分析ではなくロジスティック回帰分析を適用する場合は，情報量の損失が生じてしまう．第一に，ある一定期間内を定めて（例えば，2年間）の再犯率を算出した場合に，2年未満で追跡が打ち切りになったケースの情報量を活用することができない．第二に，再犯というアウトカムの有無を説明するための計量分析は可能であるが，再犯に至るまでの経過時間を説明することが難しい．これらの制約がある中でも，ロジスティック回帰分析を使用している先行研究の場合，その主要な理由は，正確な追跡期間の日数や，再犯の年月日に関する情報を追跡できないことによる場合が大半である．

そこで，本稿では，ある一定の性犯罪により刑務所に服役した後に出所した者を対象とし，生存分析の手法を用いて，再犯リスクと関連する要因を実証的に分析することを目的とする．

2　研究方法

13歳未満の子どもを対象とする暴力的性犯罪により刑務所に服役し，2011年4月から2015年3月までの4年間に，刑務所を出所した者（以下，対象者と呼ぶ）685名のうち，以下の14名を除外した671名を分析対象とした．子どもを対象とする暴力的性犯罪による出所者（4年間の総数685名）のうち，約98%の671名を分析対象とすることが可能であった．代表性の高いサンプルを用いる点に，本研究の特長がある．

以下に，除外した14名や死亡者等のケースの内訳を記したい．死亡者のうち犯罪経歴（再犯状況だけでなく過去の犯罪経歴もすべて含む）の追跡が不可能であった7名，女性1名，今回分析に用いる変数において欠損値や整合性に難があった6名を除外した．なお，出所後に死亡，車椅子生活，重度の認知症になることにより，事実上再犯が不可能になった18名を分析対象に含めている．この18名については，死亡等の年月日までの期間について再検挙の記録を追跡し，その追跡期間（単位は日．以下同様）の平均値は616，SDは358.957であった．この18名は再検挙されていなかったため，この18名に関しては，追跡不能となった時点の右側打ち切り（right-censoring）の情報として，死亡等の事象が起きた年月日を分析に用いている．671名のうち，この18名を除く653名については，2015年11月末までの追跡期間について，再検挙の記録を追跡した[6]．再検挙なしの535名の追跡期間の平均値は929.628，SDは416.101であった．再検挙ありの118名の追跡期間の平均値は427.009，SDは334.636であった．

以降では，出所後に性的犯罪をおこなって警察により再検挙されることを再犯と定義し，記述し

ている．原日らによる一連の先行研究との結果の比較を行う分析も本稿には含まれるため，先行研究と同一の性的犯罪[7]の定義を用いることとした．以降の分析では，被説明変数は，それぞれの出所者ごとの出所年月日から再犯までの経過時間としており，追跡期間内に再犯が観察されなかった場合は，追跡期間が終了する2015年11月末の情報を追跡打ち切りの情報としている．また，事実上再犯が不可能になった18名の場合は死亡等の事象が起きた年月日を追跡打ち切りの情報としている．

　分析に際しては，対象者の出所から追跡可能だった期間の長さがさまざまであることに留意する必要がある．具体的には，追跡期間中にはまだ再犯が観察されていない者がいるなどの可能性がある．こうした問題に対処できる統計手法として生存分析を用いた．

　分析に用いたソフトウェアは，Stata15である．

3　時間経過に伴う再犯の推定値に関する結果－カプラン・マイヤー法を用いて

(1)　出所時の年齢による分析

　図1は，出所時の年齢層別に，カプラン・マイヤー法による再犯の推定値を描いた結果である．図1からは，1年程度を経過して以降は，出所当時20歳代だったものにおける一貫した高い再犯率を読み取ることができる．

　グループごとの生存関数の差が統計的に有意であるかどうかを確認するために，ログランク検定，ウィルコクソン検定をそれぞれ行った．ログランク検定は生存時間の後ろの時点での生存関数の差を検出しやすく，ウィルコクソン検定は生存時間の早い時点での生存関数の差を検出しやすいという特徴がある．図1におけるグループごとの生存関数の差に関して，ログランク検定の結果は1％

水準で有意であり（χ^2=16.14,df =4,p= 0.0028），ウィルコクソン検定の結果は1％水準で有意であった（χ^2=15.85,df =4,p= 0.0032）．

　なお，上記のログランク検定，ウィルコクソン検定ともに，複数の群間における多重比較をおこなったものではない．以降において，表1から表3までは，複数の群における再犯率の数値を記述的に比較する形で言及するが，検定結果と対応するものではない点を補足しておく．出所形態別の2群を比較した表4に関する言及のみは，有意差検定と対応している．

　表1は，出所後の時点を1年刻みで表にしたものである[8]．1年間隔の各時点（1年後，2年後，3年後，4年後）を通じて，累積の再犯率は出所当時20歳代だった者において比較的高いことがわかる．出所当時20歳代だった者における4年後の再犯率の推定値は35.8％であり，他のグループよりも比較的高い．一方で，出所当時20歳代だった者においては2年後から3年後にかけては約2.3％の者が新規に再犯し，3年後から4年後にかけては約3％の者が新規に再犯しているに過ぎない．出所当時20歳代だった者においては，新規の再犯が著しい時期は，1年後までの1年間，1年後から2年後にかけての1年間だと見ることができる．

　一方で，表1からは，出所時年齢が50歳代であった者の再犯率が40歳代よりも高いという結果が示されており，出所時年齢が50歳代であった者を他の年齢層と比較する形で，確認しておきたい．具体的には，1年後，2年後，3年後，4年後のどの時点で見ても，50歳代で出所した者のほうが，40歳代で出所した者よりも再犯率が高い様子が示されている．しかしながら，出所時年齢50歳代に見られる再犯率の高さがどの程度明確なものであるのか，という点については，のちほどCox比例ハザードモデルを用いた多変量解

図1 カプラン・マイヤー法による再犯の推定値（出所時の年齢層別）

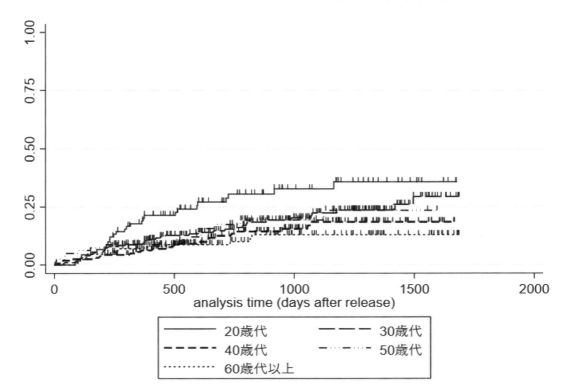

表1 カプラン・マイヤー法による再犯の推定値（出所時の年齢層別）

	20歳代 (n=91)	30歳代 (n=204)	40歳代 (n=164)	50歳代 (n=81)	60歳代以上 (n=131)
1年後	18.9%	8.9%	6.2%	8.6%	6.9%
2年後	30.5%	15.4%	12.5%	17.4%	8.7%
3年後	32.8%	22.4%	18.5%	19.3%	12.9%
4年後	35.8%	26.1%	18.5%	23.5%	12.9%

析の結果を待って結論づけることにしたい．

(2) 犯罪の経歴件数による分析

過去の犯歴や有罪判決の多さが，性犯罪の再犯リスクの高さに影響するという海外の知見（Hanson and Bussière 1998; Thornton 2006），性犯罪等や性非行等の過去の経験が，将来の再犯・非行リスクに影響するという国内の知見（大江ほか2008; 高橋・西原 2017）を先に述べた．諸知見をふまえると，性的犯罪による再犯リスクを分析する上で，暴力的性犯罪の経歴件数が影響する可能性に着目する意義がある．

図2におけるグループごとの生存関数の差に関して，ログランク検定の結果は0.1％水準で有意であり（χ^2=59.30, df =3, p=0.0000），ウィルコクソン検定の結果は0.1％水準で有意であった（χ^2=45.81, df =3, p=0.0000）．

表2は，出所後の時点を1年刻みで表にしたものである．1年間隔の各時点（1年後，2年後，3年後，4年後）を通じて，暴力的性犯罪の経歴件数が4件以上である者において，累積の再犯率が顕著に高く，4年後には50％を超える者が再犯していることが示されている．さらに，暴力的性犯罪の経歴件数が4件以上である者においては，

図2　カプラン・マイヤー法による再犯の推定値（暴力的性犯罪の経歴件数別）

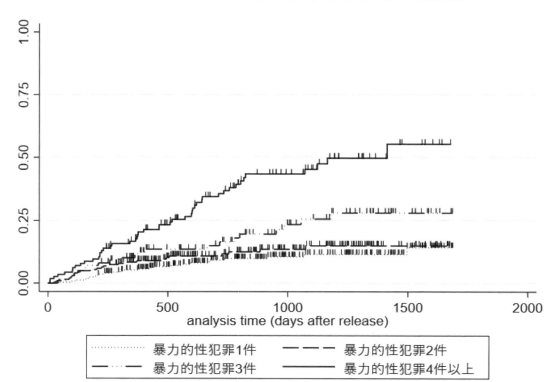

表2　カプラン・マイヤー法による再犯の推定値（暴力的性犯罪の経歴件数別）

	1件 (n=252)	2件 (n=204)	3件 (n=100)	4件以上 (n=115)
1年後	5.2%	8.4%	11.2%	17.6%
2年後	9.2%	11.6%	16.4%	35.6%
3年後	11.5%	15.0%	25.6%	45.2%
4年後	11.5%	15.0%	28.0%	55.3%

2年後から3年後にかけて，3年後から4年後にかけての期間においても，新規の再犯がかなり見られる．暴力的性犯罪の経歴件数が4件以上のグループから再犯が出現する危険性は期間全体を通じて高いと考える必要がある．

(3) 初犯時の年齢による分析

先述のとおり，国内研究（岡本 2002; 森・花田 2007; 遊間・金澤 2001; 岡邊 2013; 小林ほか 2013）では，初回非行時年齢や少年鑑別所への入所時年齢を用いた知見が蓄積される一方で，初回犯行時年齢と成人の再犯リスクに関する分析は海外研究に比べて不足している．そこで，暴力的性犯罪の初犯時の年齢を考慮した分析を行うこととする．

図3におけるグループごとの生存関数の差に関して，ログランク検定の結果は0.1％水準で有意であり（$\chi^2 = 36.78, df = 5, p = 0.0000$），ウィルコクソン検定の結果は0.1％水準で有意であった（$\chi^2 = 31.49, df = 5, p = 0.0000$）．

表3は，出所後の時点を1年刻みで表にしたものである．1年間隔の各時点（1年後，2年後，3年後，4年後）を通じて，初犯時の年齢が10歳代である者において，累積の再犯率が顕著に高

図3 カプラン・マイヤー法による再犯の推定値（暴力的性犯罪の初犯時の年齢層別）

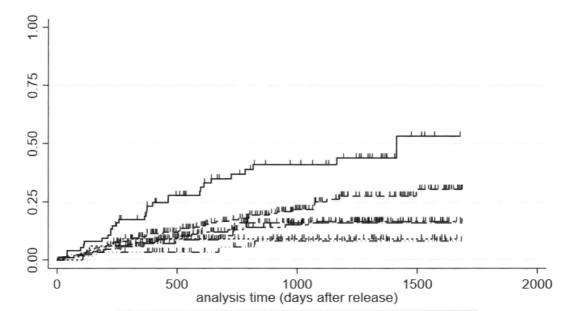

表3 カプラン・マイヤー法による再犯の推定値（暴力的性犯罪の初犯時の年齢層別）

	10歳代 (n=75)	20歳代 (n=214)	30歳代 (n=165)	40歳代 (n=88)	50歳代 (n=62)	60歳代以上 (n=67)
1年後	18.8%	9.9%	7.4%	7.1%	3.2%	9.0%
2年後	36.8%	17.3%	13.0%	10.5%	5.5%	9.0%
3年後	41.0%	25.0%	16.5%	15.9%	8.2%	9.0%
4年後	53.2%	27.5%	16.5%	15.9%	8.2%	9.0%

く，4年後には50％を超える者が再犯していることが示されている．初犯時の年齢が10歳代である者においては，出所後1年以内に18.8％の者が再犯している．この18.8％という値は，30歳代，40歳代，50歳代，60歳代以上の各グループの4年後の再犯率よりも高い値を示していることも指摘できる．さらに，初犯時の年齢が10歳代である者においては，1年後から2年後にかけての1年間の間に，18％の者が新規に再犯しており，出所後1年以内に18.8％という値とほぼ同じ程度である．2年後から3年後にかけての新規の再犯は4.2％であるものの，3年後から4年後にかけての新規の再犯は12.2％と再び出現率が高くなる．

(4) 満期出所，仮釈放の別による分析

図4は，出所時の形態（満期出所，仮釈放）の別に，カプラン・マイヤー法による再犯の推定値の曲線を描いた分析結果である．図4からは，どの経過時点においても，満期出所者のほうが仮釈放者よりも，高い再犯率を示していることがわかる．

図4におけるグループごとの生存関数の差に関して，ログランク検定の結果は5％水準で有意であり（χ^2=5.99,df =1,p=0.0144），ウィルコクソン

図4 カプラン・マイヤー法による再犯の推定値（出所形態の別）

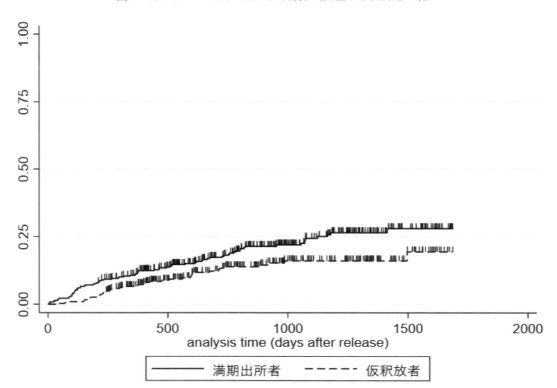

表4 カプラン・マイヤー法による再犯の推定値（出所形態の別）

	満期出所者 (n=364)	仮釈放者 (n=307)
1年後	11.4%	6.6%
2年後	17.7%	13.3%
3年後	24.4%	16.0%
4年後	27.9%	16.0%

検定の結果は5％水準で有意であった（χ^2=5.64, df=1, p=0.0175）.

表4で，1年間隔の各時点（1年後，2年後，3年後，4年後）で見た場合も，満期出所者のほうが仮釈放者よりも，再犯率が上回っている．

4 再犯を規定する要因に関するCox回帰分析の結果

前述までの再犯の推定値に関する分析において用いたカプラン・マイヤー法では，時間経過に伴う再犯率の推移を記述し，グループ間の傾向を比較することに主眼を置いていた．これに対して，以降ではCox回帰分析により，再犯のリスクを規定する複数の要因を考慮した分析を行う．

(1) 犯罪の経歴をモデルに含まない分析

まず，表5では，モデル1で，出所時年齢（単位は1歳），施設収容期間（単位は1日），仮釈放（満期出所＝0，仮釈放＝1）という3つの説明変数を投入した．表5のモデル2では，モデル1の説明変数に加えて，仮釈放期間継続中（満期出所＝0，仮釈放期間終了後＝0，仮釈放期間中＝

表5　再犯までの時間に関するCox比例ハザードモデルの分析結果（n=671）：モデル1，モデル2

説明モデル	Model1		Model2	
説明変数	ハザード比	95% 信頼区間	ハザード比	95% 信頼区間
出所時年齢	0.974**	(0.960 , 0.989)	0.974**	(0.960 , 0.989)
施設収容期間	1.000	(1.000 , 1.000)	1.000	(1.000 , 1.000)
仮釈放（満期出所＝0，仮釈放＝1）	0.540**	(0.366 , 0.797)	0.598*	(0.396 , 0.904)
仮釈放期間継続中	—	(— , —)	0.534	(0.194 , 1.473)
（満期出所＝0，仮釈放期間終了後＝0，仮釈放期間中＝1）				
モデルのカイ2乗検定	$p < 0.001$		$p < 0.001$	

* $p < 0.05$, ** $p < 0.01$, *** $p < 0.001$

1）という説明変数を投入して分析した．なお，仮釈放期間継続中は，時間経過に伴って値が変わる時間依存性共変量である．この仮釈放期間継続中という時間依存性共変量は，原田らによる一連の先行研究がわが国で初めて提案し分析した変数である．表5のモデル2は，原田らによる一連の先行研究が提起した分析モデルと共通であり，先行研究の結果との比較も行う．以上の分析に際して，それぞれの説明変数に関する検定，すべての説明変数を同時に評価する包括的検定を実施した．いずれの検定においても，比例ハザード性が成り立つとする帰無仮説は10％水準で棄却されなかった．このため，モデルに含まれるすべての説明変数について，比例ハザード性が成り立つことを前提とすることができる．

表5のモデル2における結果を見たい．モデル1に含まれていた説明変数については，モデル2においても，被説明変数に対する効果に全体的に大きな変化は見られないため，以下ではモデル2の分析から得られた知見を述べたい．

第一に，出所時年齢が高いほど，その後の再犯の可能性は小さい．

第二に，施設収容期間の長さと再犯の可能性との間に，統計的に有意な関連は見出されていない．なお，施設収容期間に対数変換をかけてモデルに投入した場合も，結果は同様で，有意ではなかったことを記しておく．

第三に，仮釈放者は，満期出所者に比べて，その後の再犯の可能性は小さい．

第四に，時間経過に伴って値が変化する説明変数である，仮釈放期間継続中であることと再犯の可能性との間に，統計的に有意な関連は見出されていない．

これらの四つの結果は，関連の方向性や有意・非有意といった基本的な結果において，原田らによる一連の先行研究と同様の結果であった．

(2)　犯罪の経歴を統計的に考慮した分析

次に，犯罪経歴に関する変数を加味した場合の分析モデルを構築し，分析結果を吟味したい．表5のモデル2における結果をふまえ，再犯リスクに対する有意な関連が認められなかった，施設収容期間，仮釈放期間継続中は，説明変数には含めないこととした．

表6のモデル3は，以下の2つの点について，これまでの分析に対する変更を加えたモデルである．すなわち，第一に，表5では1歳刻みの連続量として用いた出所時年齢の変数を，モデル3ではカプラン・マイヤー法で用いた出所時年齢層とした[9]．第二に，犯罪経歴に関する変数として，暴力的性犯罪の初犯時の年齢を加味している．初犯時年齢層が10歳代では4年後再犯率が顕著に高いことが，カプラン・マイヤー法による結果（図3及び表3）からも示されていた．このため，初犯時年齢層を10歳代とそれ以外に年齢層を二分したダミー変数を作成した上で，モデル3にお

JAPANESE JOURNAL OF SOCIOLOGICAL CRIMINOLOGY No.43 2018

表6　再犯までの時間に関するCox比例ハザードモデルの分析結果（n=671）：モデル3，モデル4

説明モデル	Model3			Model4		
説明変数	ハザード比	95% 信頼区間		ハザード比	95% 信頼区間	
仮釈放（満期出所＝0，仮釈放＝1）	0.570**	(0.384 ,	0.846)	0.673	(0.450 ,	1.006)
出所時年齢（ref: 60歳代以上）						
20歳代	3.154**	(1.610 ,	6.177)	3.816***	(1.951 ,	7.464)
30歳代	1.899*	(1.027 ,	3.511)	2.031*	(1.097 ,	3.761)
40歳代	1.356	(0.696 ,	2.639)	1.330	(0.683 ,	2.593)
50歳代	1.710	(0.813 ,	3.595)	1.628	(0.774 ,	3.426)
暴力的性犯罪の犯罪経歴件数（ref: 1件）						
2件	−	(− ,	−)	1.319	(0.755 ,	2.305)
3件	−	(− ,	−)	2.159*	(1.196 ,	3.898)
4件以上	−	(− ,	−)	4.446***	(2.585 ,	7.646)
初犯時年齢（20歳以上＝0，10歳代＝1）	2.288***	(1.482 ,	3.533)	1.167	(0.720 ,	1.892)
モデルのカイ2乗検定	p <0.001			p <0.001		

* p< 0.05, ** p< 0.01, *** p< 0.001

ける分析に投入した．なお，分析に際して，先述した手順で，比例ハザード性に関する検定を行った．モデルに含まれるすべての説明変数について，比例ハザード性が成り立つことを前提にできることが確認された．

モデル3の分析結果から，以下の知見が明らかになっている．

第一に，出所時年齢が60歳代以上の者に比べて，出所時年齢が20歳代の者，出所時年齢が30歳代の者はその後の再犯の可能性が有意に大きい．カプラン・マイヤー法による推定の結果においては，出所時年齢50歳代では40歳代よりも再犯率の高さが観察されていた．しかしながら，暴力的性犯罪の初犯時年齢を含む各変数をモデル3で考慮に入れたここでの結果から，出所時年齢50歳代の再犯リスクがとくに高いとはいえないと結論づけられる．

第二に，モデル3の結果からは，暴力的性犯罪の初犯時年齢層が10歳代の者は，初犯時年齢層が20歳代以上の者に比べて，高い再犯リスクがある可能性が示されている．

第三に，出所時年齢層，暴力的性犯罪の初犯時年齢を統計的にコントロールした上でも，仮釈放者は，満期出所者に比べて，その後の再犯の可能

性は小さい可能性が示されている．

表6のモデル4は，モデル3に投入した変数に加えて，暴力的性犯罪の経歴件数を加味している[10]．経歴件数を投入していないモデル3，経歴件数を投入しているモデル4について，対数尤度，AIC，BICを算出した．モデル3，モデル4について，その結果はそれぞれ，対数尤度（−709.813，−693.483），AIC（1431.626，1404.967），BIC（1458.678，1445.545）であった．モデル4のほうが，モデル3に比べ，対数尤度がより大きく，AIC，BICがより小さい．このため，経歴件数を投入することにより，統計的観点からは，モデル4はモデル3よりも改良されていると判断される．

モデル4の分析結果から，以下の知見が明らかになっている．

第一に，モデル4においても，出所時年齢層の再犯リスクに対する影響に関して，モデル3で見られたのと同様の結果が得られている．

第二に，仮釈放者の再犯リスクの低さがモデル3では有意であったが，モデル4では有意ではなくなっている．

第三に，初犯時年齢10歳代の再犯リスクの高さがモデル3では有意であったが，モデル4では初犯時年齢10歳代の独自の効果が有意ではなく

114　Ⅱ　自由論文

表7　Cox比例ハザードモデルの分析結果（出所時年齢が20歳代と30歳代のサブグループ，n=295）：モデル5，モデル6

説明モデル	Model5			Model6		
説明変数	ハザード比	95% 信頼区間		ハザード比	95% 信頼区間	
仮釈放（満期出所＝0，仮釈放＝1）	0.753	(0.462,	1.228)	0.807	(0.493,	1.320)
暴力的性犯罪の犯罪経歴件数（ref: 1件）						
2件	−	(−,	−)	1.447	(0.729,	2.870)
3件	−	(−,	−)	2.197*	(1.053,	4.585)
4件以上	−	(−,	−)	2.468*	(1.150,	5.299)
初犯時年齢（20歳以上＝0，10歳代＝1）	2.974***	(1.766,	5.010)	2.111*	(1.171,	3.806)
モデルのカイ2乗検定	p <0.001			p <0.001		

* p< 0.05, ** p< 0.01, *** p< 0.001

なっている．

　第四に，暴力的性犯罪の経歴件数が1件の者に比べて，3件の者，4件以上の者はその後の再犯の可能性が有意に大きい．

　表6までの分析結果のうち，表6のモデル4では，暴力的性犯罪の初犯時年齢層，出所時年齢層という，本稿が関心を寄せる年齢に関する2つの変数を同時に扱うとともに，暴力的性犯罪の経歴件数を考慮に入れていた．年齢変数の再犯リスクに対する影響という論点について，さらに詳細を明らかにするために，表7で出所時年齢が20歳代と30歳代のサブグループ（n=295），表8で出所時年齢が40歳代以上のサブグループ（n=376）に分けた上で，分析することとした．暴力的性犯罪の経歴件数が再犯リスクに与える影響に関して，ここまでの分析では結果が一貫していたが，サブグループ別分析においてその影響が維持されるのかについても確認しておきたい．なお，分析に際して，先述した手順で，比例ハザード性に関する検定を行った．モデルに含まれるすべての説明変数について，比例ハザード性が成り立つことを前提にできることを確認した．

　表7の出所時年齢が20歳代と30歳代のサブグループを対象とする分析では，モデル5において仮釈放ダミー，初犯時年齢層10歳代ダミーの変数を投入しており，モデル6ではそれらに加えて，暴力的性犯罪の経歴件数を分析に投入している．

以下の三つの点を指摘できる．

　第一に，表6のモデル4の場合と同様に，モデル5とモデル6の結果においては仮釈放ダミーの効果は有意ではなくなっている．

　第二に，モデル6において暴力的性犯罪の経歴件数を考慮に入れた上でも，暴力的性犯罪の初犯時年齢層が10歳代の者は，初犯時年齢層が20歳代以上の者に比べて，高い再犯リスクがあることが示されている．

　第三に，暴力的性犯罪の経歴件数が1件の者に比べて，3件の者，4件以上の者はその後の再犯リスクが高いことが示されている．

　表8は，出所時年齢が40歳代以上のサブグループを対象として分析しており，表7のサブグループ分析の場合と変数の投入のしかたは同様である．

　以下の三つの点を指摘できる．

　第一に，初犯時年齢層10歳代ダミーをモデルで考慮したモデル7においては仮釈放ダミーの効果は有意であるが，さらに暴力的性犯罪の経歴件数を加えたモデル8では仮釈放ダミーの効果は有意でなくなっている．

　第二に，暴力的性犯罪の初犯時年齢層が10歳代の者と初犯時年齢層が20歳代以上の者の再犯リスクに関して，有意な違いが見られないことが示されている．

　第三に，暴力的性犯罪の経歴件数が1件の者に

表8　Cox比例ハザードモデルの分析結果（出所時年齢が40歳代以上のサブグループ，n=376）：モデル7，モデル8

説明モデル	Model7			Model8		
説明変数	ハザード比	95% 信頼区間		ハザード比	95% 信頼区間	
仮釈放（満期出所＝0，仮釈放＝1）	0.427*	(0.213 ,	0.856)	0.564	(0.277 ,	1.147)
暴力的性犯罪の犯罪経歴件数（ref: 1件）						
2件	−	(− ,	−)	0.974	(0.362 ,	2.621)
3件	−	(− ,	−)	1.774	(0.654 ,	4.814)
4件以上	−	(− ,	−)	6.955***	(3.163 ,	15.295)
初犯時年齢（20歳以上＝0，10歳代＝1）	1.805	(0.810 ,	4.025)	0.610	(0.261 ,	1.423)
モデルのカイ2乗検定	p <0.001			p <0.001		

* p< 0.05, ** p< 0.01, *** p< 0.001

比べて，4件以上の者は再犯リスクが高いことが示されている．

表7と表8を総合的に考慮し，またこれまでの分析をふまえ，以下の三つの点を指摘しておきたい．

第一に，暴力的性犯罪の経歴件数が4件以上の者の再犯リスクの高さは，表8までのモデルのすべてを通じて示されているということである．カプラン・マイヤー法を用いた再犯率の推定結果によれば，暴力的性犯罪の経歴件数が4件以上のグループから再犯が出現する危険性は期間全体を通じて高い可能性が示唆されていた．これらの結果を総合すれば，暴力的性犯罪の経歴件数が4件以上の者に対しては，社会内における適切な指導や支援を配慮するなどの方策を，比較的長い期間，継続的に行う必要性が考えられよう．

第二に，初犯時年齢層10歳代という早期の犯罪経歴の開始が再犯リスクに影響しやすいのは，出所時年齢が20歳代から30歳代という比較的若い者に限定される可能性があるということである．10歳代の頃に暴力的性犯罪の初犯で検挙された者が20歳代から30歳代という比較的若い時期に出所する場合には，立ち直りをうまく行うことができていない可能性を示唆する結果といえるだろう．

第三に，40歳代以上の時期に出所する場合には，初犯時年齢層10歳代という早期の犯罪経歴の開始が，必ずしも本人の再犯リスクの高さを示すわけではない．むしろ，過去の暴力的性犯罪の経歴件数が4件以上の場合に再犯リスクが高く，何度も同種の犯罪を繰り返している可能性が示唆されるであろう．

5　考察

これまでの国内の先行研究では，初回犯行時年齢と成人の再犯リスクに関する検討，犯罪経歴件数と再犯リスクに関する検討，出所時年齢の再犯リスクへの影響のしかたに関する検討は，未解明の課題として残されていた．本稿では，これらの課題について，次の諸知見を見出した．まず，海外研究と同様に，成人の再犯リスクに対する犯罪経歴件数の影響は明瞭であり，暴力的性犯罪の経歴件数が4件以上の者における再犯リスクの高さが明らかになった．次に，本稿では，海外の研究（Craig 2011; Hanson 2006; Thornton 2006; Prentky and Lee 2007）における議論の展開もふまえて出所時年齢の影響も検討した．大筋では，比較的若い年齢で出所した者（出所時年齢が20歳代及び30歳代）のリスクが高いことが示された．さらに，それらの比較的若い年齢で出所した者の場合に，暴力的性犯罪の初犯時年齢層10歳代という早期の犯罪経歴の開始が再犯リスクの高さに影響することが明らかになった．本稿によって独自に得られたこれらの新たな知見には，学術

的意義があるといえよう.

本稿をふまえ,施策への含意を議論したい.本稿の結果をふまえると,10歳代の頃に暴力的性犯罪の初犯で検挙された者が20歳代から30歳代という比較的若い時期に出所する場合に,就労支援をはじめとするより一層の支援が再犯防止措置として必要であることを,本稿の結果は物語っている.2016年12月に施行された,再犯の防止等の推進に関する法律にもとづき2017年12月に閣議決定された,国の再犯防止推進計画では,法務省は,厚生労働省の協力を得て,刑事施設における性犯罪再犯防止指導だけでなく,少年院における性非行防止指導についても効果検証の結果を踏まえた指導内容・方法の見直しや指導者育成を進めることが定められた.少年院が明記されてはいるものの,早期介入を志向する発達的犯罪予防の学術的観点から見れば,審判不開始,不処分以外で,少年院入所に至らないケースへのケアを含めた不断の検討が必要だと考えられる.未成年者の発達段階を考慮した性非行予防プログラムを早期に受講させる等の措置を含め,それらのケースでも具体的な導入の促進が求められる.再犯を防止し,被害者を減らすために,有効性が高い介入対象を絞り込み,介入の内容面や制度に関する検討を早期に始める必要があると考えられる.

また,国の再犯防止推進計画では,法務省の協力を得る形で警察が取り組むべき施策として,次のことが定められた.すなわち,子どもを対象とする暴力的性犯罪による服役後に出所した者の所在確認と同意を得た面談を,警察の施策として実施するだけでなく,必要に応じて関係機関・団体等による支援等に結び付けるなど,再犯の防止に向けた措置の充実を図ることとされている.出所時年齢を問わず,過去の暴力的性犯罪の経歴件数が4件以上の者は,再犯リスクの高さが比較的長い期間続く可能性があるため,適切な指導や支援

への配慮を優先的に行うなど,再犯防止のための措置の継続が求められる.加害者の側に焦点を当て,再犯による被害を減らすための実証研究を蓄積するなどして,施策の実効性を高めることが,犯罪社会学研究に課せられた重要な課題といえよう.

本稿には三つの限界がある.一つ目は,分析対象に関してである.執行猶予や罰金刑となった検挙者は含まず,刑務所入所にまで至った者のみを分析対象としている点で,刑事司法の過程の中で重い処罰を受けた者についての分析である.岡本(2002)のように,少年鑑別所への入所という,比較的軽微な非行行為も含む対象者を用いて,成人期以降までを追跡した貴重な研究も存在するが,それ以外には性犯罪に特化した研究は見当たらない.暴力的性犯罪で初めて検挙された者のコホートを数年間にわたって警察記録にもとづき追跡し再犯リスクを分析するなど,異なる分析対象について研究の可能性を探ることが,今後の課題であろう.二つ目は,説明変数に関してである.今回,分析に用いることができた変数は,犯罪経歴に関する変数など,過去から変化することのない,静的(static)な要因が中心であった.海外の実証研究(Hanson and Harris 2000; Hanson and Harris 2001; Craig et al. 2003)に照らすと,急性(acute)の要因の把握も含めた,動的なリスク因子に関する生存分析も,今後の課題となる.三つ目は,年齢と犯罪とのカーブに関する一般的な議論に対して,本稿では明確に踏み込むことができなかった点であろう.日本の場合,成人になる直前よりも早い10歳代半ば以降に非行者率が急激に減衰し,20歳の若年成人の犯罪者率はピーク時の約3割になる一方で,アメリカの場合は20歳の犯罪者率はピーク時の約6割であったことが報告されている(原田・米里1997; 原田 2004).20歳代はより上の年齢層よりも性犯罪の再犯リ

スクが高いことや，40歳代以上でも経歴件数が多い場合に再犯リスクが高いことが本稿の分析から示されたが，成人の加齢に伴う性犯罪の経歴の深化とその原因を探究する課題は，今後に残される．

［注］

1) 暴力的性犯罪については，警察庁が定義を定めており，強制わいせつ，同未遂及び同致死傷，強姦，同未遂及び同致死傷，集団強姦，同未遂及び同致死傷，強盗強姦，同致死及び同未遂，常習強盗強姦，営利目的等略取及び誘拐のうちわいせつ目的のもの及び同未遂のことをいう．なお，これらの罪名のうち強姦罪等の名称は，2017年の刑法一部改正による強制性交等罪の成立・施行前のものである．

2) p値は，0.10を少し上回っており，10％水準で見た場合に，統計的に有意とまではいえなかった．

3) 過去の虞非行・性犯罪による前科・前歴・保護処分歴のいずれかを指す．

4) 成人期から遡及する形で，少年期以降の検挙歴を統合的に取り扱った実証研究は，1980年前後の『科学警察研究所報告　防犯少年編』に多く見られる．しかしながら，それらは縦断的に再非行や再犯のリスク分析を行ってはおらず，生存分析の手法を用いてもいない．成人期から遡及する形で，少年期以降の検挙歴を統合的に取り扱った上で，検挙時点の年齢に関する変数を生存分析に用いた研究は，近年の国内の研究では，渡邉（2007）以外では見当たらない．

5) 懲役または禁錮での受刑として定義されており，罰金や執行猶予は含まれていない．

6) 警察庁生活安全企画課から供与されたデータを分析に使用した．なお，法務省から警察庁に情報共有がなされることにより，出所時年齢，出所年月日，刑務所収容期間，出所形態の別，仮釈放期間の終了年月日などの情報が付与されている．

7) 暴力的性犯罪以外に公然わいせつ，性的目的の住居侵入，迷惑防止条例など性的要素のある犯罪・条例違反を含む検挙のうち，出所後の1回目の再検挙を，性的犯罪による再犯として定義した．

8) 以降は，グラフ（例えば図1）と，それに対応する表（列えば表1）を見比べる上で，1年後は365日後，2年後は730日後，3年後は1095日後，4年後は1460日後に相当する．

9) 出所時年齢層における4年後再犯率が最も低いグループである60歳代以上（表1を参照）をレファレンスのカテゴリーとし，他の4つのダミー変数を分析に投入した．

10) 暴力的性犯罪の経歴件数における4年後再犯率が最も低いグループである1件（表2を参照）をレファレンスのカテゴリーとし，他の3つのダミー変数を分析に投入した．

［文献］

Craig, L. A., Browne, K. D., and Stringer, I. 2003 "Risk Scales and Factors Predictive of Sexual Offence Recidivism". *Trauma, Violence, & Abuse,* 4(1): 45-69.

Craig, L. A., Browne, K. D., and Beech, A. R.. 2008 *Assessing Risk in Sex Offenders : A Practitioner's Guide.* England: John Wiley & Sons.

Craig, L. A. 2011 "The Effect of Age on Sexual and Violent Reconviction" *International Journal of Offender Therapy and Comparative Criminology* 55(1): 75-97.

Doren, D. M. 2006 "What do we Know about the Effect of Aging on Recidivism Risk for Sexual Offenders?" *Sexual Abuse: A Journal of Research & Treatment* 18 (2): 137-157.

Furby, L., Weinrott, M.R. and Blackshaw, L. 1989 "Sex Offender Recidivism: A Review" *Psychological Bulletin* 105(1): 3-30.

Hanson, R. K. and Bussière, M. T. 1998 "Predicting Relapse: A Meta-Analysis of Sexual Offender Recidivism Studies" *Journal of Consulting and Clinical Psychology* 66 (2): 348-362.

Hanson, R. K., and Harris, A. J. 2000 "Where Should We Intervene? Dynamic Predictors of Sexual Offense Recidivism". *Criminal Justice and behavior,* 27(1): 6-35.

Hanson, R. K., and Harris, A. J. 2001 "A Structured Approach to Evaluating Change among Sexual Offenders". *Sexual Abuse: A Journal of Research and Treatment,* 13(2), 105-122.

Hanson, R. K. 2006 "Does Static-99 Predict Recidivism among Older Sexual Offenders?" *Sexual Abuse: A Journal of Research & Treatment* 18(4): 343-355.

原田豊，2004,「官庁データを用いた研究」宝月誠・森田洋司編『逸脱研究入門――逸脱研究の理論と

技法―（社会学研究シリーズ15）』文化書房博文社: 66-114.

―――, 2011a, 「科学に支えられた犯罪被害防止のために」, 認定特定非営利活動法人全国被害者支援ネットワークほか編『犯罪被害者支援の過去・現在・未来――犯罪被害者支援20年・犯罪被害者給付制度及び救護基金30年記念誌』: 86-90.

―――, 2011b, 「「子ども対象・暴力的性犯罪の出所者」の再犯等に関する分析（テーマセッションD 「犯罪者にどこまでの介入が認められるか」）」『日本犯罪社会学会第38回大会報告要旨集』: 38-39.

Harada, Yutaka and Saito, Tomonori 2011 "Examining the Recidivism of Violent Sexual Offenders Against Young Children in Japan Using Survival Analysis." Paper Presented at the Annual Meeting of the ASC Annual Meeting, Washington Hilton, Washington, DC, November 15.

原田豊・米里誠司, 1997, 「非行の縦断的パターンの安定性と変動：2つのコーホートの比較」『科学警察研究所報告 防犯少年編』38(2): 83-94.

Harris, G. T., and Rice, M. E. 2007 "Adjusting Actuarial Violence Risk Assessments Based on Aging or the Passage of Time" *Criminal Justice and Behavior* 34(3): 267-313.

小林寿一・宮寺貴之・久原恵理子, 2013, 「男子非行少年の再犯関連要因の実証的検討」『犯罪学雑誌』79(6): 181-187.

Lösel, F. and Schmucker, M. 2005 "The Effectiveness of Treatment for Sexual Offenders: A Comprehensive Meta-Analysis" *Journal of Experimental Criminology* 1(1): 117-146.

Marshall, W. L. 1996 "Assessment, Treatment, and Theorizing about Sex Offenders: Developments during the Past Twenty Years and Future Directions" *Criminal Justice and Behavior* 23(1): 162-199.

森丈弓・濱口佳和・黒田治, 2004, 「精神障害を有する受刑者の再犯予測に関する研究」『犯罪心理学研究』42(2): 43-58.

森丈弓・花田百造, 2007, 「少年鑑別所に入所した非行少年の再犯リスクに関する研究 ――split Population Modelによる分析――」『犯罪心理学研究』44(2): 1-14.

Nicholaichuk, T. P., et al. 2014 "Age, Actuarial Risk, and Long-Term Recidivism in a National Sample of Sex Offenders" *Sexual Abuse: A Journal of Research & Treatment* 26(5): 406-428.

大江由香・森田展彰・中谷陽二, 2008, 「性犯罪少年の類型を作成する試み――再非行のリスクアセスメントと処遇への適用――」『犯罪心理学研究』46(2): 1-13.

岡邊健, 2013, 『現代日本の少年非行―その発生態様と関連要因に関する実証的研究』現代人文社.

岡本英生, 2002, 「非行少年が成人犯罪者となるリスク要因に関する研究」『犯罪社会学研究』27: 102-112.

Prentky, R. A. and Lee, A. F. S. 2007 "Effect of Age-at-Release on Long Term Sexual Re-Offense Rates in Civilly Committed Sexual Offenders" *Sexual Abuse: A Journal of Research & Treatment* 19(1): 43-59.

高橋哲・西原舞, 2017, 「性犯罪者の犯行の否認・責任の最小化と再犯との関連の検討」『心理学研究』88(5): 460-469.

Thornton, D. 2006 "Age and Sexual Recidivism: A Variable Connection" *Sexual Abuse: A Journal of Research & Treatment* 18(2): 123-135.

渡邉和美, 2007, 「1994年の殺人犯603例に関する10年間にわたる暴力犯罪の再犯追跡研究：暴力再犯リスク要因と、これに精神障害が及ぼす影響に関する分析」『犯罪学雑誌』73(6): 174-207.

遊間義一・金澤雄一郎, 2001, 「非行少年に対する矯正教育の効果――少年鑑別所入所少年の再犯に対する保護観察と少年院処遇の効果」『研究助成論文集』(明治安田こころの健康財団) 37: 115-122.

［付記］

　本研究は，所属機関内経常研究の一環として実施した．なお，匿名の査読者の方々から貴重な助言や示唆を頂いた．記して謝意を表したい．

Email: saitoht@nrips.go.jp

Factors Affecting Adult Ex-Inmates' Sexual Recidivism:
Insights from Survival Analyses of Official Records

Tomonori Saito
(National Research Institute of Police Science)

Yoshiko Yamane
(National Research Institute of Police Science)

Empirical studies on sex offenders' recidivism have been conducted abroad using not only age at release, but also age at first offense. Using survival analyses, this study further clarified some factors affecting ex-inmates' sexual recidivism. Consistent with studies abroad, the number of violent and sexual arrest histories increased risk of sexual recidivism. Furthermore, after taking age at first offense and the number of violent and sexual arrest histories into account, ex-inmates who were released in their 20s and 30s were at a higher risk of sexual recidivism. On the other hand, subgroup analyses based on the age at release indicated that ex-inmates with the onset of violent and sexual offenses in the second decade were at a higher risk of sexual recidivism in cases where they were released in their 20s and 30s. These findings' implications and future research directions are discussed in this study.

Key words: recidivism of sex offenders , age at first offense, age at release

III 研究ノート

QR コード対応「危険なできごとカルテ」による
子ども対象犯罪の前兆的事案調査法の開発

原田　豊・三宅康一・松下　靖・大川裕章

III 研究ノート

QRコード対応「危険なできごとカルテ」による子ども対象犯罪の前兆的事案調査法の開発

原田　豊 （科学警察研究所）

三宅康一 （デュプロ株式会社）

松下　靖 （Soft House CANDY）

大川裕章 （HCC ソフト株式会社）

〈要旨〉

　年少者の連れ去りなどの重篤な被害の未然防止に資するため，それらの前兆的事案を系統的に調査・記録する手法を構築し，それを実現する調査用具を開発した．

　先行研究で開発した「危険なできごとカルテ」および回答用地図の QR コード対応化，これらを現場のユーザ自身が作成・印刷できるしくみの構築，これらを用いた小学校での試験的調査の実施と結果の検討により，学校教育現場などで持続的に活用可能な，年少者の犯罪被害の前兆的事案調査のしくみが実現できる見通しが得られた．

　本研究の結果を踏まえ，多様な現場での試験運用を通じた調査用具のさらなる改良や，将来の本格運用に向けた社会的しくみづくりを進めることが，今後の課題である．

キーワード：**危険なできごとカルテ，前兆的事案，QRコード**

1　はじめに

　小学生などの年少者を狙った犯罪が相次いで発生し，その被害防止が重要な社会的要請となっている．この要請に応えるためには，連れ去りなどの重篤な被害の「前兆」である可能性のある，いわゆる「不審者」や「声かけ」などの軽微な事案を調査し，これらの事案の発生を的確に把握して，「先制・予防的」な対策につなげることが必要だと考えられる．

　本研究は，こうした子どもの犯罪被害の前兆的事案を客観的・系統的に調査する手法を開発し，それを学校教育などの現場に「実装」可能な形で届けることをめざすものである．

2　研究開発の目的

　本研究の目的は，子どもの犯罪被害の前兆的事案の調査手法を「提案」することではなく，その手法に基づく調査を，実際に学校教育などの現場で実施できるようにするための「道具」を開発することである．このような，「使える道具」を提供することなしには，日々の業務に追われる現場を「変える」ことはできないと考えるからである[1]．

　そこで，本研究では，著者らが先行研究（原田 2011）で開発した「危険なできごとカルテ」による前兆的事案調査の手法に基づき，この調査に用いる帳票（「危険なできごとカルテ」と回答用地図からなる質問・回答用紙のこと．以下，「帳票」と称する．）に改良を加えて，小学校などの現場でも無理なく実施可能な，一貫したしくみへ

と発展させることを目的とする．

3　先行研究の検討と克服すべき課題

⑴　子どもの犯罪被害やその前兆的事案に関する先行研究

　成人の犯罪被害の経験に関しては，すでに欧米諸国を中心に大規模な犯罪被害調査が実施されている（浜井 2013，第 2 部第 6 章）．また，年少者の犯罪被害に関しても，警察などによる公的記録を代替または補完する情報源として，種々の自己申告式の調査票が提案されている．これらをレビューしたHamby and Finkelhor（2001: 2）によれば，標準化された調査票による被害調査により，

・警察などに通報されない被害も把握できる
・被害者が自発的に開示しにくいセンシティブな事案も記録できる
・インフォーマルな聴き取りでは漏れがちな広範な被害をカバーできる
・テストされた適切な用語により調査できる
・ある地域のデータを標準的データと比較することが可能になる

などの効果が得られるという．

　Finkelhorらは，とくに，多様な被害類型の広範な測定を主目的とする調査票として，"Juvenile Victimization Questionnaire（JVQ）"を開発し，これを用いて年少者の犯罪被害の国民標準値（national norms）の推計を行っている（Hamby, et al 2004, Finkelhor 2008）．また，Osofskyらは，シカゴ市における少年の発達と非行に関する大規模な縦断的研究 "Project on Human Development in Chicago Neighborhoods" の一環として，自己申告による暴力的犯罪の被害経験・見聞などの調査票 "My Exposure to Violence（My ETV）" を開発し，暴力的犯罪が少年の発達に及ぼす影響などを検討している（Osofsky 1995）．

　欧米におけるこれらの研究により，年少者の犯罪被害についても，公的記録から独立した犯罪被害の指標が得られ，これを用いて地域の被害発生パターンをモニターしたり，被害防止プログラムなどの効果を検証したりすることが可能になったとされている（Hamby and Finkelhor 2001: 1）．

　その半面，Finkelhorらの調査票は，汎用性・網羅性への指向が強すぎ，地域に根差した防犯対策にはなじまない項目を多く含む[2]などの問題があり，Osofskyらの調査票は，調査項目が暴力的犯罪に限定されており，それらの前兆的事案がカバーされていないなどの問題がある．また，両者に共通する問題として，調査内容が欧米の犯罪情勢を反映したものとなっており[3]，わが国でそのまま実施するのは不適切である．

　一方，わが国で年少者の犯罪被害を調査する試みとしては，中村による一連の研究（中村 2000，中村 2012）があるが，被害内容について自由記述で回答を求めているため，被害類型の分類の安定性や，被害尺度としての信頼性・妥当性に難がある．また，いわゆる「声かけ・不審者遭遇事案」の発生とその後の年少者対象の性犯罪との関連を検討した菊池らの研究（菊池ほか 2009）もあるが，ここでの対象事案は，警察に把握された「声かけ・不審者」情報に限定されており，他の類型の前兆的事案や，警察に通報されない事案などがカバーされていないことが制約となっている．これらの先行研究を含め，前兆的事案に焦点をあてた対策の可能性と今後の課題を検討した雨宮（2017）は，こうした報告段階でのバイアスをいかに解消するかが，前兆的事案に着目した防犯対策の進展のための重要な課題であるとし，それを可能にする方法の一つとして，われわれが先行研究で開発した「危険なできごとカルテ」を挙げている（雨宮 2017: 109）．

⑵ 「危険なできごとカルテ」の特徴と問題点

「危険なできごとカルテ」とは，わが国の子どもの犯罪被害の前兆的事案を客観的データとして記録するために開発した，標準化された質問票のことである（科学警察研究所犯罪予防研究室2011, 原田2014）．この質問票は，前兆的事案1件ごとにＡ４判１枚の記録用紙を用い，その表裏に印刷された質問に回答してもらうことで，事案の内容を的確に記録できるように設計されている．質問票の作成にあたっては，前記3⑴で概観した欧米での年少者被害調査の調査票の検討を踏まえ，調査票の表面で，まず7つに分類した前兆的事案の有無および回数を尋ね，どれか1つに該当した場合のみ，その事案に関する詳しい情報を，それ以降の質問および裏面の質問で回答してもらう方式を取った[4]．

しかし，この時点での「危険なできごとカルテ」および回答用地図は，いずれも，回収後に研究補助員などの人手によって，コンピュータにデータ入力していた．このため，そのままでは，学校教育現場などで日常的にこの調査を実施することは困難であり，紙の帳票で実施した調査結果を，いかにして人手に頼らずデータ化できるかが，この調査用具の「社会実装」のために解決すべき重要課題となっていた[5]．

4 方法

上記の課題を達成するため，近年さまざまな分野で活用が進んでいる「QRコード」（デンソーウェーブ 1994）を用い，このなかに，帳票の自動読み取りに必要な情報を埋め込む方法を考案した．あわせて，この方法によりQRコード対応とした帳票を用いて実際に前兆的事案調査を実施するための手順を検討し，その基本方針を決定した．具体的には，以下のとおりである．

⑴ 帳票のQRコード対応化

先行研究で開発した帳票をもとに，これらを改良してQRコード対応版とすることにより，スキャナによる自動認識を可能にする（原田ほか2015, 原田ほか2016）．主要な改良点は以下のとおりである．

① 「危険なできごとカルテ」の各調査項目への回答欄をマークシート方式にするとともに，その原稿をDTPソフトウェアで作成することでレイアウトを高精度化する．

② この「カルテ」の表面・裏面の右上・左下にそれぞれQRコードを配置し，そのなかに，各カルテに固有のID番号および表裏を示すコードの情報を含める．

③ これと同じID番号を含むQRコードを回答用地図にも配置し，これにより，「カルテ」と地図とが1対1に対応付けられるようにする．

④ これと別に，回答用地図の余白（右上隅）に，地図の左上隅・右下隅の位置座標（世界測地系による緯度経度）の情報を含むQRコードを配置する．これにより，事案の発生地点を示すために地図上に貼り付けてもらった赤丸のシールの位置から，その緯度経度座標を自動認識できるようにする（デュプロ株式会社が特許取得：特許第5496768号／特許第5580104号）．

以上の方法によりQRコード対応とした帳票の例を図1および図2に示す．

こうして作成したQRコード対応の帳票の自動認識を可能にするソフトウェアをデュプロ株式会社およびSoft House CANDYに委託して開発した．

⑵ QRコード対応帳票の作成・印刷手法の改良

「危険なできごとカルテ」と併用する回答用地図は，調査の都度，対象とする地域（たとえば，

図1 QRコード対応版の帳票の例（「危険なできごとカルテ」）

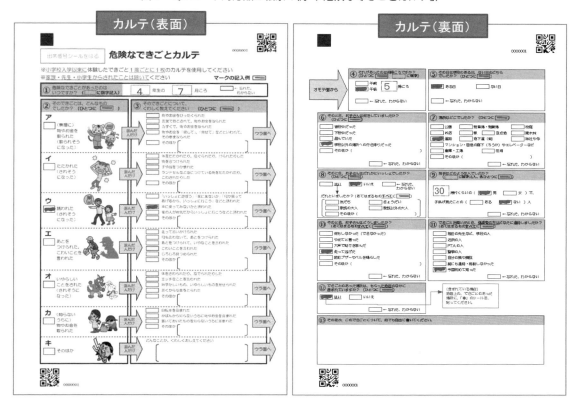

調査実施校の通学区など）に合わせて，オーダーメイドで作成する必要がある．また，この回答用地図が「危険なできごとカルテ」と確実に1対1で対応付けられるよう，両者のセットごとに一意のID番号を含むQRコードを，帳票に配置する必要がある．したがって，これらの帳票は，単一の原稿の複製印刷として作成することはできず，1セットごとに異なるQRコードを配置して印刷するしくみが不可欠である．

これを実現するため，先行研究で構築し試験運用中のWebGISサイト（http://www.skre.jp/Ws2015/ws/）に，この機能を追加実装することとした．具体的には，以下のとおりである．

① WebGISサイトのワークショップ支援メニュー内の「カルテ印刷」ページに，QRコード対応版「危険なできごとカルテ」の作成・印刷機能を追加実装する．

② 同メニュー内の「地図印刷」ページに，QRコード対応版の回答用地図の作成・印刷機能を追加実装する．

以上の方針に従ってWebGISから調査用帳票を印刷できるようにするソフトウェアをHCCソフト株式会社に委託して開発した．

(3) 学校教育現場での試験的調査の実施

以上の手法により作成したQRコード対応の帳票を用いて，文部科学省の「防災教育を中心とした実践的安全教育モデル事業」の平成29年度のモデル校となった小学校1校において，第4学年から第6学年に在籍する児童全員（6学級：163人）を対象として，平成29年7月に調査を実施した．

図2　QRコード対応版の帳票の例（回答用地図）

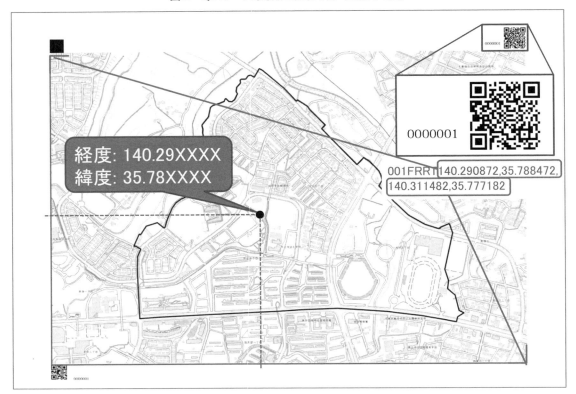

調査にあたっては，以下のものから構成される調査キットを作成し，これら一式を大封筒に同封して，教室内で担任の教師から児童に配布した．

①「危険なできごとカルテ」と回答用地図のセット（5セット）
②調査の趣旨と回答の方法を説明した「調査のお願いと回答要領」（1冊）
③回答記入用ペン（消せるボールペン〔赤色〕）（1本）
④事案発生地点を示すための赤丸の地図貼付用シール（5枚）
⑤回答内容を提出前に最終確認するための「確認用チェックリスト」（1枚）
⑥回収用封筒（1枚）

これらを同封した大封筒を，児童の自宅に持ち帰ってもらい，保護者とともに回答するよう依頼した．回答ずみ帳票（無記入も含む）は，回収用封筒に封入し，そのまま教室で担任の教師に提出してもらうことにより回収した．

回収した帳票は，科学警察研究所犯罪予防研究室において研究職員が開封し，内容を点検して，記入のあった帳票（36件分[6]）を科警研のディジタル複合機でスキャンし，その画像を用いて，QRコード・OMR（光学式マーク読み取り）による自動認識を実施した．

5　結果

前記4(1)〜4(2)の方法で作成したQRコード対応の帳票を用いた前兆的事案調査を，4(3)の方法により試験的に実施した．その結果は以下のとおりである．

(1) 記入ずみ帳票の自動認識

今回の調査で用いたQRコード対応帳票の自動認識に用いたソフトウェアは，前記のデュプロ株式会社およびSoft House CANDYへの委託により開発した，"MarkPathFinder"（2017/2/2版）である．このソフトウェアによる帳票の読み取り作業は，平成29年10月4日に実施した．読み取りの過程で，あらかじめ定義された値の条件に合致せずエラーとなったケースが，「危険なできごとカルテ」では5件（OMRによる自動認識対象の欄の総数42箇所×読み取り対象の帳票数36票に対する割合は0.33％）[7]，回答用地図では1件（赤丸シールが貼付されていなかったもの）発生した．

上記の自動認識エラーを訂正した上で"MarkPathFinder"からCSV形式で出力された「危険なできごとカルテ」のデータを点検し，「危険なできごとカルテ」の表面および裏面に印刷されたQRコードの内容および各質問項目への回答（数字を手書きする部分および自由記入欄を除く）が自動認識されていることを確認した．また，回答用地図については，上記の赤丸シールが貼付されていなかったケースを削除した上で，"MarkPathFinder"からCSV形式によるデータを出力し，これを点検した結果，QRコードの内容および事案の発生地点の緯度・経度座標が問題なく自動認識されていることが確認された．

(2) 前兆的事案の経験者率および経験頻度

回収された調査票の集計の結果，7種類の前兆的事案を小学校入学から調査時点までに経験したことのある児童は26人（対象者総数に対する経験者率は16％）であり，経験された事案数は32件（経験頻度は20％）であった[8]．これらの事案の類型ごとの数は図3のとおりであった．

事案の経験があると回答した児童のうちでは，1件のみの経験者がもっとも多く21人であった

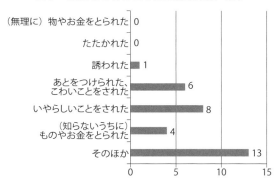

図3 危険なできごとの類型別事案数（件）

が，2件の経験者が4人，3件の経験者が1人など，複数の事案経験のある児童も少数ながら見られた．また，児童の男女別の経験者数は，男子が9人，女子が17人であった．

(3) 事案に遭遇したときの状況

事案に遭遇したときの主要な状況別の集計結果を表1に示す．表中の集計値は，いずれも件数である．時間帯別では16時台がもっとも多く12件であり，15時台が8件でこれに次いでいる．場所別では「公園」が15件で最大であり，「道路」が9件でこれに次いでいる．何をしていたときかについては，「遊んでいた」が15件で最も多く，次いで「下校中」の9件，「学校以外の場所への行き帰り」が5件などとなっている．なお，表には示していないが，学校のある日かない日かについての回答では，「ある日」が23件，「ない日」が8件，「わからない」が1件となっている．

事案に遭遇したときに誰かと一緒にいたかどうかについては，「誰かといた」が25件，「一人だった」が7件であり，一緒にいた人（複数回答）では「友だち」と一緒だった場合が20件で最大となっている．

また，相手の性別については，男性だったケースが27件，「わからない」が5件で，女性だったとする回答はゼロであった[9]．相手との面識につ

表1　事案に遭遇した時の状況別件数

時間帯		場所		何をしているとき	
7時	0	公園	15	登校中	0
8時	0	駐車場・駐輪場	0	下校中	9
9時	0	校庭	0	遊んでいた	15
10時	1	お店	0	学校以外の場所への行き帰り	5
11時	2	駅	0	その他	3
12時	1	空き地	0	不明	0
13時	0	雑木林	2	誰かといたか	
14時	1	道路	9	誰かといた	25
15時	8	地下道（街）	0	一人だった	7
16時	12	神社や寺	0	不明	0
17時	3	マンション・団地の廊下・エレベータ	1	誰といたか（複数回答）	
18時	0	倉庫・工場	0	友だち	20
19時	0	田畑	0	兄弟	4
20時	0	その他	4	家族の大人	3
21時	0	不明	0	家族以外の大人	0
不明	4	無記入	1	その他	0

いては,「見たことのない人」が21件,「見たことのある人」が3件,「わからない」が8件であった.

(4)　事案に遭遇した児童・保護者の対応

これらの事案に遭遇した際の児童自身の対応,および保護者の対応については,表2に示すとおりである.なお,これらの項目は複数回答で尋ねているため,回答の合計数は,事案の総数32件

表2　事案に遭遇した際の対応別件数（複数回答）

（児童が）そのとき何をしたか（複数回答）		（保護者が）誰かに連絡したか（複数回答）	
なにもしなかった・できなかった	12	担任の先生など学校の人	8
やめてと言った	1	近所の人	11
大声で助けを呼んだ	0	PTAの人	2
走って逃げた	10	警察の人	9
防犯ブザーやベルを鳴らした	0	自分の親や親族	6
その他	10	誰にも連絡・相談しなかった	4
不明	0	今回初めて知った	1
		不明	1

とは一致しない.

児童自身の対応では,「なにもしなかった・できなかった」が12件でもっとも多く,「走って逃げた」「その他」がそれぞれ10件でこれに次いでいる.一方で,「大声で助けを呼んだ」「防犯ブザーやベルを鳴らした」はいずれもゼロであり,これらの事案に遭遇した際に児童自身が取りうる対処には限界があることを示唆する結果となっている.

保護者の対応に関しては,事案について「近所の人」に連絡したケースが11件,「警察の人」に連絡したケースが9件,「担任の先生など学校の人」に連絡したケースが8件などどなっており,逆に,「誰にも連絡・相談しなかった」（4件）,「今回初めて知った」（1件）などの回答は比較的少数となっている[10].

(5)　「危険なできごと地図」の作成

前兆的事案の発生地点については,前述（4(1)の④)）のとおり,回答用地図に赤丸のシールを貼ってもらうことにより調査した.これにより発

図4 「危険なできごと地図」の作成

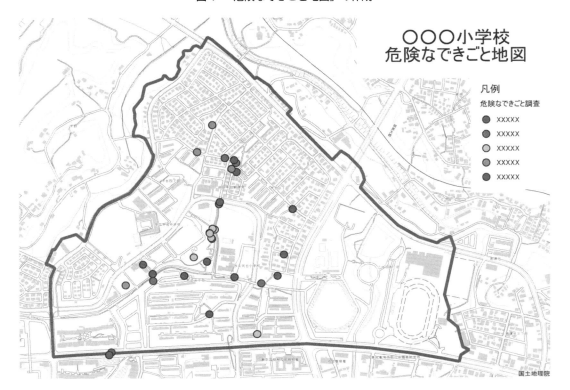

生地点の回答が得られた事案の件数は31件[11]であった．回答用地図をスキャンした画像を"MarkPathFinder"で処理して得られたCSV形式のデータを，オープンソースGISである"QGIS"（QGIS Development Team, 2009）にポイントデータとして読み込み，7種類の事案類型ごとに色分けしたシンボルとして背景地図上に表示することにより，類型別の「危険なできごと地図」を作成した．以上の手順で作成した「危険なできごと地図」を図4に示す．

6　本研究の含意と今後の課題

以上の結果は，本研究で実施した開発により，「危険なできごとカルテ」や回答用地図などの帳票から，回答者の記入内容をスキャナにより自動認識できる道が開かれたことを示すものである．

とくに，従来もっともデータ入力が困難であった事案の発生地点の情報が，地図の対角地点の座標値を含むQRコードを配置した回答用地図を用いることで，自動認識できるようになったことが重要だと考えられる．これにより，子どもの犯罪被害の前兆的事案が「どこで」発生したのかに関する情報が，特殊な機材や専門技能などを必要とすることなく，簡便かつ迅速・正確に地理空間データ化でき，誰にでもわかりやすい「危険なできごと地図」などの形で表現できるようになったからである[12]．

実証的な犯罪研究の観点からは，本研究により，わが国における子どもの犯罪被害やその前兆的事案に関する情報が，警察などの作成する公的記録に依存することなく，かつ，自由記述式の記録に伴いがちな用語の曖昧さを極力排した形で，計量

的分析も可能な地理空間データ化できるようになったことが重要である．これにより，菊池ら（2009）が警察のデータで実施したのと同様の，前兆的事案の発生とその後のより重篤な犯罪発生との時空間近接性の検討などの高度な分析が，公的記録の最大の弱点である「申告段階でのバイアス」（雨宮 2017: 111）を排除した形で実施できるようになるからである．さらに，本研究で開発した帳票による調査を，子どもの犯罪被害防止を目的とする実践的介入の前後で実施することにより，①介入の前後で対象地区の犯罪やその前兆的事案の発生状況に変化が見られたか否かをinterrupted time series分析などの準実験的手法により評価することや，②介入の対象となった地区から他の地区などへの犯罪の「転移」(displacement)や，周辺地区への介入の「利益の伝搬」(diffusion of benefit) などの波及効果が見られたか否かを検討することも可能になる．今後，これらのデータや，その分析から得られた知見を蓄積していくことにより，多種多様な前兆的事案のうち，とくに注意を要する事案はどのようなものであるかなど，「先制・予防的」な事案対処の基礎となる検討が進むと考えられる．

　一方で，犯罪被害の前兆的事案を調査することに対しては，心身に障がいをもつ人々やホームレスの人々などが「不審者」扱いされ，社会的排除の対象になることを助長するのではないかとの批判もある．しかし，中村（2012: 240-241）や雨宮（2017: 109）も指摘するとおり，こうした懸念は，往々にして「不審者」や「声かけ」などという用語の定義の曖昧さに由来するものである．われわれの「危険なできごとカルテ」は，先行研究でのプロトタイプの開発当初から，このような曖昧で主観に依存しがちな用語を排除し，「走って追いかけられた」「車に乗ってみないかと誘われた」など，できる限り具体的な「行為」について

記録するように設計されている．このように設計された調査用具を用いることで，用語の曖昧さに起因する前述のような問題は，むしろ現状よりも軽減される可能性が高いと考えられる．

　以上のように，本研究の成果は，年少者の犯罪被害の前兆的事案の把握と，それに基づく「先制・予防的」対処の実現のために，大きな貢献を果たすものだと考えられる．同時に，現時点での開発成果には，まだ解決を要する問題点も残されており，今後，さらなる検討と改良が必要である．

　第1に，本研究で開発したQRコード対応の「危険なできごとカルテ」では，主としてレイアウト上の制約から，事案発生時の学年や事案発生月・発生時間帯，相手の年齢層など，手書きの数字で回答を求める項目が残っている．また，自由記入項目の内容の扱いについても，今後の検討が必要である．

　さらに，現在は，マークシート方式による回答の自動認識を確実にするために，赤色の消せるボールペンを用いて回答するよう求めているが，今後は，通常の鉛筆などで記入した回答でも確実に認識できるような改良が必要であろう．

　回答用地図に関しては，たとえば「追いかけられた」のように，事案の発生場所が「どこからどこまで，どの経路で」のような「線」的な性質をもつ場合に，どのように自動認識を可能にするかが課題になると考えられる．

　さらに，将来に向けた課題としては，今回開発した帳票による前兆的事案の調査を，学校などでの一斉調査でなく，事案の発生の都度，その通報を受けた機関がその場で記録し，他の機関などとも共有できるようにするしくみの検討が必要である．前兆的事案調査をタイムリーな予防的対処につなげるためには，こうしたリアルタイム性の高いしくみの構築がぜひとも必要だと考えらえる．この点は，本研究の成果の社会実装のためにきわ

めて重要であるとともに，事案共有のためのサーバーなどの維持経費の問題やセキュリティ管理の問題など，一介の研究者や研究チームの守備範囲を超えた，大きな社会的課題であると考えられる．

[注]

1) 現場が「変わる」ためには，新たな技術や手法などが，現場の人々にいかに受け入れられる／受け入れられないか，受容の障害になるものは何で，それをどう克服するかなどに関する検討も必要であり，この観点に立つ研究は，近年，"implementation research" として，公衆衛生学などの分野で注目されるようになっている（Peters et al. 2013）．しかし，この種の研究では，病気の新たな予防法などの介入そのものと，その「実装のための戦略（implementation strategies）」との峻別が求められており（ibid.: 9），本稿も，この基本認識を踏まえた上で，"implementation research" 型の検討ではなく，その前提となる，「前兆的事案の測定手法・調査用具の開発」自体についての検討を行っている．

2) たとえば，Finkelhorらによる質問紙は，(1)家庭内での被害なども含んでいる，(2)小学生などの年少者には該当しにくい質問項目も含んでいるなどの問題がある．

3) たとえば，上記のFinkelhorらによる質問紙は，非常に重大な暴力的犯罪や，銃器を用いた犯罪などに関する項目が多く含まれており，逆に，「ヒヤリ・ハット」的な項目はまったく含まれていない．

4) 「危険なできごとカルテ」の作成にあたっては，科学警察研究所で以前に実施した予備的な調査研究（科学警察研究所犯罪予防研究室 2008: 101-114）の再検討を実施した．具体的には，この調査票や調査方法をもとに，わが国でこれまでに行われた，自由回答法による被害調査などの回答を，われわれの調査票の各項目に当てはめる作業を行った．
　この当てはめ作業を複数のメンバーがそれぞれ独立に行い，その結果を相互に比較して，人によって当てはめ結果が異なるものがどれだけあるか，その原因は何かなどを検討し，できるだけ安定した結果が得られるまで改善を進めた．

5) 誤解のないように補筆すると，われわれが本研究でめざしたものは，単なる帳票の自動認識技術な

どではなく，これまで，子どもの犯罪被害の「前兆」と曖昧に言われてきたものについて，(1)それらを操作的に定義し，(2)それを測定する手法を開発し，(3)実際に学校現場などで実施可能な形にまで落とし込むことである．その意味で，本研究は，浜井ら（2013: 158-185）がその意義を強調している犯罪被害調査と同様の調査を，犯罪被害の「前兆的事案」についても実施可能にしようとする取り組みだと言える．

6) うち同一事案を5回重複回答したと思われるものがあり，そのうち1件のみを集計対象としたため，集計対象事案は32件であった．

7) 「危険なできごとカルテ」で自動認識エラーとなったものの内訳は，①あらかじめ指定された読み取り領域に，他の欄の回答のマーク・文字が一部かぶさったため，重複記入と判定されたもの：2件，②事案の相手が男女二人連れだった（自由記入欄にその旨の記載あり）ため，「男」「女」の両方にマークされていたもの：2件，③発生時間帯が「午後」と「忘れた」に両方マークされていたもの：1件であった．また，これらのほか，すべての回答項目が指定された赤色ペンでなく黒色のペンで記入されていたケースが1件あった．これらのケースについては，すべて "MarkPathFinder" のエラー訂正機能により，手動で訂正を行った．
また，上記②の男女二人連れのケースについては，いずれも「男」に統一した．

8) ここで言う前兆的事案の経験率（16%）は，一般的な犯罪被害調査における「犯罪被害経験率（prevalence rate）」に相当するものであり，事案の経験頻度（20%）は，「犯罪被害頻度（incidence rate）」に相当するものである．犯罪被害調査を実施する場合は，両者の違いを踏まえた上で，目的に応じて使い分けるべきだとされている（浜井 2013: 161-162）．

9) ただし，前述のとおり「男女二人連れ」だったとする回答が2件見られた．

10) 今回とほぼ同様のデザインの「危険なできごとカルテ」を用いて実施した先行調査では，「今回の調査で初めて知った」が12%，「誰にも連絡・相談しなかった」が26%という結果であった(科学警察研究所犯罪予防研究室 2011b: 52)．今回の調査でなぜこれらの回答が少なかったのかについての詳細は不明であるが，このように複数の調査結果を相互に比較することは，「危険なできごとカルテ」

のような標準化された調査用具を用いることで初めて可能になるのであり，そのこと自体が，本研究のもつ意義の重要な一側面であると考えられる．

11）回答用地図に赤丸シールの貼付がなかったものが１件あり，これは「危険なできごと地図」の作成対象から除外した．

12）ただし，本稿の段階では，データのスキャンや集計を研究者が実施しているため，まだ学校などの「現場」でそのまま「使える」とは言い切れないとの批判はありえよう．しかし，先行研究において，人件費を支払って研究補助員を雇用し，大判のデジタイザなどの特殊な機器を用いてデータの入力作業を行わせていたことと比較すれば，本稿における研究開発によって，これまで「手法の提唱」にとどまっていた「子ども対象犯罪の前兆的事案調査」が，実用レベルへと格段に近づいたことは明らかであろう．

［参考文献］

Finkelhor,David, 2008, *Childhood Victimization: Violence, Crime, and Abuse in the Lives of Young People,* Oxford University Press.

Hamby,Sherry L. and David Finkelhor, 2001, *Choosing and Using Child Victimization Questionnaires,* Office of Juvenile Justice and Delinquency Prevention.

Hamby,Sherry L., David Finkelhor, Richard Ormrod and Heather Turner, 2004, *The Juvenile Victimization Questionnaire (JVQ): Administration and Scoring Manual,* Crimes Against Children Research Center.

Osofsky,Joy D., 1995, "The Effects of Exposure to Violence on Young Children" *American Psychologist* 50 (9): 782-788.

Peters,David H., Nhan T. Tran and Taghreed Adam, 2013, *Implementation Research in Health: A Practical Guide,* World Health Organization.

デンソーウェーブ，1994，『QRコードドットコム』(2018年5月25日取得，http://www.qrcode.com/).

中村攻，2000，『子どもはどこで犯罪にあっているか：犯罪空間の実情・要因・対策』晶文社.

―――，2012，『子どもたちを犯罪から守るまちづくり：考え方と実践：東京・葛飾からのレポート』晶文社.

原田豊，2011，『「子どもの被害の測定と防犯活動の実証的基盤の確立」研究開発実施終了報告書』(2018年7月9日取得，http://ristex.jst.go.jp/examin/criminal/pdf/20120308-3.pdf).

―――，2014，「科学的な学校安全の取り組みを支えるしくみづくりの試み：『危険なできごとカルテ』と『聞き書きマップ』」，独立行政法人日本スポーツ振興センター学校災害防止調査研究委員会編，『「通学中の事故の現状と事故防止の留意点」調査研究報告書』66-74.

原田豊・齊藤知範・山根由子・松下靖・三宅康一・大川裕章，2015，「スキャナによる自動読み取りに対応した子どもの犯罪被害の前兆的事案調査キットの開発」，『第60回数理社会学会大会研究報告要旨集』41-42.

―――，2016，「改良版「危険なできごとカルテ」を用いた子どもの被害の前兆的事案調査」，『地理情報システム学会第25回研究発表大会講演論文集CD-ROM』Vol.25: C-1-4.

浜井浩一，2013，『犯罪統計入門：犯罪を科学する方法』日本評論社.

科学警察研究所犯罪予防研究室，2011，『危険なできごと調査マニュアル』(2018年7月9日取得，http://www.skre.jp/nc2/index.php?key=mu139n67t-40#_40).

菊池城治・雨宮護・島田貴仁・齊藤知範・原田豊，2009，「声かけなどの不審者遭遇情報と性犯罪の時空間的近接性の分析」『犯罪社会学研究』34: 151-163.

雨宮護，2017，「前兆事案に焦点をあてた対策の可能性と課題」，警視庁子ども・女性の安全対策に関する有識者研究会編，『警視庁子ども・女性の安全対策に関する有識者研究会提言書』103-115.

［謝辞］

本研究は，科学研究費助成事業（学術研究助成基金助成金）基盤研究（C）「子どもの犯罪被害の前兆的事案調査法の開発と妥当性評価」（代表：原田豊　科学警察研究所犯罪予防研究室特任研究官，課題番号：16K01906）の一環として実施したものである．

また，その先行研究であり，「危険なできごとカルテ」の原型の開発を行ったのは，独立行政法人科学技術振興機構　社会技術研究開発センターの資金による研究プロジェクト「子どもの被害の測

定と防犯活動の実証的基盤の確立」（研究代表: 原田豊（科学警察研究所））である．記して謝意を表する．

Email: harada@nrips.go.jp
k-miyake@duplo.co.jp
candy@x-box.ne.jp
ohk@hcc-soft.com

JAPANESE JOURNAL OF SOCIOLOGICAL CRIMINOLOGY No.43 2018

Developing a Method for Surveying Potential Precursors of Childhood Criminal Victimization by Way of QR-code Compatible "Karte of Dangerous Incident"

Yutaka Harada
(National Research Institute of Police Science)

Koichi Miyake
(Duplo Corporation)

Yasushi Matsushita
(Soft House CANDY)

Hiroyuki Okawa
(HCC Soft Co. Lid.)

This study devises a method for surveying and recording potential precursors of serious childhood criminal victimization such as kidnapping in a systematic manner and develops tools that implement this survey methodology.

Based on the survey toolkits called "Karte of Dangerous Incident" combined with a map of the location of the incident, we introduced a set of QR codes into these toolkits so that they could be recognized automatically using document scanners. In addition, we constructed a website that enables the users to prepare and print these survey toolkits for themselves, and carried out a preliminary survey at an elementary school using these toolkits. The results indicated that these toolkits would provide the school teachers with effective and sustainable ways of surveying potential precursors of childhood criminal victimization.

The results also indicated that the future tasks include additional improvements of our survey toolkits and the construction of social system that enables the full-scale implementation of these toolkits.

Key words: Karte of Dangerous Incident, potential precursors, QR code

犯罪研究動向

薬物政策の新動向
──規制を用いた統制から「その人らしく生きる」ことを支える政策へ──

丸山泰弘 (立正大学)

1 はじめに

薬物政策をテーマにした研究動向は，本誌において2009年に石塚会員によって丁寧にまとめられている（石塚 2009）．そのために，本稿ではその考察を踏まえつつ，基本的には2009年以降の薬物政策を中心にまとめたい．

先の研究動向においては，アメリカを中心とした「War on Drugs」の終焉の流れと，その一端が日本においても起こりつつあることが指摘されていた．その後の10年余りの間，日本国内においては，犯罪対策閣僚会議や再犯防止推進会議などにおいても薬物事犯者への対応のあり方が，従来の刑罰によるものだけでなく，末端の使用者への依存からの回復支援に力を注ぐことが指摘されるようになってきた．また，学術的にも2017年の犯罪学関連合同学会のメインシンポジウムで取り上げられた治療的司法の流れを踏まえたものがあり（指宿編著 2018発行予定），法制審においても自由刑の単一化の議論の中で刑罰の中身の変更まで語られるようになっている（丸山 2018）．

一方で，国際的な視点から見れば，すでに薬物の自己使用や自己使用目的の所持に関して，使用者の意思の問題とし刑事罰によって厳罰に取り締まるという手法は避けるべきではないかという議論が行われるようになっている[1]．

これらの流れは，ヨーロッパを中心に巻き起こっているが，依存性の高い薬物を規制すること

によってコントロールすることを先導してきたアメリカにおいても変化の兆しがみられる．たとえばオバマ前大統領は，「薬物問題は健康に関する問題であって，犯罪の問題ではない」と2016年3月にアトランタで行われた薬物会議（National Prescription Drug Abuse and Heroin Summit）で明言している[2]．このように「ゼロ・トレランス（不寛容主義）」政策を率先してきたアメリカにおいても大きな転換期を迎えているのである．すでに，医療目的だけでなく嗜好品としてのマリファナ使用についても，コロラド州とワシントン州をはじめ，首都であるワシントンD. C. においても認められている．

そこで本稿では，まず刑事司法における日本の薬物政策の取り扱いを中心にまとめつつ，「刑事司法の中で薬物依存とどのように向き合うのか」といった流れを確認するために治療的司法の動向について概観し，その後に，ハーム・リダクションを中心とした「刑事司法の枠外で薬物依存とどのように向き合うのか」を概観したい．言及するまでもないが，「薬物政策」というものを捉える時には，刑事司法の側面から概観することは一側面でしかなく，現象を捉えることの限界があることは認識している．しかし，紙幅の関係と筆者の能力の問題から，医学的，公共政策学的および社会学的アプローチは別の機会に委ねたい．

注：犯罪白書から筆者が作成

2 日本の薬物政策の現在

(1) 覚せい剤取締法違反の検挙人員と薬物政策[3]

　覚せい剤取締法違反の検挙人員は1951年の法律制定以後，1954年にピークを迎えている．その数は，約55,000人であり，これが第1次覚せい剤乱用期とされる．その後，1957年には検挙人員が1,000人を切るほどまで減少し，平穏な状態が続いた．1976年には再び10,000人を超え，1984年に約24,000人となった．これが，第2次乱用期である．その後，いったん減少した検挙人員は，1997年ごろに20,000人に達する勢いで増加し，これが第3次乱用期であるとされる．

　この第3次乱用期の一刻も早い終息を目指して1998年に策定されたのが薬物乱用防止五か年戦略である．

　1998年に策定された五か年戦略は，その後2003年に「薬物乱用防止新五か年戦略」，2008年に「第3次薬物乱用防止五か年戦略」（以下，「第3次戦略」），2013年に「第4次薬物乱用防止五か年戦略」（以下，「第4次戦略」）がそれぞれ策定された（厚生労働省 2018）．

　それぞれの五か年戦略から，2つの視点から薬物政策が行われているのがわかる．すなわち，薬物密売組織の壊滅や水際での密輸入を阻止する「供給側中心の政策」と，青少年等への啓発活動や徹底した末端薬物乱用者の取締り，治療・社会復帰支援による薬物再乱用防止を行う「需要側の政策」である．

　しかし，従来の施策においては，取締りを強化することが掲げられ行動に移されてきたが，薬物依存症という症状をケアするという側面は弱かった．併せて，日本では，刑事施設の薬物改善指導にDARCをはじめとした外部の回復支援団体が講師として招かれるようになり，刑の一部執行猶予などの受け皿の一つとして民間の団体による支援が行われているといったものも存在するが，刑事司法手続全体から見れば，治療共同体や自助グループなどの活動とその（当事者活動として「支援」が必要かどうかの考察も必要であろうが）サポート体制も不十分なままである．そして福祉的

な援助の側面も圧倒的に不足している状態にあったといえる（丸山 2013）.

ただし，第4次戦略では，第3次戦略の流れを引き継ぎ，行政機関，医療機関，自助グループ等の民間団体との連携を推進させることが謳われており，すでに全国の矯正施設にダルクをはじめとした民間団体が薬物離脱指導のグループワークのために活動している.

また，同時並行的に政府の犯罪対策閣僚会議では，「犯罪に強い社会の実現のための行動計画」が2003年に決定され，そこでも「薬物乱用，銃器犯罪のない社会の実現」の中で薬物対策を重要施策として取り上げている（犯罪対策閣僚会議 2003）. ただし，この段階では相談活動の充実を図るといった末端使用者への取り組みを強化するとしつつも，当初の五か年戦略と同じように末端使用者への徹底した取締りが中心であった.

一方で，2016年7月に「薬物依存者・高齢犯罪者等の再犯防止緊急対策」（以下，緊急対策）を公表し，2020年を目処とした立ち直りを支えるネットワークの構築について，「立ち直りに向けた"息の長い"支援につなげるネットワーク」の必要性について，薬物依存からの回復に向けた施策を打ち出している（犯罪対策閣僚会議 2016）. ここでは，直面する課題として「薬物事犯者の多くは，犯罪者であると同時に薬物依存の問題を抱える者でもあり」とし，「立ち直りに多くの困難を抱える薬物依存者や犯罪をした高齢者・障害者等の再犯防止を一層進めるためには，従来の対策を加速するとともに，刑事司法と地域社会をシームレスにつなぎ，官民が一体となって"息の長い"支援を行うことが必要である」とする. とくに，支援を中心とした「依存状態となっている者」への取組みが掲げられてはいるが，その対策の目標として2020年までに「刑務所出所者の2年以内の再入率を20％減少させる」という数値目標が

設定されている. また，2017年には再犯防止推進会議が「再犯防止推進計画」を発表し，薬物事犯を含む再犯の防止に向けた提案を行っている（法務省 2017）.

(2) 日本で語られる「再犯防止」

「再犯防止」の見方は，多種多様である. 少なくとも，その目的は「再犯をしない／させない」であるとしても，その手段は大きく異なる. たとえば，徹底した監視によって行動のすべての管理した「再犯の防止」もあれば，生活の環境が整い，住居や就業の問題が改善され，地域社会での居場所作りをした結果，人生を振り返ってみれば「犯罪行動がなかった」という「再犯の防止」もある.「緊急対策」でも触れられているように，「息の長い」取組みと民間の回復支援団体などの協力者との連携が強化され，従来のものよりも福祉的で，社会の理解を進めるための時間のかかる取組みが行われようとしている. しかし，数値目標を設定することで，それが達成されない場合は，すべての取組みが否定されることになりかねず，再び厳罰化による監視をする政策へと転じかねない. こういった問題の根本には，その「再犯の防止」が誰のためのものかという視点が影響を与える（浜井 2012）.「緊急対策」や「再犯防止推進計画」では，地域社会の中で，孤立化の対策が取られないまま再犯に至る者への必要な支援を指摘しているのだが，その再犯をさせない理由は，本人の立ち直りに力点があるのではなく，社会の安全そのものに力点が置かれている. たしかに，新たな被害者が生まれないようにすることは重要であろう. しかし，社会安全のための「再犯の防止」と数値目標の設定は，厳格な監視を生みやすく，福祉の刑罰的な運用がなされる可能性が高い.

以上のような問題を日本が抱える一方で，自己使用者および自己使用目的の所持者に対する「薬

物政策」を刑事司法の枠の中で支援を行うのか，刑事司法の枠外で支援を行うのかが，国際的には検討される傾向にある．

3　治療的司法（TJ）の展開

⑴　問題解決型裁判所

日本の再犯防止推進計画によれば，「刑事司法関係機関はこれらを支える取組を実施してきたが，刑事司法関係機関による取組のみではその内容や範囲に限界が生じている．こうした中，貧困や疾病，嗜癖，障害，厳しい生育環境，不十分な学歴など様々な生きづらさを抱える犯罪をした者等が地域社会で孤立しないための『息の長い』支援等刑事司法関係機関のみによる取組を超えた政府・地方公共団体・民間協力者が一丸となった取組を実施する必要性が指摘されるようになった」としている（犯罪対策閣僚会議 2016: 2）．このように，従来の刑事司法の取組みでは限界があり，貧困や疾病，嗜癖，障害，厳しい生育環境などの要因で犯罪をした人への新たな介入のあり方が問われている．

たとえば，2017年から始まっている法制審で議論がなされているのは，「条件付き起訴猶予」や「宣告猶予」などである．議事録を見る限り直接的な言及はないが，宣告猶予について，モデルの1つとなるのが，アメリカを中心に展開されている薬物専門の裁判所（ドラッグ・コート）であろうと思われる（丸山 2015）．

アメリカでドラッグ・コートが誕生したのは1989年であり，司法省にドラッグ・コート・オフィスが1995年に設立されるまでは少数であったが，その後，急速に全米に広がり，英語圏の国々でも広がっていった．とくに，実務を主体に広まったドラッグ・コートであったが，その理念的支柱となったのが治療的司法（Therapeutic Jurisprudence）の理念である．治療的司法の概念は「法の介入によってもたらされる効果を活かした治療的な介入をする」という試みであり，伝統的な刑事裁判では解決されてこなかった社会的問題，すなわちクライアントが抱えている生活を困難にさせていた社会的背景にある根本問題の解決を図るという試みとなっていった．そのため，ドラッグ・コート・モデルの裁判のあり方は他の社会問題の解決にも運用されるようになる．それらの裁判所は「問題解決型裁判所（Problem Solving Court）」と呼ばれるようになっていく．裁判の形式自体が，これまでの刑事裁判とは異なる役割が求められるようになったことで，裁判に関わる法曹三者の役割も変化していく．とくに，フォレンジック・ソーシャルワーカーなどの司法専門のソーシャル・ワーカーや，回復の場面で活躍する当事者を中心としたソーシャル・ワークが重要になっている．つまり，これまでは法廷の中で中心的な役割を占めてこなかった職種や当事者の活躍の場が広がっているのである．

⑵　治療的司法（TJ）の課題

TJの支持者たちは，司法による介入によってもたらされる治療的な成果は「善」であることを前提として話を進める．しかし，TJに批判的な立場からは，司法がその人に対する決定的で支配的な役割を担っていいのかといった疑問が出てくるのである（Petrila 1996）．

1960〜70年代の医療モデル論や社会復帰思想が，「犯罪者」を「病人」として捉え，「犯罪」は「病気」なのであるから治療が行われるべきとされたが，それら医療モデル論に対する批判としては，刑事司法の長期的な介入をもたらすことや社会のあるべき型枠に押し込めることについて激しい議論が行われていた．特に，薬物依存の問題については，「逸脱行動」を「病気」であると認識することで，病気なのだから仕方がないと行動に対

薬物政策の新動向──規制を用いた統制から「その人らしく生きる」ことを支える政策へ　**139**

する非難が緩和される傾向にあると同時に「治療を受けるべき」といった強制も働くことになる．そのため，日本で議論されている「自由刑の単一化」のように，刑罰の一種として強制的な治療プログラムを行ってでも，刑事司法の中で対象となる人に治療を課し，積極的に改善を求めるといった政策になりやすいのである．しかし，社会の安全のための強制治療は，保安処分にもつながる問題であるために，その検討と実践においては十分に気をつけなければならない．

昨今の日本における「自由刑の単一化」の議論は，禁錮刑ではなく懲役刑に一本化した上で，その治療プログラムを強制できるという流れになっている．これは国際的な流れとは逆行するものであり，マンデラ・ルール等の国連の被拘禁者最低基準規則にも抵触するものになりつつある．

これらの問題を回避するために，ドラッグ・コートでは，「同意」を前提に行われるが，それは，表面上の「同意」があるのみで，間接的な強制に他ならないという指摘がなされている（Seddon 2007）．選択時に用意されているものが「地域社会を基盤とする施設収容に代わるもの」か，「刑務所」かなのであれば，そのようなインフォームド・コンセントが犯罪者に選択肢を与えることが出来るかどうかは疑問が残ると指摘する．特に，ドラッグ・コートは，従来の伝統的な刑事罰よりも長期に介入される可能性があり，それらが刑事罰を土台とした「選択」となっているという問題がある．このようにドラッグ・コート型処遇があくまで，刑事司法手続の中で行われているということを忘れてはならず，いくら治療的な介入であっても，国家に社会安全のための自由の制限をする権限を与えてはならない．

4　ハーム・リダクションのムーヴメント

(1)　刑事司法の枠外での取組み

国際的に，薬物問題に対し，刑事司法による介入ではなく，公衆衛生や社会保障の問題として介入すべきであるとする動きが活発になってきている．その取組みは「ハーム・リダクション」と評されるようなものが代表であろう（松本・古藤・上岡 2017）．たとえば，国際的なNGO団体であるHarm Reduction Internationalによれば，ハーム・リダクションとは「違法であるかどうかにかかわらず，精神作用性のあるドラッグについて，量に限らず，その使用によって生じる健康的・社会的・経済的に悪影響を及ぼすことを減少させるための行われる政策・実践・プログラム」である（Harm Reduction International 2018a）[4]．嗜好的利用のため大麻所持については，ウルグアイが2013年に世界で初めて合法化に舵を切り，続いてカナダも2018年に合法化した．また，オランダやスペインなど独自の薬物政策を展開している国々も多く，刑事司法による取締り以外の「薬物との向き合い方」を実践している．たとえば，スペインで行われている「プロジェクト・オンブレ」は，アルコールや薬物使用の問題は，人の生活に現れる「症状や兆候」の１つにすぎないと考え，それらの症状が現れている人の本当の問題（内側に起こっている生活の問題）からの回避行動の１つであると見るようにし，薬物使用によって隠れてしまっている「生きる力」を見つけ出し，１人ひとりが尊厳を取り戻して，社会の一員となることを目指していくというものである（近藤2017）．

(2)　ポルトガルの挑戦[5]

ハーム・リダクション政策の中でも注目を集めている国の１つがポルトガルである．ポルトガルは，2001年にほぼ全ての規制薬物を非刑罰化し

ている．つまり，2000年に薬物の所持量によって，その所持罪を非刑罰化する法律（Law30/2000）が成立し，2001年から施行されている．日本では当然に実刑になるであろう所持量があっても，自己使用目的の量と判断されれば，説得モデルへと移行するのである．

ポルトガルでは，薬物使用を繰り返す人に，薬物を使用しないでも生きていける方法の提案と，使用しながらでも生きづらさがないように「説得する」ことが目指されている．ただ，この法律によって規定される「説得する」モデルに移行されるかどうかは，自己使用目的と判断される所持量で決まるため，最初の介入は警察から始まる時もある．しかし，捜査機関は，対象となる人の所持量が規定よりも少ないと判明すると，その場で刑事手続は打ち切られ，コミッション（Commission）という薬物を使用しない生き方を説得する委員会に行くように促す．また，規定の所持量が超えていても，自己使用目的であることが証明されれば，コミッションに行くように変更される．このコミッションでは，対象者（クライアント）の権利擁護のための法律家（弁護士），セラピーを行うための心理学者，生活のサポートをするためのソーシャル・ワーカー，ナースなどによって構成されている．

とくに，ポルトガルをはじめ「ハーム・リダクション」を主張する国や団体は，刑罰よりも「教育」が重要であると指摘する．たしかに，日本では妊婦や産後直後の女性がタバコや酒を飲むといった姿を見なくなってきている．これは，刑事罰によって規制されたからではなく，女性自身の身体と子どもの健康に良くないという教育が徹底された結果であろう．人の行動を変える時に，刑事罰に依存する必要はないという証明でもあろう．

5 「その人らしく生きる」を支援するということ

上記のような挑戦を続けるポルトガルでは，スペインでの取組みと同様に，薬物を使用しないことだけに焦点を当て，それを押し付けることはしない．むしろ，「その人が，その人らしく生きていく」ということを支援し続ける社会が形成されている．たとえば，筆者が調査で訪問したIN-MOURARIAという団体がある．健康省によって公認された街の最前線で支援を行う団体である（GAT Poutgal 2018）．常にソーシャル・ワーカー，ピアカウンセラー，臨床心理士，ナースなどが待機しており，コンドームや薬物キット（消毒のための脱脂綿や綺麗な針，綺麗な水などが入っている）を配布している．さらに，頻繁に街へ繰り出し，路上生活をしている人に話しかけて薬物キットを配りながら，生活に困っていることを聞き出し，本人が望めば支援を行う．そこで出てくる要望としては，その日の食べ物のことであったり，本当は路上生活をやめたいと思っていることであったり，体の不調を訴えるといったことであったりと様々であるが，上記のようなチーム構成になっているので，多くの問題は対応可能となっている．また，ピアカウンセラーも重要な役割を果たしている．路上生活をしている薬物使用者が，団体スタッフとは話をしたくない時であっても，まさに薬物を使用しながらスタッフとして活躍しているピアカウンセラーに対してだけは話せることもあるからである．つまり，ポルトガルで見られるそれは，「薬物問題」をどうにかしようという活動ではなく，その人の「生きづらさ」の中に「薬物問題」があるのであれば，それも支援するという社会保障による解決を図っている．

6 むすびにかえて──アディクションに アディクトする学際的な理論の動向

　薬物政策の動向をアメリカやポルトガル等と比較しながら確認してきた．冒頭でも確認したように，筆者の能力の限界から本稿では社会学的なアプローチや医学的なアプローチの検討を行うことはできなかった．しかし，最後に簡単にそれらについても触れておきたい．なぜか「アディクション」に関する問題には，アディクションを引き起こすことがあるように思われる．その対象の範囲は，学際的であり，様々な研究が行われていることを記しておきたい．

　まずは，精神科医療からアプローチとして，矯正施設での特別改善指導を中心に，認知行動療法が取り上げられるであろう．とくに，SMARPP: 物質使用障害治療プログラムが行われており（松本 2016），出所後も地域社会で継続される治療のあり方に言及がなされている．また，薬物依存の問題に限定はされないが，「オープンダイアローグ」の手法も注目を集めている（斉藤 2015）．さらに，平井慎二は「やめたくてもやめられない」が「やめられる」とし，条件反射制御法を主張している（平井 2015）．その実践から，規制薬物の摂取を繰り返すヒトの有責性との向き合い方に言及し，刑罰のあり方も検討を行っている．他方で，認知行動療法とその薬物処遇への応用に関して，社会学的に考察を行っているのが平井秀幸である（平井 2015）．平井秀幸の指摘は，「統治されるもの」に対する強制的に介入することへの批判に対する「批判」である．つまり，自分のことは自分で決めるべきであり，自分のことは自分でコントロールできる主体であるということも強制されるものではないと指摘している．また一方で，「当事者」の研究も盛んになっている．たとえば，DARCは，薬物使用者に対する激しい偏見や厳罰による対応が行われている中で独自の発展を遂げている．薬物依存者自身の活動として30年以上の歴史を持つDARCの第2世代の各施設長たちは，既存の制度や「専門性」に縛られない「回復」のあり方について実践からその「知見」が述べられている（ダルク 2018）．

　以上のように，薬物問題は，薬物使用やその個人的および国家的対応について，「このように統制すべきである」，「このように治療を行うことができる」，「そのように統制すべきでない」，「このように支援をすべきである」，「『そのように統制すべきではない』と捉えるべきではない」，「これこそが『社会復帰である』と押し付けるべきではない」などといった複雑で学際的な検討が行われており，今後も広く深く議論が継続されていくものであろうと考えられる．

［注］
1）国連薬物犯罪事務所（UNODC）でも刑事司法で薬物使用者を取り扱うことが「人権侵害」に当たるのではないかということが議論され始めている（UNDOC 2018）．
2）この様子は動画でもWhite Houseから配信されている（The Obama White House 2016）．
3）本項および次項については，丸山（2017）を参照されたい．
4）HPには，日本語訳もある（Harm Reduction International 2018b）．
5）丸山（2016）．さらに，本節および次節の情報は，欧州薬物・薬物依存監視センター（EMCDDA）のポルトガル情報による（EMCDDA 2018）．

［文献］
ダルク，2018，『ダルク──回復する依存者たち』明石書店．
EMCDDA, 2018, "Portugal Country Drug Report 2018", (Retrieved July 31, 2018, http://www.emcdda.europa.eu/countries/drug-reports/2018/portugal_en).
GAT Poutgal, 2018, "IN-MOURARIA", (Retrieved July 31, 2018, http://www.ga Retrieved July 31, 2018,

tportugal.org/projetos/inmouraria_1).

浜井浩一，2012，「再犯防止と数値目標」『季刊刑事弁護』72: 135-142.

犯罪対策閣僚会議，2003，「犯罪に強い社会の実現のための行動計画──『世界一安全な国，日本』の復活を目指して」，(2018年7月31日取得，http://www.kantei.go.jp/jp/singi/hanzai/kettei/031218keikaku.pdf).

────，2016，「薬物依存者・高齢犯罪者等の再犯防止緊急対策──に向けた"息の長い"支援につなげるネットワーク構築」，(2018年7月31日取得，http://www.kantei.go.jp/jp/singi/hanzai/kettei/160712yakubutu/honbun.pdf).

Harm Reduction International, 2018a, "What is harm reduction", (Retrieved July 31, 2018, https://www.hri.global/what-is-harm-reduction).

────，2018b，「ハームリダクションとは？」，(2018年7月31日取得，https://www.hri.global/files/2016/04/06/What_Is_Harm_Reduction_JP_2015.pdf).

平井秀幸，2015，『刑務所処遇の社会学──認知行動療法・新自由主義的規律・統治性』世織書房.

平井慎二，2015，『条件反射制御法──物質使用障害に治癒をもたらす必須の技法』遠見書房.

法務省，2017，「再犯防止推進計画」，(2018年7月31日取得，http://www.moj.go.jp/content/001242753.pdf).

指宿信編著，2018発刊予定，『治療的司法の実践』第一法規.

石塚伸一，2009，「新たな時代状況における薬物政策──"薬物との戦争（War on Drugs)"の終焉？」『犯罪社会学研究』34: 164-170.

厚生労働省，2018，「薬物乱用対策」，(2018年7月31日取得，http://www.mhlw.go.jp/stf/seisakunitsuite/bunya/kenkou_iryou/iyakuhin/yakubutsuranyou_taisaku/index.html).

近藤京子，2017，「人に焦点を当てる──プロジェクト・オンブレの取り組みを中心に」『アディクションと家族』33(1): 10-11.

丸山泰弘，2013，「『刑事司法』と『福祉』の連携について──薬物政策の視点から」『罪と罰』50(4): 114-127.

────，2015，『刑事司法における薬物依存治療プログラムの意義──「回復」をめぐる権利と義務』日本評論社.

────，2016，「ポルトガルの薬物政策調査報告・2014-2015年」『立正法学論集』49(2): 196-234.

────，2017，「日本における薬物政策の課題──海外との比較から」『精神科治療学』32(11): 1465-1470.

────，2018，「自由刑の単一化と薬物事犯」『犯罪と刑罰』27: 51-72.

松本俊彦，2016，『よくわかるSMARPP──あなたにもできる薬物依存者支援』金剛出版.

松本俊彦・古藤吾郎・上岡陽江，2017，『ハームリダクションとは何か──薬物問題に対する，あるひとつの社会的選択』中外医学社.

Petrila, John, 1996, "Paternalism and the Unrealized Promise of Essays in Therapeutic Jurisprudence," David B. Wexler and Bruce J. Winick eds., *Law in a Therapeutic Key: Developments in Therapeutic Jurisprudence,* Carolina Academic Press, 686.

斉藤環，2015，『オープンダイアローグとは何か』医学書院.

Seddon, Toby, 2007, "Coerced Drug Treatment in the Criminal Justice System: Conceptual, Ethical and Criminological Issues," *Criminology and Criminal Justice,* 7(3): 269-286.

The Obama White House, 2016, "President Obama Speaks at the National Rx Drug Abuse & Heroin Summit", (Retrieved July 31, 2018, https://www.youtube.com/watch?v=GCKJh7HjMIo).

UNDOC, 2018, "Treatment and Care of People with Drug Use Disorders in Contact with the Criminal Justice System: Alternatives to Conviction or Punishment", (Retrieved July 31, 2018, http://www.unodc.org/unodc/en/drug-prevention-and-treatment/treatment-and-care-of-people-with-drug-use-disorders-in-contact-with-the-criminal-justice-system_-alternatives-to-conviction-or-punishment.html).

E-mail: maruyama@ris.ac.jp

犯罪研究動向

多民族国家における平和の構築
──過激化する若者を抱える西欧の苦悩と対策──

小長井賀與 (立教大学)

1 はじめに──本稿の目的と視座

　安全で平和な生活は誰にとっても素朴にして究極の願いである．しかし，世界では恒常的に紛争やテロが発生し，多くの命が奪われている．平和を「他者への共感と社会への信頼に裏付けられた安寧」と捉えると，テロは他者や社会を脅し傷付ける行為であるから，平和の対極にある．テロの頻度や被害の大きさではアジア，中東，アフリカ等発展途上国が圧倒的であるが，近年は西欧でも頻発している．欧州内で育った移民家庭出身の若者の犯行である点で衝撃を与え，移民の統合政策の失敗に拠ると各方面から指摘された．そのため，西欧諸国はテロ防止を安全保障のみならず社会政策上の喫緊の課題でもあると捉え，包括的な対策を講じている．しかし，即効薬はなく，テロのリスクは依然として高い．

　本稿の構想は，2018年3月末のベルギーの視察[1]に基づく．テロに巻き込まれるリスクがあると身構えて入国したが，意外にも更生保護機関は司法ソーシャルワークの本道を志向していた．移民家庭出身の対象者も多いところ，社会からはタフな介入への要請が強いが，結局自らの使命と存在意義はソーシャルワークにあると再定位したとのことであった．

　テロ対策はコミュニティ形成の在り方と表裏一体である．コミュニティ形成において住民の安全・安心は重要な要素であり，凝集性の高いコミュニティでは安寧に暮らせる．そこで，本稿では西欧のテロ対策を概観し，そこから多民族国家における平和構築の在り方を考えてみたい．

2 移民の統合に関する指標──社会経済的状況

　まず，欧州の移民の実態を概観する．欧州委員会 (European Commission, 以下「EC」とする, 2013; 2017) やOECD (2015) の調査で，次のことが明らかにされた．

(1) 社会的包摂

・2012年に欧州連合 (European Union, 以下「EU」とする.) 圏に住む10人に1人は外国生まれで，5200万人いる．うち3350万人はEU圏外の出身である．

・定住移民の約3分の2は，移住先の国籍を取得している．

・EU域内や他の先進国で生まれた者と比べ，発展途上国で生まれた者は労働市場への参入，住宅，教育について困難を抱え易く，貧困に陥るリスクが高い．

・移民の社会的流動性は低く，雇用や教育は親の社会経済的状況に大きく影響され，社会経済的に恵まれない移民の子供は学業成績が振るわず，高等教育へ進むのに困難を抱える．

・収入，健康，住居の状況は教育と雇用に影響

を与える．移民は概して低収入，貧困，ワーキングプア，劣悪な居住状況に陥るリスクが高いが，公的扶助を受給していない．

・住居があり，基礎教育を受け，有職であることは社会統合の必要条件であるが，十分条件ではない．移民は有職であっても往往にしてパートタイムや臨時職に就き，持っている資格や教育歴に見合う職に就いていない．取得した資格は労働市場で低く評価されがちである．賃金は貧困ライン以下のことが多い．住居には広さに比して過剰な人数が住み，家賃は収入を圧迫している．

・持っている資格が同じでも移民は非移民よりも雇用されにくく，移民家庭出身の学生は同じ水準の学業成績を収めている他の学生よりも高等教育の機会を与えられていない．

・一般国民が労働，学業成績，社会参加において良い結果を収めていると，移民も同様に良い成果を収めている．出身国で似たような社会的背景を持っている者でも，移住国が異なれば，移住後の社会的達成が異なる．

⑵　雇用

・EU全体で雇用率は69％だが，外国生まれの者では64％である．

・一般に有職であることは貧困に陥らない保障になるが，移民の場合はその保障が弱い．有職の移民で所得がその国の相対的貧困の閾を下回る世帯は，非移民の２倍である．

・移民とその子孫で公務に就く者は，全体の人口比に比して少ない．

⑶　教育

・移民に対する早期の良質の教育とケアが15歳時の成績達成度と相関し，それが後の学歴に影響する．

・教育の達成度は親の社会的背景に大いに影響される．社会経済的状況の違いによる分離教育，学校滞在時間の増加，教育方法の質の向上，能力別クラス選別の時期を遅らせること，高等教育に入る前後の支援が親子間の負の相関を減じさせる．

⑷　移民家庭出身の若者（15歳から34歳）の状況

・若者の20％近くは両親の少なくとも一方が移民で，その国で生まれたか，子供の時に移住してきた．9％は成人してから移住している．両親の不遇を反映して，当人も恵まれない．両親が移民でもネーティブの若者の状況は，自身が移民である場合よりも総じて良い．

・15歳の生徒の学業成績は，移住先の国で長く暮らしているほど良い．移民の両親を持つネーティブの子供の方が子供の時に移住してきた子供より良い．

・ネーティブのうち，移民家庭出身者の失業率はそうでない若者より50％高い．2007年度以降移民家庭出身の若者の雇用率は下落しており，男性の場合，ネーティブの家庭出身者よりも下落率が大きかった．

・移民家庭出身でネーティブの若者の方が，移民家庭出身で外国生まれの若者より，差別されていると訴えることが多い．

以上のとおり，移民や移民家庭出身者は厳しい社会経済的状況にあり，さらに景気変動の影響を受け易い脆弱な立場に置かれている．また，移民の社会的流動性は低く，生活困窮や社会的不利益の世代間連鎖がある．一方で，若者では移住先で生活する期間が長くなるほど，学業成績や社会経済的状況が改善する．ただし，移民の第２世代以降で不平等や貧困を一層先鋭に耐え難く感じてい

る[2]．移民家庭出身者のこのような実態は，テロリストが生まれる土壌となっていると思える．

3　EUの移民政策

(1)　移民の社会統合策

　このような実態に対し，EUは手をこまねいていたわけではない．1990年代から移民は排除の対象になり易いと認識し，2000年のリスボン戦略に基づき，少数者（Minority）の一類型と捉えて貧困と社会的排除から救う対策を講じてきた[3]．

　以後30年弱が経過するが，グローバリゼーションの深化や2008年以降の構造的な経済不況などを背景に，移民の置かれた状況は悪化している．現在では移民をEU内の国籍の有無によって分け，異なる対応をしている．すなわち，EU外の国籍を持つ移民の統合に特化した行動計画（EC, 2016a）を策定する一方で，既にEU内で国籍を取得している移民及び移民家庭出身者は一般の国籍所有者と同じ枠組みで支援している．

　後者が本稿の主題に関連する．EUに国籍を持つ移民には「Europe 2020 strategy」（EC, 2010）が適用される．これは，2020年までに欧州経済の構造的な脆弱さを克服して，「持続的で包摂的な成長」を実現するための計画である．うち社会経済的弱者関連の目標は，次のとおりである．

　　・20歳から64歳までの雇用率を75%へ上げる．
　　・教育からの早期離脱率を10%以下に減らす．30歳から34歳までの者の少なくとも30%は高等教育を修了させる．
　　・貧困に陥っている者やそのリスクのある者を2010年に比べて少なくとも20%削減する．

　このように野心的な構想だが，2018年7月のEUの情報[4]によると，移民の雇用率や就労時間数は2008年前の水準に戻っていない．

(2)　移民の社会統合関連の欧州の施策

　就労と教育機会に焦点を当てたEUの基金に，社会基金（European Social Fund）がある．人的資源の向上を目的とする[5]．具体的な使途は各国に委ねられている．

　例えばベルギー（EU, 2012; 2015）では，若年求職者，長期失業者，移民，特にEU外からの移民を対象にした技能訓練や資格取得のための投資（Investment in Skill），また，社会的包摂や貧困のリスクのある子供達を支援するための施策（Combating Exclusion）に用いている．後者の一つに，子供を持つ親の就労支援や社会的弱者の社会統合に寄与するとされる「社会的経済, Social Economy」を促進する事業がある．

　また，教育領域では，2014年から2020年までのプログラムである「Erasmus+」が実施され，若者の教育訓練や生涯教育が推進されている（EC, 2014）．これは高等教育だけでなく，学校からの早期離脱者への教育訓練やリカレント教育も対象としており，知識や技能を高めることで労働市場への参入を助けることを目指している．

　上述の(1)と(2)の政策や施策の構想は壮大であるが，こと移民に関しては芳しい成果が上がっていないことは，本稿の冒頭に示したECやOECDの調査結果のとおりである．EUのこれらの構想や計画に対し，英国の社会学者ギデンズは，効果的な実行手段がないゆえに実現できず夢のままで終わっているとして，「紙のヨーロッパ」（ギデンズ邦訳, 2015; 7）と揶揄している．

(3)　移民政策の方向性

　従来，西欧の移民政策は多文化主義と統合主義の二つのモデルで捉えられていた．

　前者は移民を無理に同化させようとはせず，移民の宗教の自由，母国語の使用，固有の文化や宗教の維持を尊重し，多数派のキリスト教白人文化

や価値理念と並存させる立場である．代表例が英国とオランダであるが，ベルギーもそれに近い．

後者は国の連帯と統合を重視し，移民にも国の中心的な文化・価値理念への帰依を求める立場であり，少なくとも公的な場面ではそれを要請し，政教分離の立場を採る．フランスが代表的である[6]．

しかし，モロッコ系の若者による2004年のアムステルダムでのゴッホ映画監督殺害事件，パキスタン系の若者による2005年ロンドンの同時多発テロおよび同年のマグレブ（北西アフリカ）系の若者に端を発しフランス全土に広がった暴動を経て，どちらのモデルも移民の統合には機能していないと認識されるようになった．いずれも移民家庭出身の自国民による犯行であった．多文化主義では単に文化的マイノリティを無視，放置していただけであり，結果的には社会経済的弱者を再生産する仕組みとなっていたと反省された．一方，後者の統合モデルでも建前としての「平等」理念は移民とその子孫には適用されず，彼らを郊外の荒廃地域に隔離して社会から排除していたと認識されるようになった（三井, 2015: 205; ギデンズ邦訳, 2015: 146-147）．

これらの事件を経験して，現在，西欧諸国は厳格な「同化」政策を採っている（Houtkamp, 2015: 77）．定住を希望する移民には受入国の語学，歴史，価値理念に関する市民コースを受講することを求め，コース終了後に試験（the Civic Integration Examination）を実施して合格することを市民権付与の条件にしている．

西欧諸国は福祉国家であるからこそ，シティズンシップによって移民を選別しているという見方がある（Lucassen, 2005: 99; 遠藤, 2016: 213-216; 水島, 2012: 190）．社会保障には膨大な予算を投入しているので，受給資格者を野放図に増やすわけにはいかない．ギデンズの表現によると，「今日，福祉は権利のみならず市民の側の義務も

前提にしている」（ギデンズ邦訳, 2015: 103）．

4　西欧における近年のテロの様態

(1)　テロの発生状況

テロを定義するのは容易でない．欧州議会（European Parliament, 以下「EP」とする, 2017a: 18）は，「公衆を過度に脅し，政府や国際組織に何らかの行為をすることあるいはしないことを強要し，国や国際機関の基本的な政治的・憲法的・経済的社会的構造を不安定化あるいは破壊することを意図する行為で，域内の国がテロリズムと定めた行為」と概括している．本稿はこの定義に依ることにする．

近年西欧で発生したテロには次のものがある[7]．その他にも小規模のものや未遂に終わった事件が多くある．

2004年3月　マドリードでの列車爆破，191人死亡

2005年7月　ロンドンでの同時爆破（バスと地下鉄），56人死亡

2012年3月　フランスのトゥールーズ周辺での連続射殺，7人死亡

2014年5月　ブリュッセルのユダヤ博物館での襲撃，4人死亡

2015年1月　パリの風刺週刊誌「シャルリー・エブド」社襲撃，ユダヤ食品店等に立て篭り，17名死亡

2015年11月　パリ同時テロ（サッカー場，飲食店，劇場），130人死亡

2016年3月　ブリュッセル同時テロ（国際空港と地下鉄駅），32人死亡

2016年7月　ニースでトラックが群衆に突っ込み，86人死亡

2016年12月　ベルリンのクリスマス市場にトラックが突っ込み，12人死亡

2017年5月　マンチェスターのコンサート会

場で自爆テロ，22人死亡

2017年6月　ロンドン橋で車が通行人を跳ね，近くの店の客を襲撃，6人死亡

(2)　近年のテロの特徴

欧州が過去に経験してきたテロと比べると，近年の西欧のテロは動機と手口において異なる．様々な場所を標的とし，行為者も海外の紛争地域から帰還した元ジハード（戦士）・欧州育ちの過激主義者・単独者（一匹狼）等多様で，トラック・包丁などの日常物資や爆発物を用いて行い（EP, 2017a: 14），また，行為者の勧誘や犯行にソーシャルメディアを活用していることに特徴がある（EC, 2016: 1-2）．

2001年のアル・カーイダによる米国での同時多発テロのような周到な計画性や組織性はなく，イスラム教の背景をもつ欧州育ちの若者が短絡的な作戦を方々で展開して，欧州社会がパニックに陥ることを目的としていると見える．背後には「イスラム国」などのネットワーク型のテロ組織がいて，SNSなどを通じて欧州の若者に「テロの原理」の表層を植え付けてジハード（戦士）とし，一度くらいはシリアなど中東の戦場で訓練を施すが，後は彼らの自主性に任せる（国末・ケペル，2016）とされる．欧州には無職で社会に帰属場所を持てない若者が数多いて，彼らをテロに勧誘することは難しくないと言われている．

モロッコ系移民を対象としたオランダでの調査（Bovenkerk, 2016）では移民の中では第2世代の犯罪率が高く，失業，低学歴，低収入が犯罪リスク要因であることを検証した．

すなわち，近年の西欧のテロは，かつての北アイルランドやバスクでの紛争のような社会の多数派の政治・宗教理念に対する反乱というの意味合いはない．行為者の大半はイスラム教徒であるが，キリスト教を基盤にもつ社会の転覆を謀るという

より，テロは自分達が社会へ包摂されないことへの異議申し立てであると解釈できる．過激化の心情は，フランスの学校でスカーフを着用したモスリム女性達の「社会の多数派の人達と同様に正義と平等な尊重をもって自分達を扱って欲しい」という主張（内藤他, 2007: 62）に通じる．

(3)　テロリストが経験する社会的排除の要因

EC（2016b: 3）は，異文化背景を持つ欧州生まれの者が過激化していく動因として個人的又は文化的な孤立感，社会に正義がないという感覚，マージナル化[8]や人種差別による屈辱感，教育や雇用面での不遇，犯罪性，政治的・思想的・宗教的要因，家族の絆の弱体化，個人的なトラウマや他の心理的な問題を挙げている．心理的な問題には，イスラム教を信奉する家庭とキリスト教を基盤にもつ社会の双方で暮らすことから生ずる文化葛藤や自我同一性の拡散が考えられる．

確かに，差別や排除の理由には人種や宗教の違いへの社会の忌避感もあろうが，筆者はこれらを過度に強調するのは現実的でないと考える．西欧諸国は高度人材を優遇する入国管理政策を採っており，自国の繁栄に貢献できる人材であると認められると，民族的背景に関わらず外国人も帰属先を得られる．この事から推して，第2世代以降の移民が社会から排除される要因として，その社会にとっての有用性という基準が最も効いていると思う．社会保障費に膨大な予算が投入される福祉国家にあっては，国にとって応分の経済的寄与をしない者は正統なメンバーと見なし難い．これが排除の主な理由だと思う．

(4)　福祉国家への参加の基準

水島（2012: 191-195）は，現代の「福祉国家」では何らかの形で経済社会に貢献することを社会への参加を認める要件としていると説く．そ

のため，「労働市場に参加する見込みが低く，言語や文化を共有しないがゆえに社会生活にも参加が困難とされる非西洋圏出身者は，『テスト』をくぐり抜けることができない限り，シティズンシップ付与の候補者にはなりえない」とする．「テスト」とは入国審査での「高度人材」の選別，移入者が受入国の言語や歴史のコース受講後に受ける試験（the Civic Integration Examination），あるいは，移民家庭出身の自国民にとっては学歴が証明する語学力を核とする学力であろう．そもそも西欧は国家と市民との間の責任と権利との緊張関係で成り立つ契約社会であると，筆者は感ずる．さらに，1990年代以降の高齢化の進展や構造的な経済不況に伴う福祉受給者の増加を背景とした緊縮財政下にあって，「社会に貢献できない者」に対する社会的排除は深化している．

　水島の言う「参加」の基準は，フランスの社会学者ブルデューが既に1977年の著書で考察した「資本主義のハビトゥス(habitus)」の概念からも読み解ける．「ハビトゥス」とは主体が内面化した態度性向[9]を指し，経済的・社会的構造によって規定される．歴史の中でゆっくりと形成されて，公式の教育や家族による幼年期の教育によって伝達されるとする．そして，「合理性」をエートスとする資本主義経済に適合的なハビトゥスは合理性を旨とし，予測や計算によって明示された目的に方向づけられるような行動性向である（ブルデュー邦訳，1993: 14-15, 154-156）．さらに，学歴や職業的資格は行動を合理的なものにするために欠くことのできない知的資源を確固たるものにする機能をもち，また，未来を持つ者は未来を支配しようと企図できるとする（前掲書: 128）．つまりブルデューによると，「資本主義ハビトゥス」を内面化していない者は，正統なメンバーとして資本主義社会の参加を阻まれることになる．

　概して，移民家庭出身者は親世代から継承する文化の質においても，学歴や職業資格が低い点でも，さらに現状があまりに不安定なためにより良い未来に向けて生活を制御できない点においても，資本主義社会に適合的なハビトゥスを内面化しづらい．すなわち，移民家庭出身者の社会参加を阻むのは人種や宗教そのものでなく，それらが不利に働く中で現在の資本主義社会に適合的な性向を内面化できないことにある．学歴や職業資格は上昇の社会移動を助けるが，選別や排除の道具にもなり得る．社会に帰属場所を得られないために，彼らは生活の糧とアイデンティティを得るために過激化していくのではなかろうか．

5　EUによるテロ対応の方向性

　2015，2016年のパリとブリュッセルでのテロ後，シャンゲン域内外の国境管理の不備や内務・警察や法務当局の情報共有の失敗が非難された（遠藤，2016: 81, 86, 87）．

　EU（EC, 2016b）は非を認めた上で，改めて対策の方向性を定めた．その中で，近年のテロでは複数の押出し（push）と吸引（pull）の諸要因が複合して生じていると指摘している．テロリスト組織は，移民やその子弟が抱える脆弱性や不満感につけ込んで勧誘し，ソーシャルメディアで繋がってネットワークに参加させ，短時間に極端な過激思想を植え付けるとする．こうしてEU内に国籍を持つ者約4000人がシリアやイラクなどの紛争国へ赴いてテロリスト組織に加わったと，見積っている．

　過激主義（radicalization）への対応は，緊急の安全保障対策と根底にある社会的要因の緩和との両面で，EU諸国の連帯の元に多機関連携によって行うことが肝要だとして，次の方針を示した．

　①　過激主義対応に資する研究支援，モニター・ネットワーク構築

　②　オンライン上でのテロリストのプロパガン

ダとヘイトスピーチへの対策

③　刑務所内での受刑者の過激化の切断

④　包摂的教育とEU共通価値の促進

⑤　包摂的・開放的・柔軟な社会の構築と問題を抱える若者へのアウトリーチ

⑥　情報と諜報を巡る過激主義への安全保障上の対応

⑦　過激主義の防止に向けた国際協力

うち，④の教育と価値の共有については勧告書（EC, 2018）が発出された．趣旨は，ポピュリズム・外国人嫌い（xenophobia）・偏狭なナショナリズム・差別・フェイクニュースや誤情報・過激主義などの課題を抱えている今こそ欧州に共通の価値を再確認して連帯を強化し，質の高い教育・訓練を域内の全てのレベルに提供することで人々の社会移動の向上と包摂を推進し，将来の発展と福利を実現しようということである．同書はEU共通の価値として，「人間の尊厳，自由，民主主義，平等，法の支配，少数者を含めた人間の権利の尊重」を示す．

この欧州の価値について，ギデンズ（ギデンズ邦訳, 2015: 163）は「人権，自由，法の支配というヨーロッパの価値は植民地圏の人々にはほとんど適用されなかった」とし，欧州の傲慢さや価値の二重基準を指摘している．だが，そうだとしても，将来に向けて平和な社会を築くために，上述の価値を再確認することには意義があろう．

6　テロリストの脱過激化と社会統合 ──刑務所と保護観察での介入とケアの原則

テロリストが生きて逮捕される場合には，罪に相応する罰が与えられる．罰を科されたテロリストは再犯リスクが高い者を除き，いずれ社会に戻される．そこで，如何に刑務所や更生保護機関でテロリストを脱過激化するかが治安上重要な課題

となる．

EC（Radicalisation Awareness Network, 2017: 1）は，欧州評議会が策定したガイドライン（Council of Europe, 以下「CE」とする, 2016）に準拠して，刑罰執行機関での介入の原則として次のことを定めている．

①　テロリストの福利と更生を促進することが社会の安全を最も確実にする．

②　テロ罪が適用される行為の範囲は広いので，全てのテロリストが同じように社会への高リスクとなっている訳でない．

③　テロリストは更生できるが，脱過激化するには支援を必要とする．

④　普遍的な人権は，いつでもどのような環境下でも保持されなければならない．

⑤　テロリストの脱過激化を進め更生と社会統合を促すには，職員と対象者の肯定的な関係性と健全な刑務所環境が前提となる．

⑥　脱過激化と立ち直り過程を支えるには，刑務所・保護観察所・警察・自治体・市民組織による継続的な多機関連携が必須である．

7　元テロリストの社会統合──ベルギーの実践

ベルギーの首都ブリュッセルにはEU本部があり，それが2016年の２度のテロの衝撃を一層大きくした．筆者が国際会議や視察で入手した情報に基づき，元テロリストの社会統合についてベルギーの実践を概観してみる．

(1)　対応の機関

ベルギーは３言語圏（フラマン語，フランス語，ドイツ語）を擁し，そこから生ずる軋轢や抗争を解消するため，1993年に言語圏を基礎とした連邦制に移行した．連邦政府は主に国防・外交・社会保障・司法を所管し，経済政策・教育・文化政

策は地域政府に委ねられている．2015年には地方分権が更に進められ，更生保護機関（＝House of Justice）が連邦政府から地方政府に移管された．同機関は犯罪者に対する社会内処遇（保護観察，刑務所仮釈放後の指導監督，電子監視，社会奉仕），修復的正義，被害者支援，家族間暴力（DV）を所管し，刑事政策を社会政策や地域福祉に繋ぐことで，いわば地域社会における正義の実現を担う地方政府の一部門である．

　ベルギーで更生保護組織が地方政府に移管されたことは，元犯罪者の社会統合という目的に沿って意義が高い．ただし，言語を元に地域社会が構成されているので，対象者の社会統合には文化的同化の圧力が働き易いと思われ，異文化背景をもつ対象者の場合には当人の民族的立場に配慮した統合支援が必要となろう．

⑵　元テロリスト対応での課題

　国際学会での報告[10]や筆者らの視察時での業務説明では，元テロリストに対する有効な処遇は確立できていないとのことであった．過激化（radicalisation）や暴力的過激主義（violent extremism）という内実の定かでない新しい現実への対応に苦慮し，西欧の基本的な価値を念頭に，欧州評議会のガイドライン（CE, 2016）に従って粛々と実務を行っていると言う．元テロリストの更生と社会統合に魔法の方法はなく，個々の対象者が複雑な過程をゆっくりと辿っていく．そのため，介入や支援の個別化，長期的なアプローチ，多機関連携による包括的な支援が行われている．

　政治家，メディア，公衆はテロへの厳しい対応を求めるが，脱過激化は行動の強制ではなく社会統合によって実現すると考え，そのための「司法ソーシャルワーク」に重きを置いているとのことである[11]．ただし，実務を補強するツールとして再犯リスクのアセスメントツールの洗練が不可

欠であると言う．

⑶　多機関連携と情報の共有

　2015年以降の刑法改正によってテロ罪の内包が拡張され，テロ行為の企図だけでも罪となった（European Parliament, 2017: 65-67）．その結果，諜報機関は更生保護機関が所有する対象者情報の開示を求めるようになり，更生保護機関も諜報機関のデータベースにアクセスする必要が生じ，情報の共有と管理のあり方が新たな課題とされた．

　元テロリストの再犯抑止と社会統合はソーシャルワークだけでは賄えないので，国の治安当局や地域の警察・刑務所・医療保健・労働・福祉・教育・文化・スポーツ機関や地域社会との連携で補われている．その場合，社会防衛と更生支援のバランス上，業務目的や組織文化を異にする他組織といかなる連携が最善なのか試行錯誤が続いているとのことである．

⑷　テロ被害者への対応

　テロは国家と社会を標的にし，社会全体に大きな情緒的影響を与えた．外国人も含む膨大な数の被害者に対し，政府は被害者の物心に渡る被害を理解し適切に対応する責務を負うことが認識された．そして，被害者のニーズに応えるために，手続きの各段階での被害者へのアウトリーチ，被害者を特定するための法医学の活用，所有品の返還，収集した情報の関係機関での共有と照合，防犯カメラの映像の確認が行われた．

　被害者対応でも適正な多機関連携の構築が必要となり，連邦検察庁・外務省や各国大使館・被害への補償の専門組織との接触がなされた．情報の開示と共有を含め，関係機関との連携のノウハウが探られた．

　EP（2017c; 115-117）によると，テロの調査委員会（Parliament Inquiry Commission）が立

ち上げられ，被害者の特定，被害者に提供すべき医療と心理社会的なケアの評価がなされ，それが治療費その他の経費の補償の基礎となった．補償は保険会社と国家の双方からなされるが，外国人に対する賠償の法的根拠の整備が課題となった．また，急性期以後の心理社会的な支援の体制をどう組むかも課題であり，包括的な賠償基金の創設が検討された．

以上ここまでで，西欧における移民をめぐる実態，テロの発生状況，それへの対策を見てきた．これら西欧の経験を踏まえ，最後に多民族国家における平和構築について考えてみたい．

8 多民族国家における平和の構築

ノルウェーの平和学者・ガルトゥングは，平和とはすべての人間にベーシックニーズを保証することとし，ベーシックニーズとして生存，幸福，帰属，自由を挙げている（ガルトゥング，2005: 32, 33）．本稿の文脈では，紛争の当事者は欧州生まれテロリストと西欧社会である．両当事者のベーシックニーズを満たすという観点から，平和の実現について考えてみたい．

(1) 社会のニーズ

社会のニーズは，予測のできないテロによって人々の生存を脅かされず，社会の安寧を維持することである．また，少子高齢化の趨勢の中で，一定規模の人口を維持し社会の活力と生産性を保持することが社会の福利の基盤となる．自由や平等といった価値を社会の人々に保証することも社会の強みとなり，連帯が強まる．

なお，誰しもテロの被害者となり得る．多くの場合加害者は被害者賠償を単独では担えないと思われ，国を超えた組織で被害者救済の仕組みを作ることが望ましい．そのための基金や保険制度の創設が考えられる．そのような仕組みを造るには，

人々の連帯が基礎となる．

このように考えると，移民やその子孫を正統なメンバーとして社会に統合することは，結局社会自体のニーズを満たすことになる．現時点では域外からの移民家庭出身者の社会統合が進んでいないのでしばらくは社会保障費や教育費の負担が重いが，治安面も考慮すると，長期的に社会に安定と繁栄をもたらすと言える[12]．

(2) テロリストのニーズ

テロリストは，グローバリゼーションの進展の中で社会の周縁に追いやられた移民家庭から生まれた．上述のとおり，移民やその子弟は社会経済的に不遇である．彼らのうちテロリストになる者はごく一部であるが，移民全体のニーズを満たすことがテロ発生のリスクを減らすことになる．

移民家庭出身者に生存と帰属と自由を保障するには，貧困や失業の世代間連鎖を断ち切る必要があり，学校教育と職業訓練が統合の鍵となる．特に，早期の公的な就学支援が必要である．学力や資格を基礎に安定した職に就け，職を通じて帰属場所を得て，安寧な生活を営むことができる．そのために，今まで社会の発展から置き去りにされていた移民家庭出身者に対し，政府や社会の包括的な支援が求められる．生活の安定を得ることで，彼らは自らの潜在的な可能性を開発・発展でき，将来への希望をもつことができる．こうして，精神と生活の自由が確保でき，幸せの実現に繋がる[13]．

(3) 移民の統合の先にあるもの

テロは平和の対極にある．社会が移民を排除することでテロリストを生み，社会が危険にさらされる構図は，正に社会の誰もが運命共同体の一員であることを示している．だとしたら，社会の構成員がそれぞれの存在を承認し合って，共存して

いく途を探らなければならない．社会の構成員全員に生活保障と社会参加が必要である．生存と帰属が提供されると，人々に自由と幸福が積み上げられていく．そういう営みの上に，それぞれの社会に見合った多文化共生が開けてくる．

ただし，ここまでの議論では，移民等を含め全ての人々を包摂する先の社会は健全で堅固だと仮定している．しかし，その社会自体が行き詰まっている．環境破壊，異常気象，格差の拡大，失業者や不安定雇用の増大，難民の大量発生など，グローバル化した金融資本主義の弊害があらゆる局面で生じている．テロはその社会の疲労や崩れを表象する最たるものと言える．資本主義社会自体を否定はできないものの，その弊害を補正し補完するものが必要な時代に来ている．

⑷　社会の補正──社会的連帯経済と修復的正義

そのような認識を元に，西欧で社会的連帯経済や修復的正義が営まれている．社会的連帯経済は社会的連帯を基盤に行われる（文化活動や社会活動を含む）広義の経済活動である．人間同士，また人間と自然との共生を追求し，労働市場から排除された人々に職業訓練や雇用を提供している．長期失業者や学校教育からの早期離脱者などに加え，移民や難民も対象となっている．上述したとおり欧州社会基金も投入されて，西欧各国で隆盛である[14]．

また，修復的正義は正規の司法制度を補完し代替する仕組みとして，西欧で活用されている．近年は，紛争の被害者・加害者の仲裁に加えて，環境汚染・交通事故・地域紛争も対象とされている．背後にある社会構造的な問題まで射程を広げ，事実解明や問題解決のために集団談義が行われている[15]．イタリアでは1970年代のテロの行為者と被害者の話し合いがされた[16]．

社会的連帯経済も修復的正義もともに，制度疲労を起こしている現代社会にあって，多様な背景を持つ人々が共生していく途を探る仕組みである．結果だけでなく過程にも価値を置き，効率や短期的な生産性とは異なる物差しで豊かさを考え，さらに大きな枠組で社会正義を捉え，新しい公共空間を創ろうとしている．このような営みの中では，「資本主義のハビトゥス」を持たない人々も，新しい形の幸福を創造できる．

日本は外国人の移住が増えて，事実上多民族国家に近づきつつある．異文化背景をもつ人々との共生が日本社会の重要な課題となることは必至である．良い事も悪い事も西欧の経験から学べることは多い．

［注］

1 ）視察は科研費研究（B）「非行少年・犯罪者に対する就労支援システムの展開可能性に関する研究」（課題番号: 15H03297, 研究代表者: 石川正興）の一環として行った．フランデレン地域（＝フラマン語圏）の機関を視察したが，フランス語圏でもほぼ同じ方針と政策を採っているとのことである．現に，第3回世界保護観察会議（2017年9月13日，東京）では，オランダ語圏とフランス語圏の更生保護機関の共同という形で，テロ対策に関する報告（Dominicus, 2017）がなされた．

2 ）これを，ギデンズ（ギデンズ邦訳, 2015: 139）は「第二世代の反乱」と表現している．

3 ）Council of the European Union, *Fight against poverty and social exclusion - Definition of appropriate objectives,* 2000

4 ）EC, News 13/07/2018, Employment and Social Development in Europe: 2018 review confirms positive trends but highlights the increasing need for skills and inclusion.

5 ）出所：駐日欧州代表部公式webマガジン, http://eumag.jp/issues/c0617/, 2018.8.2閲覧.

6 ）参照：遠藤, 2016: 87; ギデンズ邦訳, 2015: 146; 労働政策研究・研修機構，概要版2015: http://www.jil.go.jp/institute/siryo/2015/153.html 2018.8.7閲覧.

7 ）出所：公安調査庁，世界のテロ等発生状況

http://www.moj.go.jp/psia/terrorism/index.html 2018.7.30閲覧.

8）2005年のパリ郊外の暴動は，移民系住民が集住するクリシー・ス・ボワで始まった．また，2015年11月のパリ同時多発テロや2016年のブリュッセルの連続テロの首謀者はブリュッセルのモレンベーク地区の出身者であった．同地域はオイルショック後にスラム化が進み，軽犯罪多発地区なったという（松尾，2016）．

9）宮島喬はハビトゥスを「知覚，思考，行為のシェーマ」とした（ブルデュー邦訳，2016: 284）．

10）第3回世界保護観察会議（Tokyo, 13 Sep. 2017）でのDominicus, Hans氏の報告 *"Facing the Challenges in Response to the Terror Attacks in Belguim: The Role of the Probation Service, including Judicial Victim Support"*.

11）House of Justice のソーシャルワーク志向は，Bauwens, 2011; 2017でも論じられている.

12）労働政策研究・研修機構（2015）によると，長期的な視点での外国人労働者の財政への貢献は一律でない．しかし，治安の悪化によるコストを加えるとマイナスではないと思える．

13）フランスの移民の立場から社会への同化の方策は，「ジョリヴェ，2003: 258, 264」に記述されている.

14）他の論文（小長井，2018）で，パリやミラノの有機農園，ヘルシンキの廃品再生業での移民や難民の雇用を紹介した.

15）紛争を社会構造的な問題として扱う修復的正義の原理はAertsen, 2018 で述べられている.

16）イタリアでのテロに対する修復的正義は，"Guido Guido Bertagna, et al. edit., *Il libro dell'incontro*, 2015, Saggiatore" で紹介されている．タイトルの英訳は，"The The Book of the Encounter, Victims and former armed fighters face each others."

［参考文献］

Aertsen, Ivo, 2018, Dealing with Social Injustice: How Strong is the Democratic Potential of RJ? - Part 1, Presentation file at European Forum for Restorative Justice 10th Conference, Tirana, 14 June 2018.

Bauwens, A, 2011, Organisational Change, Increasing Managerialism and Social Work Values in the Belgian Houses of Justice, *European Journal of Probation* 3(3): 15-30.

Bauwens, A, & Roose, R., 2017, What is social about criminal justice social work in Belgium?, *European Journal of Social Work* 20(5): 640-650.

Bovenkerk, Frank & Fokkema, Tineke, 2016, Crime among young Moroccan men in the Netherlands: Does their regional origin matter?, *European journal of Criminology* 13(3): 352-372.

Bourdieu, Pierre et Passeron, Jean-Claude, 1970, *La Reproduction: Éléments d'une théorie du système d'enseignement*, Les Editions De Minuit（＝宮島喬訳，『再生産（教育・社会・文化）』，2016，初版第13刷，藤原書店）.

Bourdieu, Pierre, 1970, *Algerie 60*, Les Editions De Minuit（＝原山哲訳，『資本主義のハビトゥス アルジェリアの矛盾』，1993，藤原書店）.

Council of Europe, 2016, *Guidelines for prisons and probation services regarding radicalization and violent extremism*.

Dominicus, Hans, 2017, *Facing the Challenges in Response to the Terror Attacks in Belguim: The Role of the Probation Service, including Judicial Victim Support*, Presentation at the 3rd World Congress on Probation, Tokyo, 13 Sep. 2017 .

European Commission, 2018, *Council Recommendation on promoting common values, inclusive education and the European dimension of teaching*, COM (2018) 23 final.

European Commission, 2016a, *Commission Action Plan on the Integration of The Thirds-Country Nationals*, COM (2016) 377 final.

European Commission, 2016b, *Commission Communication on supporting the prevention of radicalisation leading to violent extremism*, COM (2016) 379 final.

European Commission, 2014, *THE EUROPEAN UNION EXPLAINED, the Education, training, youth and sport*.

European Commission, 2013, *Using EU Indicators of Immigrant Integration Final Report for Director-General for Home Affairs*.

European Commission, 2016, *Supporting the prevention of radicalisation leading to violent extreamism*, COM (2016) 379 final.

European Commission, 2010, *EUROPE 2020 A strategy for smart, sustainable and inclusive growth*, COM (2010) 2020.

European Parliament, 2017a, *The European Policies on*

Counter-Terrorism Relevance: Coherence and Effectiveness.

European Parliament, 2017b, *EU and Member State's policies and laws on persons suspected of terrorism related crimes.*

European Parliament, 2017c, *How can the EU and Member States better help the victims of terrorism?*

European Union, 2012, *BELGIUM AND THE EUROPEAN SOCIAL FUND,* esf_country_profile_belgium_en.pdf, 2018.8.4 閲覧.

European Union, 2015, *THE ESF IN BELGIUM,* http://ec.europa.eu/esf/main.jsp?catId=371, 2018.08. 01 閲覧.

Eurostat publication, *First and second-generation immigrants – a statistical overview,* http://ec.europa.eu/eurostat/statistics-explained/index.php?title=First_and_second_generation_of_immigrants_-_a_statistical_overview, 2018.7.20閲覧.

遠藤乾, 2016,『欧州複合危機』, 中央公論新社.

ガルトゥング, ヨハン, 京都YMCAほーぽのぽの会訳, 2005,『平和を創る発想術 紛争から和解へ』, 岩波書店.

Gavrielides, Teo, 2017, The Terrorist within & Restorative Justice Conflict in Europe: Meeting the challenge, IIRP Conference, Dublin, Ireland, 9-10 May 2017

Giddens, Anthony, 2015, *TURBULENT AND MIGHTY CONTINENT What Future for Europe?* Revised and Updated edition, Polity Press. (＝2015, 脇阪紀行訳,『揺れる大欧州』, 岩波書店).

Houtkamp, Christopher, 2015, Beyond Assimilation and Integration: The Shift to 'National' and 'Transnational' Inclusion, *European and Regional Studies* 8: 73-87.

小長井賀與, 2018, 被害者の包摂と回復, 並びに加害者の再統合,『被害者学研究』No.28, 145-157.

国末憲人, 2016, 欧州ホームグロウンテロの背景 現代イスラム政治研究者ジル・ケペルに聞く, https://www.newsweekjapan.jp/stories/world/2016/06/post-5323_1.php, 2018.07.15閲覧.

Lucassen, Leo, 2005, *The immigration Threat -The Integration of Old and New Migrants in Western Europe since 1850,* University of Illinois Press.

水島治郎, 2012,『反転する福祉国家 オランダモデルの光と影』, 岩波書店.

松尾秀哉, 2016, ヨーロッパの華やかな小国・ベルギーがなぜ「テロの温床」になったか, http://gendai.ismedia.jp/articles/-/48352?page=5, 2018.06.23閲覧.

三井美奈, 2015,『イスラム化するヨーロッパ』, 新潮社.

宮島喬他, 2018,『ヨーロッパ・デモクラシー 危機と転換』, 岩波書店.

内藤正典, 阪口正二郎他, 2007,『神の法 vs. 人の法』, 日本評論社.

OECD, 2015, *Summary in English, Indicators of Immigrant Integration 2015 - Settle in,* https://read.oecd-ilibrary.org/social-issues-migration-health/indicators-of-immigrant-integration-2015/summary/english_6673aaf3-en#page1, 2018.97.01閲覧.

Radicalisation Awareness Network, 2017, *Preventing Radicalisation to Terrorism and Violent Extremism: Prison and Probation Interventions,* European Commission.

Trines, Stefan, 2017, *Lessons From Germany's Refugee Crisis: Integration, Costs, and Benefits,* https://wenr.wes.org/2017/05/lessons-germanys-refugee-crisis-integration-costs-benefits, 2018.03.12閲覧.

Todd, Emmanual, 2015, *QUI EST CHARLIE? Sociologie d'une crise religieuse,* Seuil. (＝2016 堀茂樹訳『シャルリとは誰か？ 人種差別と没落する西欧』, 文芸春秋).

津田由美子他, 2018,『現代ベルギー政治 連邦化後の20年』ミネルヴァ書房.

United Nations Office of Counter-Terrorism, 2016, *Plan of Action to Prevent Violent Extremism,* https://www.un.org/counterterrorism/ctitf/en/plan-action-prevent-violent-extremism, 2018.7.31閲覧.

労働政策研究・研修機構, 2015,『諸外国における外国人受け入れ制度の概要と影響をめぐる各種議論に関する調査』, 資料シリーズNo.153.

E-mail: k-konagai@rikkyo.ac.jp

書評『比較犯罪学研究序説』

朴元奎 著
A5判・292頁・6,500円＋税・成文堂・2017年

河合 幹雄
桐蔭横浜大学

　本書『比較犯罪学研究序説』は，筆者の1980年代から2010年代に至る研究成果を，まとめたものである．といっても，過去の論文を集めただけの論文集ではない．データの入手ソースについてアップデートされており，一冊の著書としての統一性があるように手を入れられている．タイトルにある「比較」は，主に日米比較であるが，理論としての比較犯罪学，比較犯罪学の方法論を含むものである．タイトル最後の「序説」は，私の理解するところでは，ある社会あるいは国家内において，年間人口あたりの犯罪事件（罪種別も含めて）の発生率は，いかなる理由でかくも多いのかかくも少ないのか，そもそも何件あると推定できるのかという，犯罪学の問題意識の出発点に拘る趣旨と受け止めている．

　序章の「グローバル化時代における比較犯罪学の課題と展望」においては，まず，近年よく使用される用語である「国際犯罪学」「トランスナショナル犯罪学」「グローバル犯罪学」の概念について整理する．「トランスナショナル犯罪」の定義は，「国境を越えて，2か国以上の法律に違反する犯罪行為または取引である。」とされ，国際テロはじめその統制に多くの関心が集まっていることを指摘する．しかし，比較犯罪学は，国ごとの犯罪発生率の違いをどう説明するのかが基本であり，それを実証的に研究するには統計が必要である．そのさいに参照すべきソースについて列挙し，それぞれの利点欠点を詳しく検討している．このあたりは国際比較に興味のある研究者には必読であろう．

　第1章「比較犯罪学の方法論的諸問題」において，筆者は，比較犯罪学の狭義から広義にいたる定義から議論し，その存在意義として，以下の5点を挙げてい

る．「科学的進歩」「国際協力」「自国制度の理解」「自国制度の改善」「法の統一と調和」である．比較犯罪学の有用性は明白としても，その方法は確立されていないという．時代，社会，文化を超越した犯罪に関する法則を求めすぎると，文化相対論が成り立たないし，全ての違いをその国の文化特性に帰着させると比較の意味がなくなる．また，技術的にも言語の違いや翻訳の問題が横たわる．それぞれの国の公式統計が，その信頼性をはじめ，ことごとく違うと言えば違うものである．このように，比較研究には多くの困難があるとする．

　この章は，次の第2章「公式統計の日米比較」に繋がっている．そこにおいて，実際に日米二国間の比較をするにあたって，それぞれの公式統計の信頼性について厳密に検討しなければならないと指摘されている．

　日本の警察統計は長年，内外の研究者から，その信頼性について高く評価されてきたが，筆者は，それに疑念を抱く．そして，問題が多いとされるアメリカの公式統計と比較して，日本の公式統計のほうが，より信頼性が高いとは決して言えないことを論証する．その鍵となるのは暗数の問題である．この結論を私は完全に支持する．

　いよいよ第3章「戦後日本における犯罪率の推移」において，本格的に実証的な犯罪学研究が展開される．100頁以上にわたる，本書のハイライトである．この部分は1992年のFSUの博士論分を圧縮して，既に日本語で連載されており，私は，もちろん，随分以前に読んでいる．アメリカ流の犯罪学の教科書通りの方法を日本に当てはめて，日本の犯罪発生率の推移を分析してみたものである．順序として，先行研究を参照し，1977年のエヴァンス，1980年ウォルピン，1990年ガー

ドナー・パーカー，1988 及び 1991 年メリマン，1990 年松村＝竹内を検討した結果，筆者が採用した方法は，窃盗，傷害，強姦，強盗，殺人の 5 罪種の犯罪発生率にターゲットを絞り，1953 年から 1987 年の間の年毎の統計を用いて，時系列回帰分析をすることであった．

犯罪学理論との関係で言えば，警察などの刑事司法活動による抑止効果，多様な社会統制メカニズムによる抑止効果の両方を計測するために従属変数を操作化している．結果については，罪種ごとにかなり異なった結果となっている．これは読んでいただく他ない．私見では，刑事司法も社会統制も重要な犯罪抑止要因であることは間違いないと考えるものの，それらのなかのいずれの因子も，直接的に犯罪抑止にきれいに影響を与えるような原因などではなく，非常に複雑なプロセスを経て犯罪発生率は決まると考えている．本論文の結果は，私には驚きではない．

日本の犯罪率の推移というマクロな視点からは，筆者の結論は，第一要因は，物質的な生活水準の程度，第二要因は，刑罰の確実性であった．この結果は，犯罪率の増減について，むしろ普遍的な法則性を支持するものであった．

第 4 章は，「日本における社会学的犯罪学の特色」というタイトルどおりの検討をしている．その特徴は，刑事法と社会学の二種類の学問的ベースを持つ人たちの集まりであること，海外の理論紹介が多いこと，日本に対する実証研究が少ないこと，キャリアパスに問題があることだと指摘する．この結論には大方の研究者が同意すると思う．むしろ，筆者の採用した分析方法に筆者らしさがある．やたらに研究対象を広げずに，雑誌『犯罪社会学研究』等に限定しつつ問題意識は分野全体を対象にしている．ここを見れば，こういうことになるというスタンスである．印象論ではなくデータから語るところ筆者の面目躍如というところである．

第 5 章の犯罪学・刑事司法教育の日米比較は，主にアメリカの実務家と研究者の育成について包括的にまとめてくれている．アメリカは予算が多く，全体としての充実度は日本と比較すべくもないが，やや短兵急な側面についても指摘してくれている．日本について

は，司法試験科目から刑事政策が外れた問題もさながら，法学部の授業で教える犯罪学が「科学的」犯罪学の水準にないことを問題視している．法学部系，社会学系の両方の犯罪学を学ばなければならないということについては，私も全く同意する．最後に，日本の刑事司法の実務家要請について，他の領域同様，大学教育ではなく採用後の研修が大きな役割を果たしていることを指摘し，その内容に注文を付けている．

第 6 章は，CPTED と環境犯罪学の元祖とされるジェフリーの犯罪学について，正確な学説理解をしようという試みである．個人間の差異を想定しないニューマンの防犯空間理論と異なり，CPTED は，それを認める社会生物学的犯罪論であるとする．また，その生物学的志向性が，社会学的犯罪学者の反発を買い，ジェフリーは，かくも無視される結果となったとする．70 年代以降のアメリカ犯罪学の状況も含めた説明は，非常にわかりやすく，私は頷いて読めた．

全体を振り返って，比較犯罪学について若干の指摘をしておきたい．犯罪統計を扱ってみれば直ちに気づくことは，罪種が異なれば，同一国の同一期間の犯罪率でも大きく異なる．さらに，罪種を絞っても，窃盗を筆頭に，その中に多様な犯罪の種類がある．自転車盗の扱いの変化の影響については（河合 2004）で既に指摘している．厳密な研究を志せば，次第に狭いカテゴリーの犯罪の，限定された期間の推移の研究にならざるを得なくなってくる．科学警察研究所や法務総合研究所のメンバーが行っている研究は，この特性が強い．そうなると，日米比較のようなマクロな視点が抜け落ちてしまう．大きな困難は百も承知で，やってみるのが科学者の取るべき道であり，本研究のような試みが次々出てきてほしいと願っている．

最後に私見を述べさせていただければ，筆者が確認したように，犯罪率の増減を左右する因子が，日米含めてかなり普遍的であるとしても，日本の幾つかの罪種の犯罪率が，欧米諸国と比較して桁違いに少ないままに維持されていることの説明は別に必要と考える．その理由こそ，日本社会の特性と関連していると，私は睨んでいる．ただし，この特性が時代で変化していないとすれば，犯罪率を用いた検証が不能であること

も当然である．いつか日本の犯罪率が欧米並みになってしまった時に，失ったものに気付くというのは，避けたいと私は考えている．

［文献］
河合幹雄，2001，『安全神話崩壊のパラドックス』岩波書店．

著者より

朴　元奎
北九州市立大学

　まずは，拙著に対して犯罪統計の批判的分析に定評のある河合幹雄氏から丁寧な書評をいただいたことに感謝します．以下，それぞれのコメントに順にリプライしていきます．

　まず第一に，拙著のタイトルに関して，筆者の1980年代から2010年代に至る日米比較を柱とした比較犯罪学の研究成果をまとめた論文集であるという意味では，「序説」ではなく「集大成」と見る方もいます．しかしながら，タイトルの最後にあえて「序説」と付したのは，比較犯罪学研究の方法論と理論についての基本的構想をまとめたものであり，それらに基づいて理論検証型の計量的比較犯罪学の応用・実践へと展開するスプリングボードになることを意図していたからです．その意味では，評者が「犯罪学の問題意識の出発点に拘る趣旨」と受け止めたとの指摘は当を得たものといえます．

　第二に，拙著の各章において示された筆者の主要な結論について，幸いにも評者からは概ね好意的なコメントを頂戴しています．第1章及び第2章において，国際的に高い評価を得ている日本の警察統計の正確性に対する筆者の疑念に対して，評者は「この結論を私は完全に支持する．」と述べています．従来より研究に利用するデータの「質」の問題（妥当性と信頼性）については，ほとんど方法論的な問題意識が欠落していた日本の状況に対して，ある意味筆者なりの警鐘を鳴らしたつもりです．評者からも同じような見解を得たことで，大変心強く思っています．

　第三に，第3章「戦後日本における犯罪率の推移」において，筆者はアメリカ社会で生まれた主要な犯罪学理論が一体どこまで日本の犯罪動向のパターンを説明できるのかを検証しようと試みました．その研究結果の要点は，「経済的平等を伴った経済的豊かさによって特徴づけられる経済的条件および検挙率と有罪率で代表される刑罰の確実性が，戦後日本の犯罪率の推移にとって重要な決定要因である」というものでした（拙著，157頁）．本研究の結論に対する評者のコメントは，本研究において抑止変数（検挙率と有罪率）と社会紐帯的変数（離婚率と労働争議因子）の効果が罪種ごとにかなり異なった結果となっていることについて，「この結果は，私には驚きではない．」と指摘されています．そして，その上で，「日本の幾つかの罪種の犯罪率が，欧米諸国と比較して桁違いに少ないままに維持されていることの説明は別に必要と考える．」と今後の検討課題に言及されています．

　まず最初のご指摘については，マクロレベルの社会統制要因が理論的期待に反して，有力な証拠を得ることはできませんでした．それが，もし本研究の理論的枠組みに起因する問題であれば，理論仮説の修正を必要とします．しかし，筆者の考えでは，むしろ社会的紐帯概念の測定誤差（measurement error）およびそれに関連した構成妥当性（construct validity）の問題に関連していると見ています．将来的には社会的紐帯の多様な側面に関連する集合的データの利用可能性を前提としてですが，より多角的な側面から社会的紐帯の真の効果をさらに詳細に検討することがまずは大切であると考えています．

　なお，本研究の全体的な結果については，評者以外では，たとえば，長年の刑事司法実務の経験から日本の犯罪動向や刑事司法の特色について私見を展開されていた故鈴木義男氏（『日本の刑事司法再論』成文堂，1997: 16）は，本研究が同氏の見解を実証する結果となっていることに「わが意を得たり」と評されていました．その他にも国内外で本研究をレビューしてくださった方々からは，本研究の結論について明確な反論は見られず，基本的には支持するものとなっていることをここに付言しておきます．

次に，罪種別犯罪率の国際比較研究の必要性に言及されている点については，「日本と他の先進諸国との間における犯罪率の相違は，各国家間の経済的発展の過程や速度における差および各国によって行使される法的統制力の程度の差によって説明できるかもしれない」と筆者なりの見通しを述べています（拙著，162頁）．そして，実はすでに別稿においてこの問題の解決の糸口となるような研究成果を発表しています（Fujimoto and Park, 1994, Is Japan Exceptional? Reconsidering Japanese Crime Rates. Social Justice 21 (2): 110-135.）．詳細は別稿に譲りますが，その要点は「社会における生命の侵害に対する脅威」という観点から，殺人と匹敵しうる社会的問題として自殺，交通事故死，労働災害死を含む「不慮の死（unexpected deaths）」の比率という包括的な指標から国際比較をした場合に，日本が「世界で最も安全な国」であると見なすことはできないということ，そして，「殺人率」の低さだけに限定して，それを日本の文化的特殊性によって説明しようとする過度な文化主義的アプローチの誤謬を指摘したということです．この国際比較研究の結論から，日本の犯罪動向のパターンを分析するに際には，文化的要因にではなく，先進諸国に共通する社会経済的，政治的，法的な諸制度の構造的な要因を重視するアプローチの方がより適切に分析できるのではないかと考え，拙著第3章の「犯罪原因の普遍性」を基調とする理論的枠組が構築されたという訳です．いずれにせよ，「日本文化の特殊性」というそれ自体肯定も否定もできないような「ブラックボックス」に入れてなんとなく分かったような気になるよりは，厳密な科学的分析に耐えうるような分析概念を使って定量的な調査研究を志向しようとしたのが，本書の基本的スタンスであることを理解していただければ幸いです．

本リプライのまとめとして最後に一言．拙著全体を通して筆者が強調したかったことは，犯罪学研究における調査方法論の重要性です．日本の犯罪学・刑事政策研究の多くは，厳格な調査方法論に裏付けられた実証的な調査研究の成果という点から見ると，国際的にかなり立ち遅れているといわざるをえません（拙著第4章と第5章）．この問題を克服していくためには，研究者個人の自助努力では限界があります．近い将来是非とも日本の大学，研究機関などにおいて，国際的なスタンダードに適合しうるような刑事司法分野の専門的職業人の養成とオーセンティックな犯罪学者の養成を目指す体系的な研究教育体制が整備されることを強く願っています．

E-mail: wkpark@kitakyu-u.ac.jp

書評『失敗してもいいんだよ──子ども文化と少年司法』

竹原幸太 著
A5判・160頁・1,200円+税・本の泉社・2017年

中島　宏
鹿児島大学

1　本書の概要

　本書は，教育学および福祉学を専門として非行問題を研究している著者が，日本子どもを守る会が刊行する雑誌『子どものしあわせ』に連載した論説を加筆・再編してまとめたものである．同誌の読者層である子どもの親や教師に向けて，少年司法の理念・制度・現状をわかりやすい言葉で伝えるための書物として刊行された（あとがき156頁）．

　第1章「少年事件に見る思春期の発達困難」では，①近年におけるいくつかの少年事件を例にとり，その「残虐性」を理由に厳しい刑事責任の追及を求める社会の反応に対して，事件の背景には，子どもの未熟さや貧困，大人社会との乖離などの問題が存在することを指摘する．そして，②むしろこれらの事件を「成長発達の問題」と捉え，関係機関の連携によって発達を支援することが必要だと主張する．また，③統計的に非行は減少傾向にあって凶悪化しておらず，厳罰論ではなく再非行防止のために社会参加を通じた再統合を促進することこそが現在の課題だと主張する．

　第2章「子どもの育ちを支える少年司法の仕組みと専門職の仕事」では，司法による非行問題への対応について述べる．まず，①少年司法が形成されていく歴史的な過程をふり返りつつ，現行法の理念と仕組みを，先人たちによる取り組みの到達点として説明する．そして，2000年以降現在まで続く少年法改正の流れは，非行についての事実誤認に基づいているだけでなく，歴史的な経緯を無視したものでもあると批判する．その上で，②少年司法に関わる専門職・専門機関である(a)家庭裁判所調査官，(b)少年院・児童自立支援施設，(c)保護観察所・保護司などが，子どもの育ちを支える

ためにどのような活動を行っているのかを詳述する．

　さらに，第3章「当事者による非行克服過程の発信とその課題」では，近年の新しい取り組みとして，①非行と向き合う親たちの会，②少年院出院者によるピアサポートであるセカンドチャンス，アメリカにおけるティーンコートなど非行問題の「当事者性」に根ざした活動を紹介する．また，これに関連して，③神戸児童連続殺傷事件を起こした元少年による手記の公開を，当事者からの情報発信としてどのように受けとめるべきかを，読者に問いかけている．

　以上を踏まえ，第4章「少年司法の行方と展望」では，今後の少年司法のあるべき姿を展望する．まず，①2000年以降の少年法改正の流れが，子どもを教育の客体ではなく成長発達の主体と位置づけた「子どもの権利条約」や種々の国際準則の考え方に逆行していることを指摘する．そして，②現状を克服する新しい少年司法のあり方として，修復的司法の妥当性を主張し，その具体的な実施手順や実践例を紹介する．さらに，③アメリカでの取り組みを例に採りながら，学校教育において「修復的実践」を行うことを提唱する．これによって対話による紛争解決を子どもの内面に染みこませ，「対話する関係性」を育むことによって「修復的文化」を浸透させるべきだと主張する．

　終章では，非行問題に対するアプローチの仕方について，著者の主張の核心部分が示される．すなわち，①子どもの「悪さ」は，様々な学問分野が取り組むべき複合領域の問題であり，（法学のみでなく）教育・福祉などの多様な観点から捉える視点が必要である．そして，教育福祉論の観点から，②従来の「健全育成」は「不健全な行動」を教育意識に基づく「指導」に

よって是正させるものになりがちであったが，そうではなく，子どもの「悪さ」の中に「育ちの栄養素」を見出し，野性味のある子ども文化の中で「社会で生きていく免疫力」を高めていくことによって，成長発達上の躓きの克服を支援するべきだとする．さらに，③その過程を表すため，これまでの「更生」に代わる「甦育（そいく）」という概念を提唱する．

2　本書の意義

本書は，少年司法の理念としくみ，それに関わる専門職や諸機関の活動を平易に解説するものである．少年非行への対応には，法的な視点のみならず，教育・福祉・心理など様々な分野の知見を動員した複合的な対応が必要であることは論を待たず，それゆえ，少年法でも行動科学の専門家である家裁調査官による調査の前置などが制度化されている．したがって，少年司法の制度や運用に関する知識は，法律専門家のみならず，上記の多様な分野を背景とする人々にも共有されなければならない．そのための優れた書物はかねてより存在するが，その多くは，法律家が，法律家の視点で，非法律家向けに解説したものであった（例えば，廣瀬健二『子どもの法律入門 臨床実務家のための少年法手引き』〔金剛出版，2005 年〕など）．

これに対し，本書は教育学を専門とする著者が，教育や福祉の視点から見た少年司法の姿を平易に論じている点に特徴がある．本書でも述べられているとおり，少年司法の問題は，複合領域であるが故に，各分野の専門的関心の周辺部分に位置づけられてしまい，その「谷間」に陥る傾向がある（133 頁）．本書は，この「谷間」を教育学の側から埋めつつ，その知見を非行問題の当事者である一般市民にも共有できるようにした．その意義は極めて大きい．

さらに，本書は，単に司法機関による非行問題への対応を教育や福祉の側から（すなわち司法機関にとっての外部的な視点から）論評したものではない．本書は，①少年司法に関わる専門職や諸機関が現に行っている取り組みの妥当性に教育や福祉の方法論による裏づけを与えるとともに，②少年司法での取り組みを学校教育などにもフィードバックすることにより，③学校教育と少年司法を「子どもの成長発達を支援するひとつの過程」の各部分として把握して見せている．たとえば，著者は学校教育における「毅然とした生徒指導（ゼロトレランス）」を批判するが，その克服にあたっては，非行少年の発達段階を理解し，それを通じて支援計画を策定している家裁調査官の活動に示唆を求めている（53 頁）．また，修復的司法は，近年の司法分野における先端的な取り組みであるが，同様のアプローチは学校教育における「修復的実践」としても行われるべきであり，それが修復的司法を実現する条件であるとして一体的に分析している（121 頁）．教育から司法へ，あるいはその逆向きの一方通行ではなく，両者の「連環」が全体にわたって強く表現されている点こそが，本書の優れた特徴であろう．

また，本書は，2000 年以降の少年法改正の流れに批判的な立場をとる．少年司法の刑事化や厳罰化を批判するとき，その最大の拠り所は少年法の理念である．法律家であれば，少年法第 1 条の文言から説き起こすだろう．しかし，本書は少年法の理念を所与のものとして端的に説明するのでなく，少年保護の歴史を遡りながら，各時代において非行問題と向き合い，子どもの支援を実践した先人たちの営みと思想を丹念に辿ることによって，理念が形成されていく過程を明らかにしている．著者の年来の研究手法を背景とするアプローチであろう（竹原幸太『菊池俊諦の児童保護・児童福祉思想に関する研究──戦前・戦中・戦後の軌跡と現代児童福祉法政への承継』〔早稲田大学出版，2015 年〕．なお，戦前における実務家の少年保護思想を明らかにする近年の試みとして，武内謙治による永田三郎『少年法講義［復刻版］』〔現代人文社，2015 年〕の刊行がある）．現行少年法の理念の思想史的なバックボーンが，専門家以外の読者でも理解可能なことばでわかりやすく示されたことの意義は，法改正をめぐる議論の渦中にある今日において，極めて大きい．

3　残された課題（法学の立場から）

以上のような本書の意義を踏まえ，今後に向けてどのような課題が残されているだろうか．本書が放った最も強いメッセージは，終章で示された「更生」から

「甦育」への転換であろう．野性味のある子ども文化の中で，「悪さ」も「育ち」のため必要な要素だとする思想（すなわち，「失敗してもいいんだよ」という構え）は，健全育成の捉え方を見つめ直すものとして示唆に富んでいる．ただ，子どもの「悪さ」のうち，司法による対応が必要となった事案，とりわけ世間が「凶悪」と呼ぶようなハードケースの処理において，少年司法の担い手たちが「子ども文化の中での甦育」のみを貫くのは，今日の社会における現実として必ずしも容易ではないだろう．著者が提唱するところの「甦育」が，社会における一般的承認を得るための戦略的な取り組み（本書で示されている例で言えば，教育現場での修復的実践の普及など）を多様化・具体化するとともに，司法の現場で法律家が用いている概念（たとえば，審判対象のひとつとされる「要保護性」概念）との接続を急ぐ必要があるだろう．

また，少年司法と教育を「甦育」の過程として一元的に把握するならば，少年の「悪さ」を扱う多様な人々の連携がこれまで以上に重要となる．手続きの進行に応じて少年を受け渡すだけでなく，様々な観点や専門性を持つ人々が1人の子どもの1つの「悪さ」に向けて同時に協働することが不可欠となろう．その実現のために，少年司法に関与する人々の情報交換を活性化させる取り組みが従来から存在した（たとえば，2002年から2013年にかけて少年問題ネットワーク(JVNET)が行ったメールマガジン『少年問題』〔編集長・毛利甚八〕の発行など）．今後はそれに止まらず，様々な地域の実情に合わせた具体的な協働のモデルを構築することが急務である（その先進的な実践モデルを示すものとして，岡田行雄編著『非行少年のためにつながろう』〔現代人文社，2017年〕）．

近年，法と心理学の分野において，ひとつの問題に対し，様々な学問分野がそれぞれの方法論で研究を進めるだけではなく，各分野の物の見方を融合させたアプローチを模索すべきだとして，「学際から学融へ」という標語が提唱されている（サトウタツヤ『学融とモード論の心理学——人文社会科学における学問融合をめざして』〔新曜社，2012年〕）．本書は，一般向けのわかりやすい書物の体裁をとりながら，法学と教育

学・福祉学の「学融」的取り組みの到達点と，そのさらなる進展の可能性を力強く示している．

h-nakaji@leh.kagoshima-u.ac.jp

筆者より

竹原幸太

東北公益文科大学

先ず，一般書である拙著を書評対象として下さいました編集委員会，そして，丁寧に読み込み，的確なコメントを下さいました中島宏会員に感謝申し上げます．以下，本書の問題意識を示した上で，ご指摘頂いた課題についてお答えします．

1　本書の問題意識

本書は学問間の複合領域に位置づき，「隙間」・「谷間」にも落ち得る少年司法問題を「子どもの育ち（成長発達）」に関わる問題として捉え直すことを教育福祉学の立場から一般読者にも呼びかけつつ，評者の言葉を借りれば青少年問題をめぐる「学融合」を求めたものです．

少年司法領域では，教育・福祉領域で提起された国民の教育権論にも学び，成長発達権論が構築されてきたため，「学融合」は自明の理かもしれません．しかし，成長発達権論の本家であったはずの教育・福祉領域では年々，少年司法問題への関心は低下し，もはや「ネグレクト」状況にあるマイナーな研究テーマといえます．

もっとも，非行を行為障害として見立て，その治療教育を論じる特別支援教育（「療育」）や，非行を予防する規範を育む道徳教育（「訓育」・「徳育」）は議論されてきましたが，いずれも少年司法領域の諸機関の教育的営みはカバーできておらず，非行を「個人の問題」として矮小化させないか疑問もありました．

併せて，従来の道徳教育や青少年健全育成施策では，悪ふざけ，からかい，いじめなどの「悪さ」を取除く「行為規制」の発想が強く，子ども集団の中で「やっていいこと，悪いこと」を無意図的に学ぶインフォーマ

ル・エデュケーション機能を有した「子ども文化」を醸成する視点が抜け落ちている限界も感じました.

これらについても，少年司法領域であれば，少年の「可塑性」を見出して「更生」，「立ち直り」を支えると言えば事足りるのですが，司法用語をそのまま援用すると教育・福祉領域を超えた問題と分断される現実もあります.

かつて，守屋克彦元判事が小河滋次郎の言葉を引きながら，非行をめぐる教育的関心は高くても，ひとたび，司法機関が関与し，少年をいかに処遇するか議論が及ぶと法律家以外は沈黙してしまうと指摘した点は今日も当てはまり（守屋 1977），成長発達上の「失敗」や「つまずき」から立ち直っていく過程そのものが「子どもの育ち」に関わる問題であることを表現できる用語の創出が必要だと考えました.

そこで，本書では更生保護の語源やストレングスの視点を手がかりとして，過去の自分の起こした「悪さ」と向き合いながら，子ども自らが本来，有している「立ち直る力」を引きだし，社会の一員として，再び甦らせ，更に生きていくための育ちを支える教育的な働きかけを「甦育」と表現しました．そして，「甦育」は教育，福祉，司法領域の専門職や自助グループの働きかけのみならず，子ども同士の相互の働きかけも含み，子ども文化領域にまで及ぶものと問題提起し，広く子ども問題に関心のある人々に語りかけることを目指しました.

2　本書の課題への回答

評者からは，①司法による介入が必要となる重大事案では「子ども文化」の中で立ち直りを支えるのは困難であり，「甦育」概念の社会的承認を得る戦略として，法律家が用いる「要保護性」概念などと接続させる必要性がある，②学融合による協働支援モデルを構築する必要性があるとの2点の課題を頂きました.

①については，「子ども文化」の相互教育力の活用は重大事案というよりも，「道徳教育」や「青少年健全育成施策」の発想を乗り越える，非行の未然予防の処方箋として論じました．もっとも，相互教育力に注目して，セカンドチャンスなどの青少年のピアサポート活動を広義の「子ども文化」と捉えれば（本書では当事者による「立ち直りの文化」と表現），重大事案でも矯正教育，保護観察段階での専門的援助と併用してピアサポートが活用されることはあるように思います.

「甦育」概念の社会的承認を得る戦略については，本書では成長発達上の「失敗」や「つまずき」から立ち直っていく過程そのものが「子どもの育ち」に関わる問題であることを一般に向けて表現することを最優先戦略とし，「甦育」概念の理論的検討（＝本書の理論篇）は次なる作業と考えました.

②については強く共感するところですが，同時に多職種連携論が「意図せざる逆機能」をもたらさないか社会学的分析も必要と考えております.

例えば，近時，複雑な問題に直面して多忙化する学校では，スクールカウンセラーやスクールソーシャルワーカーなどを活用した「チーム学校」論が求められています．しかし，これは教師の業務負担軽減という名目の下，非常勤のスクールカウンセラーやスクールソーシャルワーカーを導入することで，結果として，常勤教員を削減して非常勤職員を増加させる方向（＝不安定雇用の拡大）を生まないか懸念も示されています（勝野 2018）.

したがって，多職種の「協働支援」を可能とする予算の裏打ちがあるかなど，教育条件を併せて観察する必要があり，これは「甦育」を具体化させる戦略・援助方法ともなる諸外国の修復的実践の導入を考える上でも同様と考えております（竹原 2018）.

最後になりますが，ポピュリズム的な言説はエビデンスに基づく議論を退け，世間の「体感治安の悪化」を煽り，少年法改正が重ねられているのは周知の事実です.

このような時代に研究者はいかにわかりやすく社会に研究成果をフィードバックしていくのか．「研究の公共性」を意識しつつ，今後も自己研鑽を重ねていこうと存じます.

［文献］
勝野正章，2018，「『学校における働き方改革』の

問題点」『日本教育法学会ニュース』136.

守屋克彦，1977，『少年の非行と教育——少年法制の歴史と現状』勁草書房.

竹原幸太，2018，『教育と修復的正義——学校における修復的実践へ』成文堂.

E -mail: takehara@koeki-u.ac.jp

書評『仮釈放の理論──矯正・保護の連携と再犯防止』

太田達也 著

Ａ5判・402頁・5,200円＋税・慶應義塾大学出版会・2017年

久保　貴

東京福祉大学

1　はじめに

本書は，仮釈放に関する多角的な視点からの包括的な研究であり，仮釈放の理論と運用の状況を踏まえて，様々な提言を行っている．

2　本書の構成

本書は，「第1編　仮釈放の基本理念と法的性質」「第2編　仮釈放要件論」「第3編　仮釈放と保護観察」「第4編　仮釈放と被害者の法的地位」「第5編　仮釈放手続論」「第6編　仮釈放を巡る各論的問題」の6編17章からなり，仮釈放の意義と法的性格，仮釈放の要件に関する綿密な検討，施設内及び社会内における処遇の在り方，更生保護における被害者への対応の在り方，仮釈放制度そのものの検討，仮釈放に関連する個別的問題について，詳細かつ広範囲にわたる検討を行っている．著者は「効果の検証や運用の是非ではなく，仮釈放の在るべき姿を制度の本質や正当化根拠にまで遡ったうえで明らかにし，仮釈放理論とも言うべきものを構築・体系化すること」（ii頁）が本書の目的であると述べている．

今回の書評においてすべての論点に言及することは困難であるが，地方更生保護委員会委員の経験者として，法定期間の問題，仮釈放の実質的要件と許可基準，地方更生保護委員会の機能について考えてみたい．

3　法定期間に関連して

法定期間（刑法第28条に規定された仮釈放を可能とする期間）について，著者は「刑事施設において矯正処遇を行ったうえで仮に釈放し，保護観察を通じて改善更生と再犯防止を図るという仮釈放の機能を考慮

したものでなければなら」（39頁）ず，「刑事施設における矯正処遇と仮釈放後の保護観察が連携して行われ，受刑者の改善更生と再犯防止を図るうえで最も効果的な時点で仮釈放は行われるべきであり，法定期間もその観点から定められるべき」（39頁）とし，「矯正処遇と保護観察が相まって効果を発揮することができる期間の下限を法定期間とすべき」（39頁）とする．そして，有期刑については，3年未満の刑では刑期の二分の一（再入者については三分の二），3年以上の刑では刑期の三分の二（再入者については四分の三）（仮釈放による保護観察の期間を残刑期間ではなく考試期間とする場合には，3年未満の刑では刑期の三分の二〔再入者については四分の三〕，3年以上の刑では刑期の四分の三〔再入者については六分の五〕）とすること，無期刑については，その性格を有期刑の上限を短期，終身を長期とする不定期刑とし，法定期間を15年（再入者は20年）とすることを提案している．

重要なことは，法定期間の経過に伴う地方更生保護委員会の審理を提案していることである．著者は，「法定期間が仮釈放の一要件であるとすれば，法定期間が経過した時点で，刑事施設だけでなく，仮釈放の審理機関であり，決定機関である地方更生保護委員会自体が，一度，仮釈放のもう1つの要件である実質的要件の充足を判断することが行われてしかるべき」（43頁）であり，「法定期間経過の時点で，第1回目の審理を行うことを義務付けるべき」（42〜43頁）としている．

筆者は，後述するように刑務所に収容された者全員に対して地方更生保護委員会の審理を行うことが望ましいという立場であり，この指摘は大変重要であると考える．現状では，地方更生保護委員会の審理のほと

んどは矯正施設からの仮釈放許可申出に基づいて行われている．地方更生保護委員会は，矯正施設からの仮釈放許可申出がなくても独自の判断で（いわゆる職権で）審理を開始することはできるが，その数は多くはない．言い換えれば，仮釈放することが適当であると矯正施設が判断した者について，地方更生保護委員会が仮釈放の適否を判断していることになる．それでも地方更生保護委員会が仮釈放が適当ではないとして仮釈放をしない判断を行う事案はあるが，刑務所出所者に占める仮釈放者の割合が約60％であり，仮釈放許可申出がなされた者のうち仮釈放をしない判断がなされる事案は約7％であることから，仮釈放許可申出がなされる事案は全体の70％程度であり，残りの約30％については地方更生保護委員会による仮釈放の審理は行われていない．

法定期間経過時に，地方更生保護委員会の（1回目の）審理が行われることになれば，仮釈放の審理が行われない受刑者の割合が大幅に減少することになると考えられる．（地方更生保護委員会の人的要因についてここでは触れない．）

4　仮釈放の要件と判断基準に関連して

著者は，現行の仮釈放の実質的要件である「改悛の状」が抽象的・包括的であり，その判断基準である仮釈放の許可基準の「悔悟の情」「改善更生の意欲」「再犯のおそれ」「社会の感情」について詳細に検討している．

許可基準については，従来の犯罪者予防更生法における基準（総合評価方式）から現行の更生保護法における基準（逐次評価方式）に変更された．更生保護法の施行に伴う許可基準の変更は「総合的に判断」という文言の曖昧さを避けるために各項目ごとに判断を重ねる方式に変更されたと理解するが，この変更がもたらしたものは，各項目の相対的重要性を変えてしまうというものであった．「総合的に判断」する際には項目間の相対的重要性の判断も委員に委ねられるが，逐次評価方式では相対的重要性があらかじめ決められてしまうことになる．

著者は，仮釈放の本質が「保護観察を通じて再犯リスクを最小化していくリスク管理」（18頁）としている

ことから，実質的要件は「保護観察の相当性」（仮釈放して保護観察を受けさせるが，その更生と再犯防止にとって必要かつ相当であるかどうか）であるとして，その「判断基底」の当面の案として，「犯罪の情状，被害者又は事件に対する本人の態度，本人の性行，処遇の経過，更生の計画」（120頁）を挙げている．それらの判断基底の相対的重要性をどのように規定するのか，総合的に判断するならば判断者に委ねられるのか等については，今後の検討課題であろう．

5　地方更生保護委員会の機能に関連して

著者は，提案を実現するための地方更生保護委員会（あるいは仮釈放決定機関）の在り方について，①地方更生保護委員会を拡充する，②裁判所を仮釈放決定機関とする（刑罰執行裁判所），③地方更生保護委員会に裁判官・検察官の委員を含める，との3つの案を検討している．ここでは，地方更生保護委員会の委員の構成とは別に，地方更生保護委員会の機能を十全に発揮させるための仕組みはどのようなものかを考えてみたい．

地方更生保護委員会の機能は，犯罪を犯した者の改善更生，再犯防止の観点から，保護観察を受けさせることが相当と判断する者の仮釈放を許可することである．現状では，地方更生保護委員会における仮釈放の審理は，矯正施設からの仮釈放許可申出によるものがほとんどである．例えば，平成28年に新たに開始された仮釈放審理事件は17,059件であるが，そのうち申出によらないもの（いわゆる職権審理）は39件であり，審理事件全体のわずか0.2％に過ぎない．

地方更生保護委員会が，犯罪を犯した者の改善更生，再犯防止の観点から，保護観察を受けさせることが相当であるかどうか判断するためには，矯正施設からの仮釈放許可申出に基づいて審理を行うだけでは十分ではない．いわゆる職権による審理開始という制度はほとんど機能していない．それは，地方更生保護委員会の人員が十分ではないことが主な理由ではあるが，職権審理が必要かどうかを判断するための情報を得る手段が確保されていないことも理由の一つである．仮釈放許可申出のなかった者で仮釈放すべきであった者がいなかったかどうかをチェックするため，矯正施設入

所者及び出所者全体の情報も必要となる.

　矯正施設から地方更生保護委員会には，①身上調査書，②法定期間経過通告書，③仮釈放許可申出書が送付される．③は矯正施設に仮釈放が適当であると判断された者についてのみ送付されるが，①及び②は特別の事情がなければ，入所者全員について送付される．現行では，ほとんどの場合③によって審理が開始されるが，①あるいは②の段階で審理を開始することが望まれる（著者は②の審理を提案している）．この場合，その後の処遇状況等の追加情報が必要となる．仮釈放は適当ではない者も相当数含まれるが，それはやむを得ないことであり，いわゆる無駄玉を打たないようにするために制度本来の趣旨が達成されないのであれば，それは本末転倒であろう.

　そのような観点からは，地方更生保護委員会（仮釈放決定機関）は，仮釈放の許可の判断だけではなく，矯正施設からの出所全体に関与することになる．矯正施設に収容されている者について，それが仮釈放になるのか満期釈放になるのかについては，地方更生保護委員会（仮釈放決定機関）が判断するという制度が求められることになる．そのような制度においては，地方更生保護委員会は必ずしも現行のように保護の分野に属している必要はなく，矯正からも保護からも独立した判断機関とすることも考えられる.

6　おわりに

　ここで筆者が述べたことは本書では中心的な部分から外れており，著者は中心的な部分を取り上げるべきと感じられるかもしれないが，本書は，筆者が実務に携わった際に考えていたことを新たな枠組みで再検討することを促してくれた．著者の永年の研究に敬意を表したい．本書は，仮釈放制度とその運用，そして将来的な制度の在り方と展望について考える上で必読の文献である.

筆者より

太田達也

慶應義塾大学

　久保貴氏からは，拙著に対し，法定期間，仮釈放許可基準，仮釈放決定機関の３点において見解を頂戴した．誌面を借り感謝の意を表するとともに，著者の見解を示したい.

> 書評①　法定期間を経過した受刑者に対しては地方更生保護委員会の審理を行うようにすべきとの本書の提案は重要である.

　刑事施設が受刑者の行状や処遇の進捗状況を見ながら仮釈放が適当と評価したものに対し地方更生保護委員会がその許否を判断するという現行の仕組みにも一定の合理性が認められる．しかし，現在の法定期間は余りにも短く，要件として殆ど機能しないため，仮釈放の申出の時期は刑事施設の裁量に委ねられることとなり，刑事施設からの仮釈放の申出が実質的に仮釈放の時期となってしまっている．しかし，法が法定期間と改悛の状を仮釈放の要件とする以上，法定期間を経過した時点でもう一つの要件が具備しているかどうかを刑事施設だけで判断するのではなく，仮釈放決定機関である地方更生保護委員会自体が判断を行うことが適当であるというのが筆者の見解であり，久保氏もそうした見解に一定の評価をして下さっている.

　法定期間経過後の必要的仮釈放審理は，少なくとも刑事施設に収容された受刑者については原則として釈放後一定期間の社会内処遇（保護観察）が必要であるという筆者の基本的主張にも沿うものである．しかし，一方で，悪い環境や交友関係の遮断，安定した生活習慣や勤労習慣の醸成，特定の問題性や犯罪性の改善を図るため矯正施設における一定期間の処遇も重要である．そこで，施設内処遇と社会内処遇の効果的な連携という観点から収容期間の下限としての法定期間が定められるべきであるとするのであるが，具体的な制度設計（３分の１とか２分の１とか）は，拙著の提案も含め，今後，科学的な検証を行いながら決定していくことが望ましいと考える.

> 書評②　仮釈放許可基準の新しい逐次評価方式は各項目間の相対的重要性を固定してしまうものであるが，本書が提案する「保護観察の相当性」と

いう仮釈放要件の場合，その判断基底となる項目間の相対的重要性がどのように規定ないし評価されるのかが検討課題である．

　そもそも改正後の仮釈放許可基準と評価方式が，改正の趣旨通りに運用されているかは極めて疑問であり，そこに制度の本質的問題があるように思われる．それはさておくとしても，悔悟の情がない者は，それ以降の許可基準の審査が行われず，その時点で仮釈放不許可になるとなれば，問題性のある受刑者が満期釈放となって，全くの放置状態となってしまう．これは，悔悟の情に限らず，再犯のおそれを強調する仮釈放許可基準にも妥当する本質的な問題である．仮釈放，即ち社会内処遇は問題のある受刑者に対してこそ行われるべきものであり，仮釈放審理において再犯のおそれを重視すればするほど，安全な者だけが保護観察に付され，再犯のおそれのある者が放置される結果となる．

　また，再犯のおそれは，一部の受刑者を除き，判断が極めて難しい．実際，満期釈放者の5年再入率は49％であるが，残りの51％は少なくとも実刑となるような再犯には至っていないのである（反対に仮釈放者の再入率も29％ある）．再犯のおそれを重視するあまり，「疑わしきは満期釈放」に流れる結果となっている．一部（犯罪者集団に復帰することを明言するなど，社会内処遇をもってしても再犯を防ぐことが難しいほど再犯のおそれが高度且つ具体的に認められる者）を除き受刑者を極力社会内処遇につなげることが重要であり，そのためにも，再犯のおそれではなく「保護観察の相当性」を仮釈放許可基準とすべきであって，仮釈放決定機関が一定の判断基底を基に総合的に判断することが望ましい．

> 書評③　①の提案を実現するとなれば，仮釈放決定機関は矯正施設からの出所方法について全面的に関与することになり，その場合，仮釈放決定機関が矯正からも保護からも独立した機関とすることも考えられる．

　筆者が提案するような法定期間経過後の必要的仮釈

放審理が導入されれば，仮釈放決定機関（現在は地方更生保護委員会）主導の仮釈放審理は自ずと実現しよう．但し，現在より遥かに多くの仮釈放審理を行わなければならなくなるため，それに耐えうるだけの人的体制の整備が絶対条件となる．

　また，筆者が仮釈放決定機関の一案として執行裁判所の可能性を認めるのは，考試期間主義導入や特別遵守事項の拡大からの要請である．しかし，執行裁判所にしても，裁判所に対して受刑者の処遇状況や帰住環境に関する情報提供が必要となるため，機関としては独立していても，仮釈放審理においては矯正や保護との連携が重要となることに変わりはない．それなしに裁判所だけで仮釈放の実質的判断ができるとは思われない．

Email: tatsuya@law.keio.ac.jp

◆投稿規程◆

1．**投稿資格**　日本犯罪社会学会の会員に限る．

2．**内　　容**　未公刊の論説または研究報告に限る．多重投稿を禁ずる．

3．**分　　量**　20,000字以内とする．

4．**要旨・キーワード**

    ａ．500字以内の和文要旨を本文の前に付ける．

    ｂ．250words以内の英文要旨を，その和訳とともに別紙に記載し添付する．

    ｃ．和文要旨・英文要旨の最後にキーワードを各3語付ける．

5．**投稿期限**　編集委員会において別途に定める．

6．**投稿先・問い合わせ先**

    〒160-0004　東京都新宿区四谷2-10 八ッ橋ビル7階　現代人文社気付

    日本犯罪社会学会編集委員会

7．**投稿原稿の印刷書式・送付方法**

    ａ．縦長A4紙に横書き（40字×30行）で印字し，5部を送付する．

    ｂ．本文の冒頭にはタイトルのみ記載し，著者名は記載しない．

    ｃ．タイトルと著者名を別紙に記載し，論文本体に表紙として添付する．

    ｄ．投稿原稿は原則として返却しない．

8．**題名・筆者名の記載方法**　題名には英文タイトルを，筆者名にはローマ字を，筆者名の次には所属機関名を付す．

    例：現代の犯罪学　　　　　　安藤太郎　　　　（東洋大学）

    Contemporary Criminology　　Taro Ando　　　（Toyo Univ.）

9．**本文・説明，注・引用文献，図表などの記載方法**

    ａ．横書き，常用漢字，新仮名づかいを原則とする．

    ｂ．注は文中の該当箇所に数字1），2）……を入れ，本文の最後に一括して通し番号で記載する．

    ｃ．引用文献・参照文献は文中の該当箇所に割注を入れ，論文の末尾の文献リストと対応させる．自著の場合，著者名に拙稿等を用いずに氏名を記載する．

      割注の例：

      ……である（澤登 1994a）．……

      ……と述べている（澤登 1994b: 30-2）．……

      ……と述べている（Becker 1963=1978: 105-13）．……

      ……といえよう（Becker 1963; Inverarity 1983）．……

      ……彼もその例外ではないが（Becker 1963, 1967），……

      ……彼らもその例外ではないが（大庭・中根 1991），……

      ＊著者名は原則として姓だけを記載するが，同姓の著者がいる場合には名も記載する．

      ＊引用ページを記載する必要のない場合には，コロン以下を省略する．引用ページが複数

ページにわたり，重複している位の数字があるときは，その記載を省略する．

* 同一著者による同一出版年の文献が複数ある場合には，出版年の後に小文字のアルファ
ベットを付けて区別する．

* 英文のときは（et al.）を付け，2人目の著者以降を省略することができる．

* 訳書の場合には，原書の出版年と訳書の出版年をイコールでつなぐ．引用ページは，原
書のときは原書の出版年に，訳書のときは訳書の出版年に，それぞれ付加する．

* 同一著者の複数の文献を記載する場合には，出版年をカンマでつなぐ．異なる著者の複
数の文献を記載する場合には，セミコロンでつなぐ．

* ウェブ文書から引用する場合も，原則として上記の方法に準ずる．

文献リストの例：

Becker, Howard S., 1963, *Outsiders*, Free Press.（=2011, 村上直之訳『完訳　アウ
トサイダーズ——ラベリング理論再考』現代人文社 .）

————, 1967, "Whose Side Are We On?" *Social Problems* 14(3):239-47.

大庭絵里・中根光敏 , 1991,「社会問題の社会学の構築をめざして」『ソシオロジ』
36(2): 71-86.

澤登俊雄 , 1994a,『世界諸国の少年法制』成文堂 .

————, 1994b,『少年法入門』有斐閣 .

内閣府男女共同参画局 , 2015,『男女間における暴力に関する調査（平成26年度調
査）』（2017年6月20日取得 , http://www.gender.go.jp/policy/no_violence/e-vaw/
chousa/h26_boryoku_cyousa.html）.

* 筆頭著者は姓名の順に記載し，その他の著者の記載は各国の慣例に従う．

* 各文献は筆頭著者の姓名のアルファベット順に並べる．

* 雑誌論文の場合には，雑誌名の後に，巻（号）：論文の初ページ - 論文の終ページを記載
する．

d. 図・表は，刷り上がり 1/2 ページ大の場合は600字分として，刷り上がり 1/4 ページ大の
場合は300字分として換算する．

10. 掲載する論稿は，審査のうえ，修正を要求することがある．自由論文および研究ノートについ
ては，審査のうえ，採否を決定する．なお，採択決定後に，原稿の保存されたメディア（フロ
ッピーディスク・CD等）を送付する．

11. 原稿料は無料とする．ただし抜刷50部を進呈する．

12. 英文投稿の場合は，英文投稿規定による．

13. 掲載論文および研究ノートは発行日より12か月以降に，本学会の指定する電子ジャーナル公開
システムに公開する．

◆INFORMATION FOR AUTHORS◆

1. Contributor(s) should be the member(s) of the Japanese Association of Sociological Criminology.

2. Contributions in English will be accepted after the judgment of its quality by the Editorial Board, on the understanding that they are original articles or research notes which have not appeared or are not to appear in other publications. Simultaneous submission to another journal is unacceptable.

3. Contributions up to 25 pages in A4 size (or letter size) paper will be considered for publication.

4. Articles or research notes should be typed on one side, with double spacing (including notes and references), wide margins, and numbered pages. All contributions should have title, authors' name(s) and institution(s) in a separate cover page. Only the title should appear in the content page(s).

5. a.) A Japanese abstract of approximately 400 to 800 letters should accompany the article or research note.
   b.) An English abstract not exceeding 250 words should accompany the article or research note.
   c.) Up to three key words should be listed under the abstract title both in English and in Japanese.

6. Footnotes should be numbered serially and listed at the end of the article or research note.

7. Citation should be included in the text as the following manner. Cited books and articles should also be listed in the references.
   e.g.
   ......(Becker, 1963:65-68)
   ......(Becker, 1967:240)
   ......(Gottfredson and Hirsch, 1990;35)
   ......(Minor, et al., 1999:471)

8. References should be listed alphabetically by the author at the end of the article or research note, giving the names of journals in full.
   e.g.
   Becker, Howard S., 1963, *Outsiders,* Free Press
   ——1967. "Whose Side Are We On?" *Social Problems,* 14(3), pp:239-247.
   Farrington, David P.,1979a, "Delinquent Behavior Modification in the Natural Environment, *British Journal of Criminology,* 19, pp:353-372
   ——1979b, "Longitudinal Research on Crime and delinquency," in Morris, N. and M. Tonry (eds.) *Crime and Justice: An Annual Review of Research,* vol.4, University of Chicago Press, pp:289-348.
   Gottfredson, Michael R. and Travis Hirsch, 1990, *A General Theory of Crime,* Stanford University Press.
   Minor, Kevin I., James B. Wells, Irina R. Soderstrom, Rachel Bingham and Deborah Williamson, 1999, "Sentence Completion and Recidivism Among Juveniles Referred to Teen Courts," *Crime & Delinquency,* 45, pp:467-480.
   United States Department of Justice, Federal Bureau of Investigation, 2015, *Crime in the United States 2015,* (Retrieved June 27, 2017, https://ucr.fbi.gov/crime-in-the-u.s/2015/crime-in-the-u.s.-2015).

9. All graphs, charts, and tables should be numbered, and should be on separate sheets. Their locations should also be indicated in the typescript. (e.g. 'Table 2 about here')

10. Five(5) copies of the typescript including abstracts, graphs, charts, and tables should be submitted as an application.

11. Contributions will be examined by the Editorial Board. The Editorial Board holds the right of making final decision for publication of the submitted articles or research notes. Some modification may be required for publication. Contributions will not be returned to the authors.

12. Once an article has been accepted, an electronic version of the text should be submitted.

13. No manuscript fee will be paid, and no handling fee will be required. Total of fifty (50) reprints will be supplied gratis to each author.

14. Published articles or research notes will be registered to the electronic journal publication system specified by this association, after twelve (12) months of publication.

15. Contributions and Correspondence should be sent to the following address.
    Editor
    Japanese Journal of Sociological Criminology
    c/o Gendai Jinbun-Sha Co., Ltd.
    7F Yatsuhashi Bldg.,
    2-10 Yotsuya,
    Shinjuku-ku, Tokyo 160-0004
    Japan

JAPANESE JOURNAL OF SOCIOLOGICAL CRIMINOLOGY No.43 2018

会務報告

日本犯罪社会学会の主な活動（2017年10月～2018年9月）は，以下の通りです．

1．第44回大会

2017年9月1日（金）から3日（日）までの3日間，日本犯罪学会，日本犯罪心理学会，日本社会病理学会，日本司法福祉学会との合同大会（日本更生保護学会はオブザーバー参加）として，横山實名誉会員を合同大会準備委員長，本庄武会員を大会準備委員長に國學院大學（東京都渋谷区）で開催されました．詳細は『日本犯罪社会学会第44回大会報告要旨集』（電子版を2017年12月31日付けで発行）をご覧下さい．

2．総会の開催

2017年10月21日（土）に龍谷大学矯正・保護総合センター，龍谷大学犯罪学研究センター，科学研究費補助金，龍谷大学社会科学研究所との共催で開催された公開シンポジウムとあわせて，龍谷大学（京都府京都市）にて日本犯罪社会学会総会が開催されました．

3．機関誌『犯罪社会学研究』第42号の発行

2017年10月に発行されました．内容としては，課題研究「脳科学と少年司法」に論文6本，自由論文4本，研究ノート2本が掲載されたほか，犯罪研究動向2本，および書評2本が掲載されました．

4．「日本犯罪社会学会ニュース」の発行

第124号が2018年1月31日付け，第125号が2018年5月20日付け，第126号が2018年8月20日付けで本学会ホームページ上にて公開されています．

5．その他

2018年7月14日現在の会員数は，名誉会員13名，終身会員1名，通常会員467名，特別会員2団体となっています．

（本部事務局）

日本犯罪社会学会奨励賞
第16回日本犯罪社会学会奨励賞は，受賞作なしでした．

機関誌掲載「会務報告」の訂正とお詫び
『犯罪社会学研究』第42号の202頁「会務報告」記載の「日本犯罪社会学会奨励賞」につき，誤った記載がありました．下記のように訂正をいたします．平井秀幸会員および会員の皆様に謹んでお詫び申し上げます．
　（誤）第15回日本犯罪社会学会奨励賞は，該当者なしでした．
　↓
　（正）第15回日本犯罪社会学会奨励賞は，平井秀幸会員が受賞しました．
【受賞作】
平井秀幸『刑務所処遇の社会学─認知行動療法・新自由主義的規律・統治性』世織書房，2015年刊

◇編集後記◇

○本年度から3年間，本誌の編集委員会は新しい体制で編集作業にあたることとなった．本誌を現在の水準に高めてくださった前期までの編集委員会の方々に感謝しつつ，さらなる改善や合理化の可能性を模索していきたいと考えている．

○今号への投稿総数は10本であり，そのうち3本が自由論文として採択，1本が研究ノートとして採択，6本が不採択となった．審査に当たられた査読者の方々には，短期間での査読のお願いにもかかわらず詳細なコメントをお返しいただき，掲載稿の選定と質的向上につなげていただいたことに，心から感謝申し上げる．

○今号への投稿数は，ここ数年のなかで最多であった前号をも上回る本数となった．そのため，査読者の方々にも，投稿者の方々にも，さまざまなご苦労やご不便をおかけすることになったかもしれない．しかし，自由投稿が活発であることは，学会の機関誌としてはまことに喜ばしいことであり，次号以降も，ぜひこの活況が持続するよう期待したい．

○一方で，今号への投稿や査読意見を踏まえた修正稿の提出に際して，定められた期限に遅れたケースや，夜間に出版社のポストに直接投函したケースなどが，複数見られたことは，きわめて残念である．今後は，このようなケースに対して，従来以上に厳しく対応することを検討したいと考えている．

○今号の課題研究は，「超高齢社会における犯罪対策」をテーマとし，齊藤知範会員をコーディネーターとして，4本の論文により構成する形となった．未曾有の高齢化に直面する今日のわが国にあって，まさにタイムリーな企画となったのではなかろうか．

○研究動向としては，丸山泰弘会員に薬物政策について，小長井賀與会員に西欧での若者の過激化対策について執筆していただいた．いずれも，従来の犯罪対策の限界が強く意識され，それを補完または代替する新たな取り組みが模索されている分野である．これらの分野での新たな研究と実践の進展に向けた，導きの糸となることを期待したい．

○最後に，今号を無事刊行できたことは，新任の編集委員長である原田を献身的に支えてくださった事務局委員・幹事委員をはじめ，今期の編集委員会の方々の総力の賜物である．あらためてお礼を申し上げたい．

(2018年9月　原田記)

——編集委員会委員——

原田　豊**	相澤育郎○	赤羽由起夫●	秋本光陽●	朝田佳尚	今井　聖●
上田光明○	大庭絵里●	岡田和也	岡邊　健○	加藤倫子●	河合幹雄●
小長井賀與●	齊藤知範	阪口祐介	作田誠一郎○	櫻井悟史	柴田　守
生島　浩	新海浩之	武内謙治	竹原幸太	辰野文理	津島昌寛○
津富　宏	仲野由佳理	服部　朗○	平山真理●	宝月　誠	本庄　武
松原英世○	丸山泰弘	宮澤節生	山口　毅	山口直也	山本奈生
渡邊一弘●					

**委員長　●関東幹事　○関西幹事

犯罪社会学研究第43号
2018年10月20日発行
編集発行者：**日本犯罪社会学会**
　　〒577-0036 大阪府東大阪市御厨栄町
　　3-1-35　学術センター U-Box 2F
　　Web：http://hansha.daishodai.ac.jp/

発行所：**現代人文社**（大学図書）
　　〒160-0004 東京都新宿区四谷2-10八ッ橋ビル7F
　　電話：03-5379-0307
　　FAX：03-5379-5388
　　振替：00130-3-52366
　　Web：http://www.genjin.jp/

現代人文社

発売：大学図書

東京都新宿区四谷 2-10 八ッ橋ビル7階
TEL 03-5379-0307　FAX 03-5379-5388
http://www.genjin.jp（Webから注文可）

少年事件ビギナーズver.2

少年事件の付添人・弁護人として活動する際に求められる実践例・理論を完全解説した入門書の決定版をバージョンアップ。あらゆる場面を網羅した書式集CD-ROM付き。

序章 付添人活動の基礎知識／第1章 受任と接見・面会／第2章 国選・法律援助／第3章 捜査段階における弁護活動／第4章 家庭裁判所送致／第5章 環境調整／第6章 審判／第7章 否認事件／第8章 試験観察／第9章 審判その後／第10章 上訴審／第11章 逆送が見込まれる事件／第12章 逆送された事件／第13章 虞犯事件／第14章 触法事件／第15章 障害等を抱えた少年／第16章 外国にルーツを持つ少年／第17章 交通関係事件

定価3200円＋税◎B5判◎並製◎2018年7月◎978-4-87798-702-2

『聞き書きマップ』で子どもを守る

『聞き書きマップ』は、身近な地域の安全点検を行う「まちあるき」の記録（＝「安全点検地図」）を手軽につくれるソフトウェア。いつ・どこを歩いて、現地の状態がどうだったのかを、誰でも一目でわかるように、歩いた経路・写真の撮影地点を地図データの形で保存・共有できる。本書は、この『聞き書きマップ』を用いた各地での実地事例を紹介し、学術的基盤から具体的な使い方、防犯以外の様々な活用方法まで、一冊でわかる入門書。CD-ROM付き。

原田豊　編著　定価2000円＋税◎A5判◎並製◎2017年9月◎978-4-87798-678-0

非行少年のためにつながろう！

警察、検察、家庭裁判所、少年鑑別所、保護観察所、少年院といった少年司法に直接関わる諸機関の働きだけでは、その成長発達を実現することが困難であると考えられる非行少年たちを念頭に置いて、少年司法における就労支援、教育、医療、社会福祉などの諸機関の担い手の連携の在り方、あるべき連携を実現するための諸課題、そしてそうした諸課題への取組みを明らかにする。

岡田行雄　編著　定価2600円＋税◎A5判◎並製◎2017年2月◎978-4-87798-667-4

入門 交通行政処分への対処法

免許停止や免許取消しなど道路交通法違反に基づく行政処分に関する決まりや判定基準はあまり理解されていない。そのため、泣き寝入りするドライバーも数多くいる。本書は、点数制度と行政処分のしくみを平易に解説する。処分に納得がいかないドライバーやドライバーから相談を受ける弁護士など実務家が本書を活用して、適正な行政処分を求めるための手引書である。

高山俊吉　著　定価2500円＋税◎A5判◎並製◎2017年10月◎978-4-87798-676-6

性犯罪加害者家族のケアと人権

魂の殺人と呼ばれる性犯罪。好奇の目に晒され、嘲笑の的となり、声を上げることができない性犯罪「加害者」家族。自殺を考えた、結婚が破談になった、離婚した、男性不信になった、転居を余儀なくされた……。身近な人間が性犯罪者となった事実がもたらす衝撃は計り知れない。性犯罪加害者家族支援の理論と現状を踏まえ、支援の実践例を通して効果的な支援のあり方を提案する。

阿部恭子　編著　定価2500円＋税◎A5判◎並製◎2017年10月◎978-4-87798-679-7